Vida e História

Coleção Debates
Dirigida por J. Guinsburg

Equipe de realização — Revisão e Produção: Plínio Martins Filho;
Programação visual: Moysés Baumstein e J. Guinsburg.

# josé honório rodrigues
## VIDA E HISTÓRIA

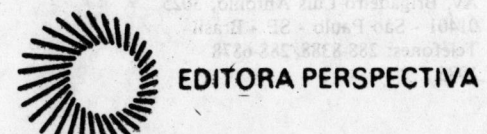
EDITORA PERSPECTIVA

Debates 197

Direitos reservados à
EDITORA PERSPECTIVA S.A.
Av. Brigadeiro Luís Antônio, 3025
01401 - São Paulo - SP - Brasil
Telefones: 288-8388/288-6878
1986

# SUMÁRIO

Prefácio ..................................................................................11

## PARTE I: VIDA E HISTÓRIA

1. VIDA E HISTÓRIA ...............................................................15

   *1. História e Presente* ............................................................15
   *2. História e Ação* ................................................................18
   *3. História Morta e História Combatente* ..................................19
   *4. História Combatente e História Neutra* .................................21
   *5. O Revisionismo* ................................................................26
   *6. Revisionismo no Brasil* .......................................................27
   *7. As Tendências Revisionistas no Brasil* ...................................29
   *8. O Julgamento Histórico* .....................................................31
   *9. A Crise da Vida e da História* .............................................32

2. O PENSAMENTO POLÍTICO E SOCIAL DE JOSÉ BONIFÁCIO 35
   1. *Apontamentos sobre as Sesmarias no Brasil* .................... 50

3. AS TENDÊNCIAS DA HISTORIOGRAFIA BRASILEIRA E AS NECESSIDADES DA PESQUISA .................... 57
   1. *A Distonia entre o Pensamento Histórico e o Processo Histórico* 57
   2. *Os Novos Campos de Pesquisa e de Reconstrução Historiográfica* 66
   3. *Comentário sobre a Bibliografia* .................... 67
   4. *Comentários sobre Conceitos* .................... 70
   5. *A História do Brasil e as Opiniões do Professor Stein* .......... 72
   6. *Os Campos de Pesquisa* .................... 75

4. DUAS OBRAS BÁSICAS DE CAPISTRANO DE ABREU: OS *CAPÍTULOS DE HISTÓRIA COLONIAL E CAMINHOS ANTIGOS E POVOAMENTO DO BRASIL* .................... 81
   1. *Na Biblioteca Nacional* .................... 83
   2. *O Concurso no Pedro II* .................... 83
   3. *Trabalhos* .................... 84

5. RAIMUNDO JOSÉ DA CUNHA MATOS, UM HISTORIADOR LUSO-BRASILEIRO .................... 99
   1. *A Vida* .................... 99
   2. *Escritos* .................... 110
   3. *O Compêndio Histórico das Possessões da Coroa de Portugal nos Mares e Continentes da África Oriental e Ocidental* .......... 111

6. CARACTERÍSTICAS HISTÓRICAS DO POVO CARIOCA ... 117
   1. *O Papel do Minhoto* .................... 119
   2. *Cidade Jovem e Diferente* .................... 120
   3. *Negros e Judeus* .................... 122
   4. *Índole do Povo* .................... 123
   5. *O Negro e o Mulato* .................... 124
   6. *A Personalidade Básica Branca* .................... 125
   7. *A Colônia Portuguesa* .................... 126
   8. *A Nacionalização do Brasil* .................... 127
   9. *A Personalidade Carioca* .................... 128

7. O DESTINO NACIONAL DA CIDADE DO RIO DE JANEIRO 131
   1. *A História da Cidade* .................... 132
   2. *A Gente do Rio* .................... 133
   3. *A Estrutura Social* .................... 136
   4. *A Influência Oriental* .................... 138
   5. *O Crescimento da Cidade* .................... 138
   6. *As Contribuições Nacionais do Rio de Janeiro* .................... 139
   7. *A Herança Colonial* .................... 141
   8. *A Independência* .................... 141
   9. *As Transformações Urbanas: A População e as Classes Sociais* 142
   10. *O Rio e a Fabricação Histórica Nacional* .................... 144
   11. *O Destino Nacional do Rio* .................... 147
   12. *Rio, o "Sonho de uma Nação"* .................... 148
   13. *Cidade a Serviço da Integração Nacional* .................... 149

# PARTE II: HISTORIOGRAFIA ESTRANGEIRA SOBRE O BRASIL

1. MARTIUS .................................................................. 155
2. SIR CHARLES WEBSTER ....................................... 165
3. UMA NOVA SÍNTESE SOBRE O IMPÉRIO ............ 171
4. PIERRE MONBEIG .................................................. 179
   *1. Le Brésil* .............................................................. *181*
5. CHARLES R. BOXER ............................................... 185
   *1. Salvador Correia de Sá e Benevides* .................... *185*
   *2. Os Holandeses no Brasil* ..................................... *188*
   *3. Some Notes on Portuguese Historiography* ......... *194*
6. PAROISSIEN, AGENTE DE CARLOTA JOAQUINA ......... 197

# PARTE III: A HISTÓRIA É UMA QUESTÃO DE CONSCIÊNCIA

1. A HISTORIOGRAFIA ALEMÃ ............................... 205
2. A HISTÓRIA E SRBIK ............................................ 209
3. "A HISTÓRIA É UMA QUESTÃO DE CONSCIÊNCIA" ... 213
4. BURCKHARDT ....................................................... 217
5. HENRI PIRENNE .................................................... 221
6. HUIZINGA ............................................................... 227
7. MEINECKE E A RAZÃO DE ESTADO .................. 233
8. DEWEY E A HISTÓRIA .......................................... 237
9. SANTAYANA E A HISTÓRIA ................................ 241
10. GUERRA E PAZ NA HISTÓRIA ............................ 245
11. O CONCEITO DA "GRANDE FRONTEIRA" DE WALTER PRESCOTT WEBB ........................................ 249
12. CIVILIZAÇÃO, PALAVRA E CONCEITO ............ 261
13. UMA SÓ CIVILIZAÇÃO ........................................ 267

OBRAS DO AUTOR .................................................... 273

*Aos meus amigos*

*Charles R. Boxer, da Universidade de Londres
John P. Harrison, da Universidade do Texas
Lewis Hanke, da Universidade de Columbia
Robin A. Humphreys, da Universidade de Londres*

*À memória de
Clarence H. Haring, mestre, por tantos anos,
de estudos latino-americanos da Universidade de Harward*

*J.H.R.*

## PREFÁCIO

Reúno, neste volume, conferências, contribuições e seminários, ensaios e artigos. Creio que terão interesse para estudantes e professores de História, espalhados por tantas Faculdades de Filosofia, algumas recentemente fundadas pelo interior do Brasil (mais de 80 em 1963), estas notas e estudos sobre as tendências, as conceituações e as renovações da historiografia brasileira e estrangeira.

O Professor Charles R. Boxer, em artigo de 1954, capitulava entre os pecados mortais da historiografia portuguesa a negligência na consulta aos estudos em língua estrangeira. Grande parte de nossos estudiosos da História repete a falta, desconhecendo a bibliografia estrangeira sobre o Brasil e não consultando as grandes revistas estrangeiras especializadas, onde se publicam importantes estudos gerais sobre o Brasil histórico e atualizado. O mais comum é a leitura de obras e revistas francesas.

11

*Dividimos em três partes este livro: na primeira, reunimos os estudos maiores sobre as tendências e interpretações da historiografia nova e brasileira, e sobre as características do povo carioca. Na segunda parte, juntamos alguns artigos sobre historiadores estrangeiros, cujas obras apresentaram grande contribuição para o esclarecimento de nossa própria História. Na terceira parte, procuramos divulgar historiadores estrangeiros que trataram de problemas de História Geral.*

*Estas páginas tratam das várias correntes que nos podem ajudar a encontrar e a aceitar o sentido da direção da História e, conseqüentemente, uma visão construtiva do passado e do futuro, já que são tantos, tão variados e coloridos os seus caminhos.*

*Creio que no meio deste silêncio, em que se converteu o Brasil, o historiador não deve ter nunca propósito saudosista ou reacionário, pois isso significa evitar o diálogo entre o passado e o futuro. E creio mais que, neste momento, quando uma minoria dominante se deteriora numa minoria esotérica, o historiador não deve ver a vida como um moralista, pois ele sabe que a virtude não está de um lado e o pecado de outro. Neste balanço modesto, mas afirmativo, a História se apresenta como uma disciplina de unidade e de ação, que revela discretamente, mas sem temor, a sobrevivência das forças políticas pré-nacionais e até mesmo antinacionais, e esclarece que quando se obstrui a ação das novas forças sociais, o grau de violência pode vir a ser proporcional ao tempo de retardamento. Espero que não seja este o nosso caso, e que uma inteligência política mais esclarecida saiba satisfazer às aspirações nacionais.*

*José Honório Rodrigues*

## Parte I: VIDA E HISTÓRIA

## 1. VIDA E HISTÓRIA*

### 1. História e Presente

As relações da História com o Presente da História com a Vida e com a Ação têm sido tratadas por filósofos, pensadores e historiadores. É a História um poder ativo, que determine ou condicione o presente, que nos force ou nos sugira meios de ação, *agens* ou *potente* da vida? É facílimo perguntar, fácil dizer e difícil demonstrar.

Tentei algumas vezes responder a esta questão, que minha própria consciência histórica levantara. Em 1945, escrevi um artigo "História e Atualidade"[1], e em 1952 vol-

---

* Conferência pronunciada em 18 de outubro de 1965, na Faculdade de Filosofia, Ciências e Letras de São Bento, da Pontifícia Universidade Católica de São Paulo.
1. *O Jornal* (Rio de Janeiro), 27-5-1945.

tei ao assunto, resumindo também as considerações de J. Huizinga[2], mas convencido dos inumeráveis embaraços que o perturbam.

Inicialmente não devemos esquecer que o passado é um conceito temporal, sempre representado por um caos e que nós, os historiadores, é que o transformamos em produto espiritual. Não nos esqueçamos também que Karl Marx falou, na *Ideologia Alemã*[3], das "potências do passado", que agem com força sobre nossa vida e nossa ação. E no *Dezoito Brumário*[4], o mesmo Marx, que tanta influência exerce hoje sobre a fabricação histórica e o escrito histórico, escrevia que "os homens fazem sua própria história, mas não a fazem arbitrariamente, nas condições escolhidas, por eles, e sim nas condições diretamente herdadas do passado". A tradição de todas as gerações mortas pesa de maneira muito forte sobre o cérebro e a consciência dos vivos.

Dominavam nessa época idéias muito análogas sobre a influência da História no curso do presente. Basta lembrar Auguste Comte e a escola prussiana, que punham a História a serviço da política. Quando, recentemente, Friedrich Meinecke escreveu seu ensaio sobre "A História e o Presente"[5], ressaltou que eles formavam uma unidade concebida nos dois pólos do histórico. Um pólo consiste na severa conceituação ascética do conhecimento do passado da humanidade, com todos os meios de compreensão histórica e de indagação crítica — que pode conduzir-nos àquele entusiasmo puritano expresso por Ranke na famosa frase de que se devia anular seu próprio eu para ver as coisas com limpidez. O outro pólo da esfera em que vive o histórico é, ao contrário, o conhecimento deste nosso eu, mas não do nosso pequeno e egoístico eu, e sim daquele eu nutrido do passado e tornado mais completo pelo conhecimento dos grandes deveres do presente. Este, concluía Meinecke, é o dinamismo da vida histórica, que abole a barreira interior entre o passado e o presente e ajuda a elaborar o presente.

Para a escola prussiana, F. Ch. Dahlmann, J.G. Droysen e H. von Treitschke, foram os historiadores que prepararam o nascimento do Estado nacional alemão, e Bismarck estava cheio de idéias históricas que lembravam a sabedoria de Ranke.

---

2. *O Jornal* (Rio de Janeiro), 17-7-1952.
3. Ed. brasileira, Rio de Janeiro, 1965, p. 11.
4. *Le 18 Brumaire de Louis Bonaparte,* Paris, 1946, p. 8.
5. *Senso Storico e Significato della Storia,* Nápoles, 1948, p. 5.

Os caminhos da compreensão destes laços e desta influência mútua variam bastante. De um lado, perdura a aceitação consciente do passado, a romântica fuga ao passado. No primeiro caso é que o exemplo de Ranke é relevante: os homens que sobrevivem nos seus livros estão mortos, definitivamente mortos; o segundo é uma transfiguração e idealização do passado tão grande, tão influente, que o passado acaba por assassinar o presente. O mundo conservador vive deste ideal, de um culto, de uma reverência sem espírito crítico. Entrincheirada nos Institutos Históricos, força das correntes mais arcaicas, esta reverência é nociva e estéril. O passado não volta, não pode voltar, nunca voltará.

Finalmente, em Treitschke, o presente está sempre em foco. Todos são representativos de estilos e éticas diferentes, mas não nos devem ser estranhos. Há, enfim, uma terceira fase, uma tomada de posição existencial: a história existe na escala do presente, é uma força de transformação. É uma vivência que serve especificamente para fabricar um destino. A História serve para transformar o mundo.

E não foi Marx que teve esta visão — embora lhe coubesse como a ninguém mais o poder de fixá-la. Droysen, no seu *Sumário da História*[6], escreveu que "todo o ponto do nosso presente está em transformação. Aquilo que foi e que acontece é passado, mas a sua existência passada está idealmente nisto". Disse ainda que "ligando assim idealmente em si o futuro e o passado, o presente possui uma analogia com a Eternidade".

Havia, aí, não somente a idéia da transformação contínua, como a idéia neoplatônica de que o igual se conhece pelo igual, analogicamente, o que levara J. G. Herder a escrever: "Trago em mim tudo o que é analógico". Reconhecia-se que todo elemento arcaico está sempre desaparecendo ao contato das forças novas, e que na oposição dialética se fabrica o futuro.

Assim, nas relações entre Presente e Passado, é o nosso presente, é o agora, é o instante atual que é importante e que nós valorizamos. A razão pela qual o presente é de tão grande peso para nós está em que nele temos uma tarefa a exercer e essa tarefa pesa muito mais sobre os jovens que sobre os velhos.

Na hora da transformação, uns querem conservar demais e outros querem desembaraçar-se de tudo. Um e outro são brados infrutíferos, pois estão ambos fora das fron-

---

6. *Sommario di Storica (Grundriss der Historik,* 1.ª ed., 1958), Florença, 1948, p. 13.

teiras da Vida e da História. Os momentos frutíferos, criadores, são aqueles em que se ajusta o equilíbrio entre as duas forças.

## 2. História e Ação

O caminho para o esclarecimento deste problema seria aberto por Karl Marx. A ciência histórica trava o seu grande combate para atingir e compreender a realidade, na velha definição com que Wilhelm von Humboldt iniciou seu famoso estudo *Sobre as Tarefas do Historiador*[7]. Mas acontece que uma realidade encontra outra, o passado reclama o respeito aos seus títulos, o presente, a princípio, inclina-se diante da primazia e nobreza do passado, mas reclama e quer impor os seus próprios valores, pois o que vive tem sempre razão. Nem sempre nessa luta o presente vence o passado, ou aceita apenas aquilo que é vivo do passado; muitas vezes o passado derrota o presente e faz nascer um futuro alquebrado.

Nas sociedades do terceiro mundo, nas sociedades latino-americanas, no Brasil, o arcaico tem dominado o processo histórico. Por isso quando Marx, numa das suas teses sobre Feuerbach, declara que "os filósofos apenas interpretaram o mundo de modos diferentes; é preciso agora transformá-lo"[8], ele não retira os pés do "chão real da História". Ao tratar de Napoleão, no *Dezoito Brumário,* mostra a relação passado-presente no quadro destas transformações, dizendo:

> Quando os homens parecem ocupados em se transformarem a si mesmos e às coisas, em criarem alguma coisa nova, é precisamente nessas épocas de crise revolucionária que se evocam teimosamente os espíritos do passado, que lhes emprestam seus nomes, suas palavras de ordem, seus costumes, para aparecer na nova cena da história neste disfarce respeitável e com uma linguagem de empréstimo. Aí está a farsa, e não a história[9].

Em nossa História, como mostramos em *Conciliação e Reforma* (1965), na luta do passado contra o presente, a farsa domina. A ressurreição dos mortos, os fantasmas e os espectros travam o processo histórico e impedem a vitória do novo e do jovem. Daí os zeros na História, quando temos que refazer tudo, ao contato do vivo no passado e

---

7. *Über die Aufgabe des Geschichtschreibers* (1834), Hamburg, 1947.
8. *Ideologia, cit.,* p. 90.
9. *Ob. cit.,* p. 7.

do presente vivo. Por isso mesmo voltamos ao tema da realidade da história, para lembrar que a realidade histórica, tal como existe hoje, produz, fabrica uma diferente consciência da própria realidade, que é em si mesma um fator de transformação.

A História, ao compreender a vida passada, torna-se uma força presente e formadora do futuro, como disse Eduard Spranger[10], sem esquecer, como já recordamos, que as condições de transformação são herdadas do passado, segundo Marx.

## 3. *História Morta e História Combatente*

As relações da História com a Vida e com a Ação colocam o problema da oposição entre a História alheia aos impulsos da vida e a História combatente, a História lição prática para o presente e a História que só pensa no passado e nos mortos e desconhece a vida.

Neste século já vimos o domínio das mais variadas escolas historiográficas. No começo do século XX, como escreveu Geoffrey Barraclough[11], havia uma grande fé nas potencialidades da História. Poucos duvidaram da crença de Lord Acton, de que o conhecimento do passado é enormemente prático, é um instrumento de ação e de poder que ajuda a feitura do futuro. E muitos acreditaram nos resultados práticos que poderiam apresentar as pesquisas históricas quando concluídas.

As duas Guerras Mundiais desfizeram esta grande ilusão e revelaram os limites da contribuição da História. O problema teria sido mal colocado e a verdadeira posição consistia não em acreditar que os resultados da História pudessem ter efeitos práticos imediatos, mas em estabelecer a relação entre o passado e a vida, para que aquele pudesse servir a esta: enfim, fazer com que a História servisse aos vivos, aos problemas presentes e respondesse sempre aos estímulos atuais.

A História seria tanto mais viva quanto mais próxima da problemática da vida. Deixaria de ser uma coleção de fatos mortos, de que falou Karl Marx[12], para agir sobre a

---
10. "Aufgaben des Geschichtschreibers", *in Historische Zeitschrift*, outubro de 1952, pp. 251-268, especialmente 268.
11. "The Larger View of History", *The Times Literary Supplement*, 6 de janeiro de 1952, p. 11.
12. "Ideologie Allemande", *in Oeuvres Philosophiques*, Paris, A. Costes, 1953, tomo IV, p. 159.

vida, sobre a consciência dos vivos, mostrando a realidade total sem enfeites, e sem mitos, como disse Gerhard Ritter, o Presidente da Associação dos Historiadores Alemães[13].

O que ajudou a estabelecer esta conexão foi a noção de processo, introduzida modernamente, e que corrigiu a incompatibilidade das etapas da vida de várias gerações, impediu a ruptura e estabeleceu a continuidade. Do ponto de vista metodológico e historiográfico, muitos outros aspectos que vêm facilitando esta tarefa poderiam ser aqui lembrados. Mas um deles, especialmente, tem seu relevo próprio: é o da "desmitização" da História.

De qualquer modo, o esquema historiográfico e filosófico de hoje é o próprio esquema prático da compreensão do mundo de amanhã. É com a vivência de hoje que reconstruímos o passado e toda geração reconstrói o seu passado para fins práticos de compreensão e libertação, alargando a pobre estreiteza do seu ser, como dizia Droysen.

Existe, assim, um mundo de diferença entre Ranke, por exemplo, e as novas correntes da História. A influência de Ranke foi e é tão dominante, que ainda hoje velhos repetidores usam sua fórmula, sem saber as restrições e negações que sua tese tem sofrido. Aquela frieza independente com que ele tentava apagar o eu era comparada ao comportamento das esfinges, da segunda parte do *Fausto:*

Sentados diante das pirâmides,
Contemplamos a vida dos povos,
Inundações, guerra e paz,
Sem pestanejar.

A História, diziam então alguns historiadores, com um certo orgulho, tem por função estudar o passado pelo próprio passado, na frase do grande historiador J. Huizinga, ou libertado das pressuposições presentes, como escreveu Thomas F. Tout. A sabedoria máxima consistia, então, na presunção de descobrir como as coisas realmente aconteceram.

Hoje, porém, sabemos que aquele passado pereceu irrecuperavelmente e que dele só podemos ter visões incompletas e parciais, ainda que sintéticas. O idealismo germânico falseara as possibilidades de reconstrução. Se isso se passava no campo prático da historiografia, no campo filosófico não nos esqueçamos que de Hegel a Marx vão apenas

13. "Leistungen, Probleme und Aufgaben der Internationalen Geschichtschreibung zur neueren Geschichte", *in Relazioni,* vol. VI, do X Congresso Internazionale di Scienze Storiche, Florença, 1955, pp. 169-330.

trinta anos e a chamada *Ideologia Alemã* de Marx parte da concepção de que Hegel falseou fundamentalmente a realidade, não podendo o meio-termo de Feuerbach sanar os defeitos.

A luta filosófica tinha seus efeitos práticos. A realidade histórica que uns e outros procuravam diferia, ora era idealista, ora positivista, ora antiespiritualista. Falhavam uns e outros. Ou por outra, procuravam apenas atender às exigências de sua época, às inquietudes das novas gerações, às necessidades sociais do presente. Os aspectos da realidade comum que alguém descobriu e esclareceu pelo trabalho intenso e esforçado não são notados e percebidos.

Viram os historiadores antigos a relação entre a vida política e a vida econômica? Não a notaram, senão a encontraríamos assinalada nos seus escritos. Não se pode encontrar correlação onde um dos fatores não foi pesquisado.

"O que os olhos não vêem, o coração não sente." A realidade tem uma infinita variedade de aspectos que nós captamos segundo nossos interesses, nossa concepção, nossa vocação. A diferença essencial, o passo renovador, consiste em que ultimamente se acentua nosso dever para com os vivos, para com a vida.

O dever do historiador não é para com os mortos, nem o culto do passado pelo passado deve ser o nosso princípio. É em nome do presente que julgamos o passado, pois não há passado puro e único, mas mutável como a história, de acordo com a visão interessada do presente.

Aí estão duas concepções opostas. E ainda que se reconheça, como fez Marx, "a influência ativa que a história anterior exerce sobre a história mais recente"[14], não se pode deixar de notar a crescente determinação de reescrever uma história engajada e não alinhada, partidária e não neutra, combatente e não pacífica, livre e não oficial, moderna e não acadêmica, revisionista e não ortodoxa.

## 4. *História Combatente e História Neutra*

Estas oposições sempre existiram, embora fosse antes menor do que hoje a força de uma história ativa e combatente. Durante muito tempo, predominou a idéia de encarar o engajamento como um deslize ético. Não era possível engajar-se, o historiador era neutro. E se ele nem julgar po-

---

14. *Ideologia,* pp. 44 e 93.

dia, como poderia engajar-se no combate, ainda que este fosse não partidário, mas geral ou nacional?

Antes de examinar o problema do julgamento na História, convém tentar esclarecer a questão do engajamento e do neutralismo. Ofensa ou renúncia aos princípios éticos, a abstenção era a norma a que se deviam ater os historiadores. Os conservadores julgavam heréticos os que se afastassem destes princípios morais.

Mas é uma ilusão a crença no desengajamento, na atitude neutra, pois desengajamento só existe um possível, o final, o desengajamento da vida, que é a morte. Acredita alguém, verdadeiramente, que o historiador possa, como um fantasma, isolar-se das coisas e dos compromissos da sua vida e alhear-se de tudo? Esperar que as paixões morram, era assim que se costumava dizer, para então julgar. Julgar? Nem isso lhe era permitido, mas simplesmente expor, descrever, narrar. Era esse homem castrado, sem alma, desgostoso da vida, desesperado de sua época, idealizando um falso passado, que se fingia um historiador neutro. Exatamente o contrário daquilo que dissera Henri Pirenne, ao definir um dia o historiador de sua época, como se lê em Lucien Febvre: "Un homme qui aime la vie et qui sait la regarder"; ou ainda segundo o próprio Febvre, no seu conselho aos jovens: "pour faire de l'histoire tournez le dos résolument au passé et vivez d'abord"[15].

Na verdade, é preciso distinguir as variedades das posições: história partidária, história neutra e história combatente. Na primeira, ainda dominantemente minoritária, há um compromisso ideológico com um partido, com uma facção, e há, inclusive, a disposição do historiador para favorecer o combate, a revolução; na segunda, finge-se uma neutralidade inexistente, evita-se o combate, a luta, mas não se foge aos compromissos gerais com os beneficiários do *status quo,* dos quais os historiadores são aliados evidentes ou disfarçados. Esta é a posição dominante em todo o mundo desenvolvido e subdesenvolvido, em todo o terceiro mundo, pois a historiografia está na cabeça e nas mãos das elites dominantes. Finalmente, a terceira posição é a que surge no mundo desenvolvido e em desenvolvimento; ela não quer o combate total, mas simplesmente intelectual, e não se engaja, nem se compromete com os valores da sociedade dominante, do Ocidente, enfim. Ela quer, como as primeiras, ajudar a vitória das forças novas, sem compressão to-

15. *Combats pour l'Histoire,* Paris, 1953, pp. 21 e 32.

talitária e preservando o sistema democrático, um compromisso que não é essencial para a primeira posição.

Para a formulação desta concepção combatente da História, que parece dia a dia ganhar maior adesão, concorreram não somente a Segunda Guerra Mundial, a bomba atômica, a exploração do sistema interplanetário, mas, ainda, a consciência do desenvolvimento econômico e as crescentes aspirações populares. Tudo isto despertou uma consciência mais viva e alerta e os historiadores não podiam negar-se a ver toda a história, pois, como ensinou Benedetto Croce[16], toda história é história contemporânea, e portanto devemos também lutar por uma justiça mais forte e mais objetiva, sem cair no jornalismo ou no panfleto.

Não são poucos os exemplos de historiadores renovadores que iniciaram os passos de uma história combativa: Pierre Chaunu, no seu estudo *L'Amérique et les Amériques* (Paris, 1964); Gerhard Ritter, em seu *The German Resistance* (Londres, 1958); Geoffrey Barraclough, no *The History in a Changing World* (Oxford, 1955) ou em *An Introduction to Contemporary History* (Londres, 1964); Ludwig Dehio, em *Germany and the World Politics in the Twentieth Century* (Londres, 1959); K. M. Panikkar, em *Asia and Western Dominance* (Londres, 1953); Jan Romein, em *The Asian Century. A History of Modern Nationalism in Asia* (Berkeley, 1962). Todos eles estão convencidos da necessidade de compreender a estrutura social e política do presente e de ajudar a transformá-lo.

O quadro da realidade sofria grandes alterações e cabia ao historiador, em sua função espiritual, valorizar a integridade humana, iluminar o presente e ajudar a compreender, como disse Toynbee, o destino do homem. Mas se os historiadores do campo da historiografia desenvolvida sentiam-se na necessidade de renová-la, na hora das descobertas espaciais, muito mais combativa tinha que ser a historiografia dos países subdesenvolvidos e em desenvolvimento, tão perturbada pelos historiadores-meninos na imaturidade jovem, ou meninos na debilidade senil.

Perturbam-nos ainda mais os males da sub-historiografia, entrincheirada em algumas cátedras universitárias, antiquária, meramente descritiva dos fatos, personalista, elitista, conformista, subserviente, comprometida,

---

16. *Teoria e Storia della Storiografia,* 5.ª ed., Bari, 1943. Vide também Antonio Lombardi, *La Filosofia di Benedetto Croce,* Roma, 1946, capítulo XXI, "La storia como storia contemporanea".

enfim, improdutiva ou contraprodutiva nos seus efeitos compreensivos ou ativos.

A idéia da aceleração do processo domina a história e a historiografia dos países subdesenvolvidos, bem como a consciência social de que é necessário satisfazer as aspirações populares da integração e bem-estar. Quando se sabe que 62% da riqueza total do mundo estão nas mãos de 15% da população e que o padrão de vida da humanidade como um todo está abaixo do nível de 1900[17], bem se podem compreender os desafios ideológicos, a fúria oceânica que nos envolve, as agitações, e até mesmo a crença de que a democracia, no sentido original da palavra criada por Aristóteles, serve menos ao povo que à plutocracia, à predominância de uma classe que exerce o poder porque tem o controle da propriedade.

Assim sendo, enquanto a democracia não servir ao povo e a história ao esclarecimento destas verdades, a idéia do herói anônimo vencerá a do martírio e a história verá seu processo dominado pelo combate armado e sangrento, e não pela conciliação e compromisso.

Nao existe mais a falsa alternativa de Lutero: evasão do mundo ou compromisso. Hoje o que domina é ou o compromisso impessoal e ideológico ou o combate sem tréguas. Para uns, o compromisso continua sendo uma forma vital de um mundo em decadência, um mundo que não corre mais sobre os trilhos; para outros é um entendimento baseado em recíprocas concessões bilaterais entre grupos sociais e políticos. Os primeiros são sempre partidários e minoritários e só o admitem quando pretendem limitar ou vetar o princípio democrático majoritário; os segundos defensores deste princípio, o aceitam como forma de balançar as divergências das forças sociais em desequilíbrio. O compromisso de ordem superior pode resultar numa síntese, na qual se acomodam interesses e valores.

No Brasil nunca houve compromissos ideológicos, mas sim os dilatórios ou formais, que apenas ganham ou perdem tempo, sem resultar em decisões objetivas. Neste caso sua significação histórica é representar uma política débil, derrotista e retardatária.

Como lembrou recentemente o Professor Salo Baron, da Universidade de Columbia, há vivo no mundo um novo conceito de heroísmo, que dá ao processo histórico certa

17. G. Myrdal, *An International Economy,* Londres, 1956, pp. 2 e 194; e Evan Luard, *Nationality and Wealth,* Londres, 1964, especialmente pp. 205-216.

feição guerrilheira[18]. Essa feição guerrilheira e revolucionária que o processo assume nesta quadra posterior à Segunda Guerra Mundial revela o fortalecimento do heroísmo popular, e repudia a notabilidade ou a elite consagrada. A glorificação do combatente anônimo e popular contra as forças opressivas vem da revolta dos macabeus, no Livro Sagrado. Os dois livros dos macabeus — logo após as vitórias e a morte de Alexandre Magno — contam a revolta de Matatias e de Judas Macabeu contra os abusos de Antíoco e as perseguições dos Reis gregos e sírios.

Quando Matatias viu um judeu sacrificar aos ídolos sobre o altar, obedecendo à ordem real, ficou penetrado de dor e matou primeiro aquele sobre o mesmo altar, e depois o oficial enviado pelo Rei.

E então gritou em alta voz na cidade, dizendo: Todo o que tem zelo pela lei, e quer permanecer firme na aliança, siga-me. E fugiu com seus filhos, para os montes e deixaram tudo o que tinham na cidade. Então muitos que procuravam viver conforme a lei e a Justiça foram para o deserto e lá estabeleceram sua morada, eles e seus filhos e suas mulheres e seus gados, porque se viam inundados de males[19].

Assim começa a história guerrilheira, o herói que se levanta contra os excessos das autoridades, na firme convicção que está salvando seu povo. Que teria acontecido à memória do Nazareno, pergunta Salo Baron, se, em vez de marchar docilmente carregando a cruz, tivesse resistido e matado os legionários romanos? Foi o martírio que fez frutificar sua lição.

Esta — estamos seguindo a lição do autor de *A Social and Religious History of the Jews*[20] — a diferença fundamental entre "o dócil sacrifício religioso e o princípio romano do *dulce et decorum est pro patria mori* (doce e honrado é morrer pela pátria)"[21].

Pois bem, a concepção romana do sacrifício supremo em prol de causas nacionalistas e patrióticas suplanta hoje o ideal do martírio religioso ou do eterno sacrifício. A autoimolação não provoca mais admiração, como se vê no Vietnam, com os budistas. Fortalece-se o ânimo pelo exemplo dos que resistiram, como Matatias e Judas Macabeu, como os heróis do gueto de Varsóvia. Não há, assim, a predomi-

---

18. Vide "Novas Tônicas na História Judaica", *Comentários,* 2º trimestre 1965, pp. 115-125.
19. Vide "Profecia de Malaquias", Livro Primeiro e Segundo de Macabeus, *in Bíblia,* texto católico.
20. Nova Iorque, Columbia University Press, 1937, 3 v.
21. Horácio, *Carmen Saculare,* lib. 3, Ode 2.

nância da submissão passiva e nenhuma historiografia pode mais defender a docilidade e a resistência passiva, como formas de conduta do povo contra os desmandos das autoridades.

A concepção lacrimosa da História, como a denominou Salo Baron, está derrotada pela concepção combatente, embora esta possa assumir os mais variados graus de intensidade, desde a simples luta revisionista até o aplauso à guerrilha.

De qualquer forma, se o povo não deve mais padecer e sofrer sua história, a historiografia não pode também ser dócil e serviçal aos poderes do momento, disfarçando sua omissão com a falsa neutralidade.

## 5. O Revisionismo

A primeira tarefa da história combatente é rever a realidade histórica, esquadrinhar todos os aspectos daquela falsa idealização com que se tem apresentado o passado. O revisionismo se opõe à ortodoxia. É um movimento independente, um desenvolvimento criador e interpretativo, que restabelece o contato entre a teoria e a prática, abandona os mitos pela realidade, não cancela, antes, enfrenta, as condições ortodoxas, desde os figurões, desafia a oligarquia, não despreza as ideologias, e não considera historicamente necessárias a injustiça social, a privação econômica, o desatendimento educacional e sanitário. O revisionismo que interpreta e reinterpreta o passado na sua significação presente, que combate a mumificação de estadistas e realça a contribuição popular, pode, de certo modo, ser resumido na lição de Michelet: "Na História", dizia ele a seus alunos, "é como no romance de Sterne: o que se fazia no salão, fazia-se na cozinha"[22].

O revisionismo fatual ou ideológico revê o quadro todo, reexamina, busca as conexões significativas do destino e dos feitos do mundo humano passado ligadas ao ponto de vista contemporâneo. Ele faz as analogias, prepara-se para compreender tudo, e tudo julgar; e, finalmente, com a síntese integrada, de que fala Othmar Anderle[23], procura partir para uma finalidade mais alta, a iluminação da existência e a conexão do presente e do passado.

22. Transcrito por Lucien Febvre, *op. cit.*, p. 25.
23. "Theoretische Geschichte", *Historische Zeitschrift*, fev. 1958, pp. 1-54.

Ao seu lado sobrevive a tarefa manhosa, destituída de idéias, dos cronistas, memorialistas e historiadores descritivos, de estabelecer simplesmente os fatos.

Assim como a teologia protestante acha que a Bíblia deve ser sempre de novo interpretada, de acordo com as necessidades da época, assim também a História tem que ser sempre e sempre revista. Mesmo porque, como acredita aquela Teologia, "o homem não é meio bom e meio mau, mas inteiramente as duas coisas e está sempre *sub ira* ou *sub gratia Dei"*.

Cada geração, pois, escreve a sua própria História, e como os anos de guerra contam em dobro, as duas gerações deste século reúnem uma experiência enorme de fabricação da história, para julgar a História que foi feita pelas gerações passadas e compreender os males e as ruindades que pesam sobre nós.

Duas vezes tentaram destruir estas gerações, duas vezes elas edificaram de novo a cidade, sem contar as revoluções, umas frustradas, outras destinadas a evitá-la, a ela, a emancipadora. O revisionismo tem que buscar fatos e conexões novas inspiradas nas exigências interrogativas do presente e na vivência de repente descoberta de coisas passadas. O revisionismo busca novos valores e não acredita somente nos vitoriosos, pois sabe que os vencidos e derrotados fazem parte do processo e não podem ser eliminados, a menos que se liquide parte da História.

As descobertas históricas que o revisionismo sempre estimula vêm menos das pesquisas fatuais, trazidas pelos novos documentos que das questões novas que sabemos levantar.

## 6. *Revisionismo no Brasil*

O revisionismo teve no Brasil, infelizmente, poucos cultores. Todos mais ou menos seguidores fiéis do oficialismo de Varnhagen, afora, é claro, os marginais que o seguiram, mas não puderam nem continuar a construção material do mestre sorocabano, nem provocar novas diretrizes. O revisionismo não teve sorte no Brasil, porque a elite foi sempre dominada pela aversão às novidades. Nós temos interpretado falsamente o nosso passado e, conseqüentemente, o nosso próprio presente, especialmente porque estamos dominados pelos mitos e lendas.

A visão conservadora de nossa história foi Varnhagen quem a estabeleceu com punhos de ferro. Esse germanosorocabano, que já em 1857 manifestava sua antipatia ao nacionalismo, dizendo: "e sendo nós, mercê de Deus, dos menos partidários do incoerente sistema do patriotismo caboclo"[24], frase que desaparece na edição de 1877, foi o principal responsável pelo escrito histórico oficial, neutro, limitado e divorciado do presente. Oficial, porque sempre a razão de Estado estava correta: neutro porque fingiu não tomar partido, mas sempre os vitoriosos estavam certos; limitado, porque lhe coube estabelecer aqueles limites temporais permissíveis a um tratamento histórico, que, ultrapassados, faziam incorrer na pecha de diletantismo.

Em resumo, a compreensão conservadora foi sempre tradicional no Brasil e só recentemente sofreu os primeiros agravos. A ideologia dos historiadores foi sempre a apologia do passado e a conseqüente defesa do *status quo*.

Assim, a razão de Estado, a razão conservadora, os grandes homens imperiais e republicanos explicam e conduzem o nosso processo histórico, onde falta sempre a presença do povo — visto como quase infeto, deseducado e errado, pois foram os seus pecados que originaram os nossos insucessos. A esperteza e não a razão, ou a esperteza da razão, como escrevia Hegel, está sempre a serviço dos conservadores? Deus é conservador? Conservadores ou liberais, pois o liberalismo de empréstimo, nascido e nutrido com a escravidão, foi sempre e ainda é no Brasil a forma mais agressiva e eficiente de conservadorismo social. Nem a reforma social do século XIX, uma elaboração conservadora, beneficiou o povo brasileiro. Por isso mesmo é o desenvolvimento da consciência social e política do povo brasileiro, dia a dia maior, que exige a revisão de nossa história.

Quando Disraeli escreveu que a história da Inglaterra era uma mistificação completa, com acontecimentos deformados, motivos ocultados, figuras omitidas, deturpações, que diremos nós da nossa? Por isso mesmo a revisão se impõe e ela será uma iluminação para a consciência presente ou uma arma de luta política.

A monotonia da nossa história política, sempre conservadora, anti-reformista, conciliatória-formal, conspiratória-militar, com seus *hiatus irrationalis,* suas marchas e contramarchas, dominantemente contra-revolucionária e não revolucionária, no sentido não puramente militar, mas social-político, com a via dolorosa do

---

24. A condenação ao nacionalismo aparece na 1.ª edição da *História Geral do Brasil* (Madri, 1854-1857), v. 2, p. 211; na 2.ª ed. (Viena, 1877), p. 935, o trecho foi suprimido.

espírito civil, sempre ameaçado pelo consentimento ou proibição militar, revela ainda mais a exigência da revisão das idéias e dos valores, ao lado da revisão fatual, que a rotina antiquária sempre promove.

É evidente que o revisionismo pressupõe uma revisão ideológica que o oriente, mas é evidente também que o sucesso da revisão histórica tem decisiva influência na renovação ideológica. A revisão torna-se uma necessidade, porque ela terá uma influência decisiva na formação da vida prática. A análise revisionista histórica exige, assim, não somente uma análise das idéias filosóficas, éticas e políticas, que fundamentam as concepções históricas, como uma revisão do próprio desenvolvimento do processo histórico em si mesmo.

Rever a trindade do imperialismo, militarismo e nacionalismo, três forças que tanto determinam o curso da história. Reexaminar o poder político, a significação da política externa — instrumento básico da luta pelo desenvolvimento — o papel do povo padecido e sangrado. Enfim, evitar que a história se fossilize e se estultifique, para restaurar, como ensinou Geoffrey Barraclough, a viva conexão entre o presente e o passado e fazer da História uma força viva e não um peso morto de erudição estranha a todos[25].

## 7. As Tendências revisionistas no Brasil

Desde nossa 2.ª edição da *Teoria da História do Brasil* e mais tarde nos ensaios sobre "A Historiografia Brasileira e o Atual Processo Histórico"[26], e sobre "Afonso Taunay e o Revisionismo Histórico"[27], procuramos examinar as várias tendências revisionistas da nossa historiografia. Chamamos a atenção para a força renovadora constante do revisionismo ideológico que vinha de Capistrano de Abreu, de Euclides da Cunha, de João Ribeiro e que seguia rumos próprios, abertos e livres às sugestões de várias disciplinas e de várias correntes teóricas.

As contribuições divergentes de Oliveira Viana, Gilberto Freyre e Sérgio Buarque de Holanda, renovadores da análise da raça e da cultura, aplicando instrumentos novos vindos da antropologia, da sociologia, da psicologia normal

---

25. "The larger view of History", *Times Literary Supplement*, 6 jan. 1956.
26. *Jornal do Brasil*, 17 de agosto, 7, 14 e 22 de setembro de 1958.
27. *Revista de História* (São Paulo), Separata do n.º 35, 1958, p. 11.

ou patológica, são hoje unanimemente conhecidos. *A Evolução do Povo Brasileiro* (1923), *Casa-Grande & Senzala* (1934), *Raízes do Brasil* (1936) são obras definitivas no quadro da historiografia brasileira deste século, pela marcada originalidade da pesquisa criadora dos fatos e pela força da análise interpretativa.

Em todas dominava a íntima conexão entre o passado e o presente e a ousada capacidade de generalizar.

Daí em diante, variaram ainda mais os rumos da maturação. Antes de tudo, as correntes marxistas e neomarxistas desde Caio Prado Júnior, passando por Nelson Werneck Sodré e Leôncio Basbaum, até Celso Furtado. O interesse pela história econômica e social tem crescido sempre, mas a produção bibliográfica ainda não reflete a importância deste novo belvedere, apesar das contribuições de Heitor Ferreira Lima e Nícia Vilela Luz.

A relativa indiferença que a história geral oficial brasileira, de Varnhagem a Pedro Calmon, revelou pelo negócio real da história econômica que não se enquadra na narrativa convencional, dominada pela miudeza da política pessoal, mostra como é necessário rever e renovar as forças da produção que influem nesta e nas gerações futuras.

O personalismo que caracteriza o nosso processo histórico tem sido a fonte da imensa produção biográfica, feita mais para louvar e engrandecer os nossos heróis políticos, que para examiná-los. Daí a necessidade de revisionismo biográfico, mesmo que a injustiça, por vezes predomine sobre a apologia, o reverso sobre o verso, para que se limpe a história dos mitos que a desnaturam. É nesse sentido que se não pode deixar de considerar os estudos biográficos de Raimundo Magalhães Jr. A nova visão biográfica, equilibrada entre a personalização da história e as forças sociais da época encontra-se em *J. K. Uma Revisão da Política Brasileira* (1960), de Francisco de Assis Barbosa, que representa, realmente, um exemplo de interação da história e da biografia, além de encarnar, apesar de incompleta, a mais íntima conexão entre o passado e o presente, a vida e a história.

Enfim, novas tendências nacionalistas se exprimem também na historiografia atual. É um exemplo de história combatente, em que a narração cede lugar à crítica e em que a sociedade e o povo são os centros de interesse, em lugar do Governo e dos indivíduos. Ela reage contra os excessos de fé na letra documental e prefere a compreensão que nasce da crítica textual, uma regra que defendemos na *Teoria da História do Brasil*[28]. Ela é contra a fraseologia;

---

28. 2.ª ed., vol. II, p. 646.

insurge-se contra a aceitação literal e insiste em buscar o sentido no contexto total e real.

Repetindo Marx, a ressurreição dos mortos deve servir para magnificar as novas lutas e não para parodiar as antigas, para exagerar na imaginação a tarefa a cumprir e não para se subtrair à sua solução, buscando a realidade, para nela encontrar o espírito da revolução e não para evocar de novo o seu espírito. Nehru escreveu que os estudos históricos são um veículo ideal para inocular idéias políticas, particularmente com o sabor nacionalista[29]. Pois é esta a tarefa da nova história nacionalista que une, como nenhuma outra, o passado ao presente, visando ao futuro.

Enfim, relembro as palavras do historiador alemão Gerhard Ritter, que já citei em outra oportunidade: "Quem realmente conhecer a história estará protegido do entusiasmo barato e não poderá encarar o seu jogo sem profunda emoção, pelo menos quando se trata do futuro de sua própria terra e de seu próprio povo"[30].

## 8. O Julgamento Histórico

Esta História que serve à Vida deve julgar. Sim, julgar sem receio de ser acusada de parcial, pois se devemos ser interessados na vida, devemos servi-la desinteressadamente[31]. É impossível ser desapaixonado, imparcial, isolado, indiferente. Ninguém começa com a cabeça vazia, mas cheia de idéias[32]. Alguém concebe, como lembrou A. J. P. Taylor, que qualquer documento induzisse Macaulay a confessar que a Revolução Gloriosa foi um equívoco? Seria concebível que Ranke lastimasse a subida da Prússia como Poder Mundial?

Não. "Nenhuma objetividade implica uma neutralidade de eunuco", escreveu Gerhard Ritter. "É uma ilusão acreditar que o historiador possa contar a história sem assumir a posição que o guiará na escolha do material. Quem quiser fazer história será obrigado a julgar"[33].

Já tive oportunidade de escrever que sem Justiça a República não é República, e que sem Julgamento a História

---

29. *Glimpses of World History,* Londres, 1961.
30. "Leistungen", art. cit., p. 330.
31. Sobre isso, vide G. Barraclough, "History, Morals and Politics", *International Affairs,* janeiro 1958, pp. 1-58.
32. "The Rise and Fall of 'Pure' Diplomatic History", *Times Literary Supplement,* 6 jan. 1956, p. xx.
33. Art. cit., p. 328.

não é História. É fácil, a um século e meio de distância, julgar Napoleão, e todo menino de escola aprende a julgá-lo. Mas quando nos dizem que é tolice julgar Hitler, Stalin, enfim, contemporâneos nossos que cometeram violências contra a dignidade humana, nós só podemos responder que aceitar tal doutrina é violentar as normas básicas de nossa moralidade, confundir nossa consciência e ignorar os princípios mais gerais do pensamento normal. Nós não podemos aprovar tudo o que aconteceu e teve conseqüências, nem acreditar que os vitoriosos têm sempre razão. Esta espécie de positivismo teme as verdades incômodas.

## 9. A Crise da Vida e da História

O revisionismo e o julgamento conseqüente são frutos da crise atual, da crise econômica e de consciência que abala especialmente o terceiro mundo. A nossa historiografia não pode fugir a essa realidade nacional e mundial. A prova terrível e prática de todas as concepções se experimenta na hora crítica. Não podemos, neste momento de tempestade, construir teorias fora do chão real da História. A fúria do mar ainda não nos atingiu, mas pode atingir-nos de uma hora para outra. O solo aos nossos pés pode tremer e a força terrível das revoluções e das guerrilhas pode ser um dos efeitos práticos da ausência de revisão, da indiferença à reforma básica, da não integração social, da falta de remodelação econômica.

As novas forças estão aí e é perigoso ignorá-las, e, mais ainda, capitular diante da opressão. Por isso é preciso extrair todas as conseqüências, iniciar um processo de amadurecimento que ajude a um novo momento da evolução nacional.

Se toda geração escreve e tem de escrever sua visão do passado, o caminho não consiste apenas na acumulação fatual, feita pela investigação erudita, mas consiste também e principalmente na síntese interpretativa e crítica que constrói para hoje e para o amanhã.

A visão da história, a visão do mundo, como dizia Othmar F. Anderle, não consiste apenas na soma quantitativa de conhecimentos isolados, mas em uma escolha qualitativa para um quadro integrado, buscando especialmente as conexões vitais[34]. As ideias da singularidade,

---

34. "Theoretische Geschichte", art. cit., p. 10.

particularidade e individualidade dos acontecimentos históricos, que a filosofia idealista alemã de Dilthey e Rickert expôs, criaram a crença de que as vistas generalizadoras eram estranhas à história. Circunscrito ao particular e ao singular, o historiador só poderia chegar a uma soma de particularidades e singularidades, o que levou Arnold Toynbee à conclusão de que o historiador especializado fica míope.

É este o ponto crítico da historiografia moderna. A sinopse é a nova Fronda, vamos dizer assim, como Anderle, e é com ela que se pode ajudar a vencer a crise atual. A síntese integrada é o caminho novo e com ela cada geração entrega à outra a sua visão inteira do passado.

Não há História pura, não há História imparcial. Toda História serve à vida, é testemunho e compromisso. Toda História, enfim, é contemporânea, ensinava Croce, e ela pode, pela iluminação da consciência, ajudar a vencer a crise do presente. Esta crise é sentida antes de tudo pela juventude, que está mais fortemente que ninguém sob os efeitos dos novos pensamentos e do destino nacional. Os mais velhos cuidam, no caos, do seu próprio destino.

Para os novos, o problema é teórico e prático. Mas seria um erro pensar que os velhos também não sentem o problema. A verdade, porém, é que eles não pagam pelo novo como os jovens. Assim, o que pode parecer no momento uma falta de nossa ciência, pode ser a sua força, outra força social de renovação.

A juventude é a fiadora da reforma e do futuro.

## 2. O PENSAMENTO POLÍTICO E SOCIAL DE JOSÉ BONIFÁCIO*

Passado o segundo centenário do nascimento de José Bonifácio, continua o Brasil sem uma edição completa de suas obras. É um caso raro na América, pois de George Washington a José Martí, todos os Fundadores possuem não uma, mas várias edições de seus escritos. A largueza e extensão da obra de José Bonifácio, devidas em parte à sua atividade científica pré-Independência, não justificariam a omissão, como o exemplo de Benjamin Franklin o demostra. E ainda que fossem considerados obsoletos seus estudos científicos, nada se fez para coligir, reunir e editar

* Este ensaio foi preparado para servir de introdução ao volume II das *Obras Científicas, Políticas e Sociais* de José Bonifácio de Andrada e Silva, editadas por Edgard de Cerqueira Falcão, São Paulo, 1965.

seu pensamento político. Seus trabalhos originais sobre problemas sociais de sua época são raríssimos, tais como as representações políticas; manifestos e atos de governo acham-se esquecidos nas coleções de legislação e a própria correspondência diplomática, reunida e publicada no centenário da Independência, não é facilmente acessível.

Mesmo os estudiosos afeitos às pesquisas encontram dificuldades para a consulta rápida dos principais escritos políticos e das medidas e providências legislativas de José Bonifácio. Uma geração após outra pouco fez para que melhor se conhecesse a obra do Patriarca da Independência. Como explicar essa desatenção, quando instituições eruditas, oficiais e privadas, têm dedicado grandes esforços e despendido largos recursos na divulgação de documentos da nossa história e do nosso pensamento político? E a decepção ainda é maior quando se considera que Rui Barbosa tem uma casa-monumento, que cultiva sua memória e publica todos os seus escritos, calculados em cerca de 250 volumes, e a obra de Epitácio Pessoa é agora reunida e publicada pelo Instituto Nacional do Livro. Figuras incomparáveis não será o exercício mais remoto ou mais próximo, mais rápido ou longo da atividade política que deslembrará o primeiro e recompensará o segundo e o terceiro?

José Bonifácio dedicou realmente poucos anos de vida à atividade política, começando com 58 anos, em 1821, e terminando em 1823, afora os três de tutoria do futuro D. Pedro II, enquanto Rui Barbosa encheu quase meio século (1878-1921) da vida política brasileira, com sua voz e suas campanhas, e Epitácio Pessoa teve, pelo menos 32 anos (1890-1922) de atividade nos três Poderes da República.

Se oficialmente pouco ou quase nada se fez pela divulgação de sua obra, a verdade é que em apenas três anos únicos de chefia, José Bonifácio deu muito, consolidou a Independência e garantiu a soberania nacional, com a unidade política e a integridade territorial, aspirações maiores e permanentes do povo brasileiro. São apenas três anos, mas nenhum brasileiro fez mais em tão pouco tempo. E numa hora crítica, num momento criador, o maior de nossa História.

Sem entrar em disputas de primazia, tão ao gosto da política subdesenvolvida e da historiografia, *in statu pupilari*, José Bonifácio provocou, naqueles três anos, o mais formidável ódio que jamais um homem público no Brasil provou. Primeiro o ódio dos portugueses, dominantes no Rio de Janeiro, e depois dos brasileiros exaltados, que não viam na sua ação política a defesa da unidade nacional e da integridade territorial. Uma formidável coligação política de reacionários e exaltados, estimulados pelo repúdio às medidas políticas e sociais avançadas que José Bonifácio propunha, contra ele se armou.

Como era possível aceitar um homem que propunha providências como a reforma agrária, o voto do analfabeto, a extinção imediata do tráfico, a abolição gradual da escravidão, a incorporação do índio, e que comandara a luta pela Independência, guerra maior, pelos combates e pelo número de homens, que as de Bolívar e San Martín; e que, além do mais, combatia empréstimos externos, defendia princípios de política externa como o anticolonialismo, a não intervenção, a autodeterminação, enfim, que formulara uma política própria e independente, ao reconhecer nas potências européias os inimigos de então da liberdade nacional? Pois foi o ódio português, unido às diferenças ideológicas com os exaltados, quanto à defesa da Independência, da soberania, da unidade e da integridade nacionais, que alimentou o ódio total que derrubou José Bonifácio.

Os traços psicológicos e sua personalidade sarcástica, virulenta e presunçosa, não explicariam, como querem alguns historiadores, seguindo testemunhos austríacos e franceses, a formidável oposição que José Bonifácio teria de enfrentar. Muito menos o seu facciosismo e exclusivismo, pois os tempos e os homens eram todos intolerantes. Instantes criadores são instantes de paixões. Três anos de ação firme, inflexível, inconciliável com os grupos dissidentes, mas conciliável com o povo e a Nação, cujos interesses defendia, deram a esse homem, em série ininterrupta, demissão, cadeia e exílio. Seis anos de exílio, logo após, três anos de tutoria, e novamente prisão, processo, retiro em Paquetá e exclusão definitiva do comando do processo histórico.

Pode alguém aceitar que em tão pouco tempo sofresse José Bonifácio tanto, apenas porque fosse inábil, altaneiro, veemente, impetuoso, de língua solta? Creio mais correto buscar forças sociais e econômicas interessadas em liquidar — embora usando dos artifícios psicológicos e de ressentimentos pessoais, àquele que promoveria, caso houvesse permanecido à frente do Governo, a ruptura total com o passado colonial que, infelizmente, sobreviveu após a Independência.

O espírito anti-reformista se implanta no Brasil em 1823, logo após sua expulsão, e o Governo e o Parlamento são, desde então, os guardas do passado. As instituições econômicas e sociais permanecem estáveis, paga-se uma independência que custara sangue, como se pagara antes a vitória sobre os holandeses; cede-se tudo ao estrangeiro naqueles vergonhosos tratados com a França e a Grã-Bretanha, de 1826 e 1827; mantém-se a política portuguesa de intervenção na Banda Oriental e pede-se emprestado, submetendo-se o País à preponderância inglesa e à humilhação das constantes agressões anglo-franco-norte-americanas.

Um país potencialmente agredido, eis a conseqüência da prisão e deportação do Patriarca, porque ele sempre se manifestou contra essas concessões, feitas entre 1826 e 1829, quando estava exilado. E foi preciso que a morte viesse para que sua lição fosse adotada, pois, desde então, o Governo brasileiro, fosse conservador, fosse liberal, nunca mais, até a República, assinou tratado de amizade ou comercial com potência mais forte, para evitar as alianças embaraçosas aos nossos interesses.

Esse é o começo, embora tímido, pelas deficiências naturais do nosso Poder, da política própria e independente que o Patriarca fixou no Manifesto de 6 de agosto de 1822, na circular de 14 de setembro do mesmo ano, e nas Instruções aos nossos primeiros agentes diplomáticos.

A formidável oposição e pressão contra José Bonifácio encontram sua compreensão nas "clarezas necessárias" do seu realismo político. Ele estava à frente de todos, era um vanguardeiro de sua época, no meio daqueles fantasmas e fósseis que o circundavam. Um velho fogoso, vinte e cinco anos à frente dos homens de sua época, foi o principal promotor da Independência do Brasil, escreveu o Almirante Roussin a Antônio Teles da Silva, Marquês de Resende, que participou de tudo, escrevia em 1830 que ele era "um homem tão moço e tão intrometido como o vi nos primeiros dias da glória do Imperador e da criação do Brasil". Era um moço de vanguarda, apesar dos seus 60 anos, e estava, não vinte e cinco anos, mas meio século à frente dos seus contemporâneos. Por isso foi um acelerador do processo histórico e conseguiu, em menos de um ano, em onze meses, promover a Independência contra os antinacionais que nasciam naquela época e sobreviveram pelos anos a fora.

Para isso contribuíram os anos de viagem pela Europa e não sua permanência em Portugal, na opinião do próprio Marquês de Resende, seu filho natural. Numa época de difíceis comunicações, a viagem à Europa representava uma oportunidade excepcional de avanço sobre seus contemporâneos. José Bonifácio era um pensador profundamente iniciado na ciência do seu tempo, escreveu Latino Coelho, no

*Elogio Histórico*. Por isso quis vencer os anacronismos do período colonial e acelerar o processo histórico. Cumpre deslembrar-se do passado, escreveu José Bonifácio, ao se despedir da Academia de Ciências de Lisboa, nas vésperas da sua missão nova no Brasil. Deslembrar-se do passado, libertar-se do passado, romper com o passado, para que fosse possível inovar e impulsionar o instante de criação da Pátria nova e liberta.

Mas no Brasil o golpe de Estado e a conspiração nasceram cedo e José Bonifácio foi mandado para o limbo, por seis anos, e lá em Talance, perto de Bordéus, esperou que chegasse a ressurreição da carne e o dia do juízo. Como vanguardeiro principal da Revolução promotora da Independência — o próprio D. Pedro I em carta de 28 de setembro de 1832 o reconhece —, José Bonifácio teve contra ele o ódio figadal dos portugueses, que se pudessem inventariam outro pecado mortal, além dos sete cristãos, para sobre ele lançar, como escreveu de Bordéus, em 1828, e de grande parte da elite nacional, mesmo a formalmente exaltada, unidos uns e outros, no combate às inovações e mudanças estruturais que o Patriarca propunha.

Não foi o gênio cáustico e atrabiliário de José Bonifácio que motivou sua expulsão do comando do processo histórico; trabalharam neste sentido as forças que desejavam travar o processo de libertação, no seu triunfo contra as aferradas instituições coloniais. Tudo o que é humano retroage, se não avança, disse Gibbon. Ele julgava com uma perspectiva histórica de 15 séculos, através dos quais vira confirmada sua tese. Nada parece tão fatal à vida de uma sociedade quanto o espírito conservador ou a vontade de preservar imutável o estado de coisas existentes. E nada parece possibilitar mais a realização de uma sociedade que a capacidade de produzir e aceitar uns poucos espíritos aventureiros que, rompendo a barreira, voam à frente da maioria dos seus contemporâneos, para reconhecer e conquistar novos terrenos dos quais partirão, no devido tempo, novos avanços. Estes constituem a vanguarda e José Bonifácio foi talvez o único, na Independência, que estava à frente de todos.

No Brasil da Revolução da Independência, porém, não foi somente aquele espírito conservador que se satisfaz com o estabelecido que prejudicou, no campo econômico e social, o avanço que dela se poderia esperar. Os fósseis, os não contemporâneos, a liderança retardatária queriam à força retardar os impulsos naturais do movimento, travando as reformas pleiteadas por José Bonifácio, porque elas ofendiam seus interesses. Com isso evitavam também que a própria liberdade política da Nação se visse impotente diante das pressões externas e o Brasil se transformasse com os Tratados e os empréstimos numa espécie de feitoria inglesa.

Para expulsá-lo do comando do processo histórico, a liderança retardatária e dominadora criou a concepção conspiratória da História. Se a América, como já se escreveu, foi concebida em revolução, desde Colombo, contra quem Roldán se rebelou, o Brasil, na sua infância, conheceu a conspiração e o golpe de Estado, desde a dissolução da Assembléia Constituinte, em 12 de novembro de 1823. Desde então a conspiração e o golpe de Estado marcam o processo histórico, embora não seja estranha a revolução sangrenta, nem o sejam as pausas legais.

"Hoje é o dia dos moleques", disse José Bonifácio ao General Morais, que o conduzia preso, ao ver a multidão de moleques, pagos pelos portugueses, que assobiavam e davam vaias e "morras" aos presos. E os dias dos moleques se repetiam em nossa História, até que um dia um filho, Luís Alves de Lima e Silva, renegando o pai conspirador — que também contra José Bonifácio descarregara o ódio dos retardatários —, punha as Forças Armadas a serviço da legalidade, que dominou desde então o Império até a República, filha de novo da conspiração e do golpe de Estado.

O 12 de novembro de 1823 encontra sua reação e seu desfecho no 7 de abril de 1831, na abdicação daquele que cedera tanto ao estrangeiro, iniciara a comidela dos empréstimos, fechara as Câmaras, outorgara uma Constituição. O caminho sinuoso da liberdade nacional, com suas interrupções caóticas, teve início não em 12 de novembro de 1823, quando se dissolveu a Constituinte, mas em 16 de julho daquele ano, quando José Bonifácio pediu demissão. Ambos foram golpes, maior e menor, obra da união dos portugueses inimigos e dos liberais exaltados. Nos primeiros predominava a idéia de que todo projeto absolutista é recolonizador, e nos segundos o anti-reformismo estrutural. Uma e outra idéia travam os instantes criadores, afastam, demitem, aprisionam e exilam líderes aceleradores do processo histórico. Mais tarde a tentativa de golpe de Estado de Diogo Antônio Feijó — figadal inimigo de José Bonifácio, e o próprio regressismo ou restauração de D. Pedro I mostram que a concepção conspiratória permanecia viva.

Todos aqui e até no estrangeiro não pensavam senão em conspiração e golpe de Estado. Manuel Rodrigues Gameiro Pessoa, Visconde de Itabaiana, concebeu um plano, apoiado por Portugal, Áustria, França e até pela Grã-Bretanha, visando a conferir, com a intervenção desses países, a Regência a uma pessoa real, no caso a Duquesa de Bragança. O Conde Alexis de Saint-Priest, Enviado Extraordinário e Ministro Plenipotenciário da França no Brasil, escrevera, observando o contágio infernal da concepção conspiratória, que era "aflitivo, sem dúvida, ver a autoridade se pôr à frente de tumultos, que ela devia dispersar, mas a situação no Brasil dificilmente comporta outra marcha; como ninguém pode governar, todo mundo intriga e as relações do Governo com seus adversários não são as de luta, mas as de conspiração".

E não foi só ele, cujo depoimento, com outros, Alberto Rangel divulgou. Os relatórios diplomáticos do Ministro da Suécia, M. de Anckerloo, até hoje inéditos, confirmam a opinião de que o chefe dos demagogos, o conspirador-mor, era o próprio General Lima e Silva, pai do Major Lima e Silva, já então, e como sempre, o legalista modelar. Poucos tiveram juízo, e raros, como o Marquês de Resende, escreveriam: "Nada de *coups d'États* no Brasil. Lei, juízo e firmeza dentro da lei".

A mais grave conseqüência da concepção conspiratória foi a inconciliação, o agravamento dos ódios, e a história sangrenta. José Bonifácio sofreu novamente na carne e no espírito a acumulação dos ódios, agora não mais dos portugueses conluiados aos exaltados, mas dos moderados, dos liberais anti-reformistas.

O ódio a José Bonifácio nunca diminuiu. Nem seu exílio acalmou as paixões desesperadas contra ele. A Regência Provisória Trina não acatou a nomeação de José Bonifácio para tutor, feita por D. Pedro I, e a 17 de junho de 1831 o Patriarca lançava seu Protesto à Nação Brasileira e ao Mundo Inteiro, e só depois de anular o ato de D. Pedro I foi que a Assembléia Geral, muito a contragosto, em 30 de junho, sufragou o seu nome. Mas o ódio e a conspiração contra esta tutoria nunca cessaram, até que o liberal — que tanto aspirou ao mesmo cargo, Aureliano de Souza Oliveira Coutinho conseguiu suspendê-lo das funções, em 15 de dezembro de 1833, após o fracasso da tentativa de destituição pelo Poder Legislativo.

Ao vencer, Aureliano Coutinho, contumaz intrigante palaciano, escreveu a D. Mariana de Verna, sua aliada, Camareira-Mor: "Parabéns, minha Sra., custou mas demos com o colosso em terra". O colosso, um dos poucos colossos que o Brasil já possuiu, tivera o prazer de ver na discussão parlamentar que não eram poucos aqueles que já então o consideravam o Pai da Pátria, embora alguns, cujos nomes dormem no silêncio merecido, esbravejassem toda a sua cólera contra ele.

"Esta é a questão mais odiosa que se tem apresentado nesta Casa", disse Alves Branco, que depois tanto se distinguiu na luta contra o Tratado inglês. Carneiro Leão, que começara a subir ao Poder pelas escadas governistas, sustentou a distinção entre tutelas civis e políticas; para exercer esta última, devia o Tutor estar conforme às opiniões políticas da maioria. Não merecia José Bonifácio a confiança do Poder, esta a tese de Carneiro Leão, embora aceitasse, como se fez sempre no Brasil, todas as acusações conspiratórias, inclusive a de que se pretendia pôr abaixo o Código fundamental, o Governo estabelecido e raptar o Imperador-menino.

O ódio não tinha medidas, e só assim se compreende que Evaristo da Veiga declare que embora reconhecendo a erudição, os conhecimentos metalúrgicos e filosóficos de José Bonifácio, não via relação entre estas ciências e a organização social; com o avanço que o Brasil fizera desde 1821 não se podia confundir o naturalista, o metalúrgico com o homem de Estado. Além do mais, ao contrário do que afirmaram vários Deputados, especialmente Rebouças, Montezuma e Alves Branco, dizia ele ser fato bem contestado que José Bonifácio tivesse sido o herói da peça da Independência. Ele prestara serviços, "mas muitos males que desde então sofremos devem-se a seus erros e à facilidade com que os palhaços influíram sobre o espírito desse herói da peça".

Mesmo sem a perspectiva histórica que hoje possuímos, as figuras eram incomparáveis. Pode-se buscar em vão uma peça sequer de Evaristo da Veiga que mostre seu avanço social em relação a José Bonifácio, que o capacitasse a ele e a seus corifeus, inclusive Carneiro Leão, a sentir-se superior ao autor, pelo menos, dos dois projetos sobre a escravidão e os índios, apresentados à Assembléia Constituinte, e de toda a legislação e providências que efetivamente consolidaram a Independência, asseguraram a saberania nacional, mantiveram a unidade política e a integridade territorial.

A Regência, que Evaristo da Veiga e Carneiro Leão defenderam com tanto ardor e com tanto ódio contra seus adversários políticos, mergulhou o Brasil em sangue, agora não mais o sangue da guerra da Independência, mas o sangue fraterno.

Destituído da Tutoria, exilado em Paquetá, processado em 1835, absolvido e esquecido, José Bonifácio faleceu às 3 horas de 5 de abril de 1838. O *Jornal do Comércio* de

6 de abril anunciou, em pequena nota de segunda página, que falecera o Patriarca da Independência, e a 10 de abril, sob o título "Honra e Gratidão ao Pai da Pátria", ocupando toda a primeira página, transcreveu os dois discursos pronunciados no ato de se dar à sepultura o corpo pelo Dr. L. V. de Simoni, Secretário da Academia Nacional de Medicina, pelo Dr. J. M. Pereira da Silva e pelo Dr. Geraldo.

As cerimônias fúnebres foram assistidas da janela do Paço por D. Pedro e dela participou o próprio Regente, Pedro de Araújo Lima, mais tarde Marquês de Olinda. Parecia, em face das homenagens, haver desaparecido o antigo ódio, especialmente depois que a reação conservadora subira ao Poder, sendo o Ministério conduzido por Bernardo Pereira de Vasconcelos. Mas o ódio fora substituído pelo esquecimento e o silêncio.

Em 7 de setembro de 1862, D. Pedro II inaugurou a estátua de José Bonifácio, no Largo de São Francisco, e dignou-se responder ao discurso de Joaquim Manuel de Macedo, que falara em nome do Instituto Histórico e Geográfico Brasileiro, com as seguintes palavras, despidas de maior significação: "As Nações se engrandecem com as homenagens prestadas a seus valores ilustres. José Bonifácio de Andrada e Silva é digno da veneração que lhe tributam todos os brasileiros e eu lhe consagro também como grato pupilo".

Mas o desapreço e a desconsideração imperiais se revelam no ato da Alfândega que, por falta de pagamento dos direitos de entrada do monumento executado por Rodolfo Bernardeli para erigir-se em São Paulo, anunciou o leilão oficial do mesmo. D. Pedro II tinha gosto pela História e prestava singular assistência ao Instituto Histórico e Geográfico Brasileiro, mas a homenagem a José Bonifácio continuava a ser um preito político, e não um sinal de veneração histórica.

Era preciso dificultar o culto a José Bonifácio e a corrente política que defendia essa tese era agora reforçada pela historiografia oficial, aquela história escrita com punhos de ferro, inaugurada por Francisco Adolfo de Varnhagen, nos meados do século passado, com a sua *História Geral do Brasil*.

Foi Varnhagen o responsável pela criação da história oficial, que sempre defende a razão de Estado e com ela se identifica. Sua *História da Independência*, escrita por volta de 1874, mas só publicada em 1916, reflete a concepção política dos círculos dominantes. Suas opiniões contra José Bonifácio exprimiam o desapreço oficial pelo Patriarca; deviam ser conhecidas então e devem ter influído, também, em contrapartida, nos círculos oficiais e políticos. Parte dele a imagem de José Bonifácio como um homem orgulhoso, imprudente, ambicioso, indiscreto, de voz rouquenha, acompanhada de perdigotos, sem gravidade e decoro nas palavras, defeitos tão acentuados mais tarde pelos que o seguiram.

De Varnhagen e da história de Melo Moraes — *A Independência e o Império do Brasil,* publicada em 1877, sem conhecimento da obra varnhageniana, mas fruto do mesmo ambiente político, antiandradino, procura diminuir a personalidade do Patriarca e o seu papel na emancipação — nasceu a corrente negativa, que conspira contra a obra de José Bonifácio e que se tornou, por muito tempo, dominante na historiografia brasileira.

Joaquim Manuel de Macedo, romancista, orador oficial do Instituto Histórico e Geográfico Brasileiro e professor do Colégio Pedro II, introduziu no ensino primário e secundário, como escreveu Capistrano de Abreu, os quadros de ferro de Varnhagen. Suas *Lições de História do Brasil,* cuja primeira edição data de 1864, ensinaram, geração após geração, até este século, uma lição muito discreta e oficial sobre o Patriarca, que se pode resumir nesta simplicidade acaciana: no Governo, foi ótimo, na oposição, péssimo.

O próprio organismo oficial, no Império, da história brasileira, o Instituto Histórico e Geográfico Brasileiro não cultivou a memória do Patriarca, deixando-o numa semi-obscuridade, com exceção da cerimônia oficial de 1862, de que participou oficialmente, e do protesto pessoal do consórcio J. Norberto de Souza e Silva contra o leilão na Alfândega de Santos do mausoléu de José Bonifácio.

Quem primeiro revelou inconformismo à heterodoxia foi a Biblioteca Nacional, logo após a proclamação da República, ao publicar, em seus *Anais,* as "Anotações de Drummond à sua Biografia" (vol. XIII, fasc. 2, 1890), a versão mais livre, mais herética, mais original da ação e do desempenho do Patriarca pela liberdade nacional, e as "Cartas Andradinas" (vol. XIV, fasc. 1, 1890), que tanta luz lançaram sobre a personalidade e as idéias dos irmãos Andradas.

Daí em diante, com a República, era mais fácil desfazer a corrente oficial, especialmente depois que o positivismo reinterpretou a conduta de José Bonifácio e a direção que ele dera à campanha libertadora. A primeira palavra positivista veio de Miguel Lemos, ao saudar na sessão comemorativa da data da Independência, em 7 de setembro de 1881, "José Bonifácio, cujo nome, malgrado os ódios revolucionários, ficará para sempre indelevelmente gravado na primeira página de nossa história".

Em 1891, Teixeira Mendes, ao publicar seu *Benjamin Constant*, afirmava que José Bonifácio tinha sido até aquela época "o único estadista de nossa Pátria. Depois dele se procura em vão quem tenha apanhado em toda sua plenitude o conjunto do problema brasileiro". As suas soluções foram empíricas, e por isso quiméricas e insuficientes, mas é força convir que as luzes de então dificilmente comportavam outras. Infelizmente só pôde o patriota realizar a parte mais secundária de seus projetos, instituindo a unidade política das pátrias brasileiras. As intrigas de uma Corte corrompida e a leviandade de um príncipe sem cultura foram superiores aos seus dignos esforços. O Brasil ficou à mercê de uma ditadura sem orientação e sem moralidade, antítese cruel do aforismo em que José Bonifácio condensou a regra suprema dos governos modernos: — "a sã política é filha da moral e da razão".

Esta síntese objetiva e bastante correta, especialmente diante da paixão política que tudo negara e da concepção histórica que se inspirava nas correntes ortodoxas ou maldizentes de Melo Moraes, significou o ponto de partida para a restauração do crédito e do pensamento político do Patriarca. A ação positivista continua a repor José Bonifácio no seu verdadeiro lugar de condutor máximo da obra da Independência e em 1910, ao inaugurar o Serviço de Proteção aos Índios, o Tenente-Coronel Cândido Mariano da Silva Rondon declarava aceitar as idéias, os processos e as medidas aconselhadas pelo Patriarca no seu projeto sobre a civilização dos índios e relembrava os esforços dos positivistas, especialmente Teixeira Mendes e Miguel Lemos, na restauração do culto à memória de José Bonifácio.

Nada se fizera antes de tão objetivo, lúcido e severo. Mas, na verdade, a historiografia continuou o seu caminho desvairado, e o próprio João Ribeiro, na sua *História do Brasil*, publicada em 1900, desfazendo o círculo de ferro de Varnhagen, que se impusera à juventude via Joaquim Macedo, numa síntese incomparável, pela harmonia da construção e lucidez da interpretação, era discreto e comedido nas poucas linhas dedicadas ao Patriarca, louvando-lhe a ação construtora, mas censurando-lhe a imoderação e imprudência, como se fosse possível fabricar um instante de criação histórica sem defeitos.

Não é necessário acompanhar a evolução da historiografia brasileira para observar que a tendência negativista nascida na hora da paixão política predominou. A corrente negativista, que realça os defeitos e procura abalar a significação do papel de José Bonifácio na emancipação, tem a mesma origem, mas subdivide-se em dois ramos: uns, como Tobias Monteiro, Heitor Lyra e Alberto Lamego, pertencem aos quadros de uma historiografia amadurecida; outros, como Assis Cintra, enquadram-se numa historiografia primária e subdesenvolvida, como a de Melo Moraes.

Afrânio Peixoto, uma exceção, publicou em 1920, antes da obra de Assis Cintra (1921), uma antologia inteligente e compreensiva que, buscando retirar José Bonifácio do esquecimento e mostrar-lhe as idéias, representou o ponto de partida de uma reação comparável à iniciada pelos positivistas, entre 1881 e 1910. A obra de Alberto de Souza, *Os Andradas* (São Paulo, 1922), é um trabalho honesto, documentado, embora apologético e, do ponto de vista metodológico, um exemplo de história *in statu pupilari*. Os livros de Alberto Lamego, Tobias Monteiro e Heitor Lyra — este muito inspirado em Assis Cintra — constituem em conjunto (1926-1945) a sobrevivência da historiografia antiandradina, indiferente aos esforços da comemoração do primeiro centenário da Independência.

No centenário da morte do Patriarca (1938), pouco se acrescentou de objetivo ao restabelecimento do papel de José Bonifácio, a não ser o Catálogo da Exposição promovida pelo Ministério da Educação e Saúde na Biblioteca Nacional.

A obra positiva, composta de erudição, inteligência e arte, a mais compreensiva e liberta interpretação, a síntese mais lúcida e iluminadora é a de Otávio Tarquínio de Sousa, *José Bonifácio, 1763-1838* (Rio de Janeiro, 1945). Em 1944, coubera-lhe organizar nova antologia, intitulada *O Pensamento Vivo de José Bonifácio* (São Paulo, Livraria Martins).

Mas nenhuma destas obras positivas — nem alguns esforços da historiografia antiquária, conseguiram desfazer os malefícios da ação antiandradina, repor José Bonifácio no seu verdadeiro papel na Independência e significar a gratidão do País ao seu Patriarca. Por melhor que seja o trabalho crítico pessoal — como o de Otávio Tarquínio de Sousa — o que falta, e continuará a faltar, é a edição completa de seus escritos e de suas notas, de seus atos políticos nacionais e internacionais. Somente assim um estrangeiro que dedicadamente preparou a melhor edição crítica de um de seus trabalhos — *Os Apontamentos para a Civilização dos Índios Bárbaros do Reino do Brasil* (Lisboa, Agência Geral do Ultramar, 1963), o Sr. George C. A. Boehrer, não teria mais razão de escrever que "é singular o relativo esquecimento de José Bonifácio pelos historiadores brasileiros".

A seleção de escritos políticos e sociais de José Bonifácio não recolhe matéria inédita[1]. Reúne alguns modelos de estudos perdidos em folhetos e periódicos raros, nos quais se destaca a atualidade de seu pensamento político e social. Não representa, ainda, a coleção que José Bonifácio merecia. Na verdade, a Nação já devia ter organizado a edição completa dos seus escritos publicados e inéditos, e organizado, sob seu patrocínio, um Instituto de Ciências Históricas, Políticas e Sociais.

Ainda assim, esta iniciativa de sua cidade natal tenta compensar a deficiência das comemorações promovidas pela União e seus órgãos oficiais quando da passagem do segundo aniversário do seu nascimento.

José Bonifácio, desde 1812 eleito Secretário da Academia Real das Ciências de Lisboa, pronunciava todos os anos o Discurso Histórico, no qual historiava as tarefas literárias, científicas, históricas e cívicas da Academia. A linha iluminista e filosófica sempre predomina, bem como a defesa do comércio de idéias e conceitos, das novidades científicas contemporâneas e a luta contra "a ferrugem dos tempos bárbaros". A própria língua ele não quer que seja "um vasconço antiquado que o comum não entende nem procura entender". Advoga a introdução do sistema métrico, da vacina, examina as probabilidades da meteorologia então nascente, e afirma que as ciências naturais "são o fuzil central da cadeia que liga as matemáticas com a literatura e as belas-artes... mas cumpre que todas sejam regidas pela filosofia da razão, isto é, por uma boa crítica lógica e por uma metafísica sóbria e apurada".

Já então revelava seu gênio difícil, pois ao falar dos críticos diz que "sofrem-se melhor ataques sérios que mofas e calúnias manifestas e creio que não bastam para repeli-las outras facécias e epigramas; cumpre lançar mão da clave de Hércules, derribar o malfazejo caluniador e estender seus impuros escritos sobre a banca anatômica para com o escalpelo da verdade dissecá-los e esbugalhar-lhes os próprios ossos".

Neste Elogio Acadêmico, José Bonifácio expôs com "as clarezas necessárias" sua filosofia política e suas idéias sobre o Estado e a proteção à agricultura, à indústria e ao co-

---

1. *Obras Científicas, Políticas e Sociais de José Bonifácio de Andrada e Silva.* Coligidas e Reproduzidas por Edgard de Cerqueira Falcão, São Paulo, 1965, 3 v.

mércio, a organização do Exército e Marinha, o pleno emprego e a educação, que foi sempre um tema de suas preocupações.

As "Lembranças e Apontamentos" são um documento que merece ser reproduzido e lido pela significação que teve em sua época. Nele, José Bonifácio defende a igualdade dos direitos civis e políticos, criação de uma instituição que conheça da inconstitucionalidade de qualquer ato dos três Poderes, o aumento e promoção do ensino primário e secundário, a "absoluta necessidade" da criação, no Brasil, de pelo menos uma Universidade, e a conveniência da reforma agrária.

Os Apontamentos para a Civilização dos Índios Bravos do Império do Brasil é obra mais conhecida, devido às suas várias edições e à acolhida que a este projeto deu o Serviço de Proteção aos Índios, criado em 1910, revelando-lhe sua atualidade. O Professor George C. A. Boehrer, que publicara na revista The Americas, da Academia Franciscana de História, de Washington (vol. XIV, jan. 1958, n.º 3), um estudo sobre as diferentes versões do projeto de José Bonifácio, sob o título "Variant Versions of José Bonifácio's Plan for the Civilization of the Brazilian Indians", apresentou ao II Colóquio Internacional de Estudos Luso-Brasileiros (Actas, v. II, Lisboa, 1960), um valioso trabalho a respeito de algumas propostas brasileiras sobre o problema indígena às Cortes Gerais, 1821-1822, intitulado "Some Proposals to the Cortes Geraes, 1821-1823, on the Indian Problem". Aí examina o professor norte-americano as propostas de dois Deputados — Francisco Muniz Tavares, um dos líderes da Revolução de 1817, e o baiano Domingos Borges de Barros, mais tarde Barão da Pedra Branca e encarregado de negócios na França, por nomeação de José Bonifácio, que no exílio o chamava de Pedra Parda —, de dois paraenses, Francisco Ricardo Zany e José Caetano Ribeiro da Cunha e do próprio José Bonifácio, e o andamento das mesmas.

Na edição crítica dos Apontamentos que acaba de publicar o Professor Boehrer (Agência Geral do Ultramar, Lisboa, 1963), estuda o autor e o conteúdo da obra, as versões divergentes, reproduz o texto de Lisboa existente no Arquivo da Assembléia Nacional, anota o texto omitido na edição brasileira de 1823, registra as pequenas variantes dos dois textos, todas sem maior significação, as omissões secudárias das edições posteriores a 1823, desde a de Inácio Acioli de Cerqueira e Silva, em 1848, até a de Otávio Tarquínio de Sousa, em 1944, e, finalmente, reconstitui as citações dos autores referidos por José Bonifácio. É um trabalho meticuloso, que dá àquela edição grande fidedignidade e a torna a melhor até hoje publicada.

Os *Apontamentos* de José Bonifácio revelam não somente o humanista, como o político, voltado para os problemas sociais de sua época. A atenção de José Bonifácio para os problemas da população brasileira, para os dos povos subjugados, na hora da emancipação nacional, revela a grandeza do estadista. Nenhuma liberdade nacional é possível sem a liberdade do povo, e José Bonifácio, nos dois projetos sobre os índios e a escravidão quer estabelecer as bases de uma política de incorporação do índio e de emancipação gradual dos escravos, para torná-los cidadãos da nova Pátria que ele erguia. Sua atualidade é impressionante: combate o roubo contínuo das melhores terras indígenas, os males e vícios a que estão sujeitos, os preconceitos portugueses contra os índios, o extermínio impiedoso praticado desde o começo, e defende uma política de interesse e amizade do Governo para com eles.

Se o projeto sobre os índios afetava menores interesses — é preciso não esquecer que ainda em 1808-1809 a legislação joanina mandava fazer guerra aos botocudos em Mato Grosso, aos bugres em São Paulo e estabelecera a guerra ofensiva aos índios rebeldes, o projeto sobre a escravatura atingia as camadas mais influentes do País e os grandes capitais nele envolvidos. José Bonifácio propunha a abolição do tráfico, a melhoria da sorte dos atuais cativos e sua progressiva emancipação e não só levantava sua voz "a favor da causa da justiça e ainda da sã política", como apelava para que os legisladores não temessem os "urros do sórdido interesse". Atacava o despotismo português, os roubos e guerra fomentados na África, acusava Portugal de ter sido a Nação que mais pecara contra a humanidade, pelas devastações que promovera na África e Ásia, criticava as justificativas portuguesas — levar aos negros a luz do Evangelho, censurava o tratamento que os senhores davam, no Brasil, aos escravos, e condenava a saída de imensos capitais empregados no tráfico, contra os nossos interesses.

O panfleto corajoso ia além, ao reprovar toda nossa elite; o clero ignorante e corrompido, os sabujos eclesiásticos, os magistrados, almas venais que empunhavam a vara da Justiça para oprimir desgraçados e afirmava que "o luxo e a corrupção nasceram entre nós antes da civilização e da indústria". A causa principal destes males individuais e sociais era a escravidão. E se não fora o tráfico e a escravidão as terras não estariam abandonadas e a agricultura estacionária ou em declínio, pelo uso das máquinas, pela maior produtividade, pela melhor distribuição das terras aos pequenos lavradores.

Os que praticavam a escravidão não eram nem cristãos nem civilizados e ninguém podia roubar a liberdade de outro homem, de seus filhos e dos filhos dos seus filhos. A propriedade fora sancionada para o bem de todos, tinha um fim social e assim não era o direito de propriedade que defendiam, mas o direito da força.

O projeto de José Bonifácio, a mais importante obra brasileira contra o tráfico e a escravidão, não visava só a estes fins, mas a mostrar que era preciso chegar à homogeneidade étnica e cultural, que o povo afinal conseguiu sem apoio elitista e oficial, e tornar aquela "multidão imensa desesperada" de inimigos do Estado, sem pátria, em irmãos e compatriotas, ou seja, cuidar da incorporação cívida e política dos negros escravos. A escravidão era uma ameaça à segurança nacional, pois enfraquecia o poder nacional. Sem a abolição total do tráfico e sem a emancipação sucessiva dos cativos, "nunca o Brasil firmará a sua independência nacional e segurará e defenderá a sua liberal Constituição", conluía José Bonifácio.

As representações, os atos legislativos, as portarias mostram algumas das providências essenciais para a organização do Estado e sua defesa e consolidação. O voto aos analfabetos, assegurado nas Instruções de 19 de junho de 1822 é, como a defesa dos índios, a luta contra o tráfico e a escravidão e pela reforma agrária mais um exemplo de que José Bonifácio era um líder vanguardeiro, criador do momento de aceleração da história brasileira, que os fósseis, os retardatários, os não contemporâneos conseguirão, pela conspiração, afastar do comando nacional, prender e exilar, prender e pôr em retiro.

Além de várias referências tão manifestas em vários documentos aqui reproduzidos, os "Apontamentos sobre as Sesmarias do Brasil", existentes no Arquivos do Instituto Histórico e Geográfico Brasileiro (lata 192, n.º 4.924), mostram o seu avanço, não de 25 anos, como escreveu o diplomata Saint Priest, já referido, mas muito maior, e provam a paixão de Evaristo da Veiga ao zombar de seus conhecimentos sociais.

Suas notas estão assim redigidas:

*1. Apontamentos Sobre as Sesmarias no Brasil*

1. Todos os possuidores de terras, que não têm título legal, perderão as terras, que se atribuem, exceto um espaço de 650 jeiras, que se lhes

deixará, caso tenham feito algum estabelecimento ou sítio.

2. Todos os sesmeiros legítimos, que não tiverem começado ou feito estabelecimento nas suas sesmarias, serão obrigados a ceder à Coroa as terras, conservando 1.200 jeiras para si, com a obrigação de começarem a formar roças e sítios dentro de seis anos.

3. À proporção que a cultura for se estendendo ao redor das povoações, a Coroa disporá por venda aos que mais derem das terras, que há de ser, seguido a sucessão de distâncias e posições: as terras serão divididas em porções de 650 jeiras, cujo preço de venda não poderá ser menor que duas patacas por jeira; pagando logo o quinto do preço, e cada ano outro quinto até a extinção da dívida.

4. Haverá uma caixa em que se recolherá o produto destas vendas, que será empregado nas despesas de estradas, canais e estabelecimentos de colonização de europeus, índios e mulatos e negros forros.

5. Todas estas vendas serão feitas com a condição de deixarem intato o sexto do terreno para bosques e matos.

6. 36 sesmarias seguidas formarão um Termo com uma vila nova ou velha, ficando 4 centrais sem serem vendidas, mas destinadas para estabelecimentos públicos.

7. Não dar sesmarias sem que os donos sigam novo método de cultura européia.

As idéias contra o empréstimo estrangeiro que nos subjugaria tornam-no um precursor da tese nacionalista, de que o capital é feito em casa. José Bonifácio seguia, nesta matéria, a opinião de Martim Francisco:

Estou e sempre estive convencido de que a teoria de empréstimo era um abismo, em que mais cedo ou mais tarde deviam ser precipitadas todas as Nações; que os governos nunca os adotaram senão para oprimirem mais facilmente os povos;... que, finalmente, os povos quando querem ser livres, têm muitos recursos em si próprios; o Brasil resistiu a Portugal e prosperou sem empréstimo e jaz hoje no estado o mais calamitoso com ele.

O cancro dos empréstimos a que se opôs Martim Francisco, quando Ministro, com o apoio de José Bonifácio, era proposto pelos próprios capitalistas ingleses e favorecidos por brasileiros que traficavam com os interesses nacionais, como a carta de Martim Francisco, de 12 de setembro de 1824, denuncia.

O Manifesto de 6 de agosto é uma definição dos objetivos nacionais na hora mesmo do nascimento da Pátria: a integridade, a unidade, a soberania, o comércio livre, o anticolonialismo, a não intervenção, a autodeterminação, a paz. A política externa de José Bonifácio definida neste Manifesto, nas Instruções e nas conversações diplomáticas não era outra senão a política externa própria e independente.

As instruções de José Bonifácio aos agentes diplomáticos brasileiros e as conversações com os agentes estrangeiros acreditados no Brasil reafirmam esta orientação. As instruções mais importantes são para os agentes na Europa, especialmente Londres, Paris e Viena, podendo as duas primeiras ser consideradas como obras-primas de habilidade diplomática, pelo soberbo manejo do jogo e da barganha nos entendimentos para o reconhecimento.

A defesa de princípios fundamentais, tais como a Independência e a integridade territorial, a afirmação da soberania das relações internacionais, a ameaça de fechamento dos portos às potências que não reconhecessem a independência, o destemor e a idéia da auto-suficiência brasileira não ficam invalidados por certos elementos de recuo, indispensáveis ao avanço seguro e prudente.

As diferenças da posição política da Grã-Bretanha e da França são devidamente levadas em conta, e para uma, como para outra, insinuam-se as vantagens comerciais que advirão com a primazia da outra e também dos Estados Unidos, sempre usados como instrumento de barganha. Acentua-se a firmeza da opinião brasileira, a fraqueza da reação portuguesa, e defende-se a reciprocidade positiva — veja-se bem, e não aquela que os Tratados de 1826 e 1827 vão admitir, isto é, a reciprocidade no papel.

Nas instruções inglesas cuida-se de matérias relevantes para a segurança do novo Estado, recrutamento militar, construção naval e emigração. As instruções para Viena dão um caráter mais reservado à missão, jogam com elementos pessoais de influência na Corte, sugerem a possibilidade do comércio austro-brasileiro e mandam silenciar sobre a doutrina da soberania nacional, que a Santa Aliança não admitia, defendem a tese de que o estabelecimento da Monarquia no Brasil poderia influir na organização monárquica das antigas colônias espanholas, determinam a promoção da emigração, o contrato de regimentos austríacos e a compra de uma fragata em Veneza.

A documentação sobre os Estados Unidos não compreende instruções formais, só mais tarde expedidas, quando era Ministro Luiz José de Carvalho e Melo. As instruções para Buenos Aires são o esboço da doutrina Andrada, como a denominou com lucidez Francisco de Assis Barbosa[2]. Manuel Correia da Câmara deveria expor ao Governo de Buenos Aires "as utilidades incalculáveis que podem resultar de fazerem uma Confederação ou Tratado ofensivo e defensivo com o Brasil, para se oporem com os outros Governos da América Espanhola aos cerebrinos manejos da política européia". É certo que sustentava a polí-

---

2. "José Bonifácio e a Política Internacional", *Rev. do Inst. Hist. e Geogr. Bras.*, Rio de Janeiro, 1964, v. 260, pp. 258-284.

tica portuguesa de intervenção na Banda Oriental — erro de que se lastimaria mais tarde.

As instruções para a Alemanha visam mais à colonização, ao recrutamento e armamento militares. Creio que era idéia da época que o Brasil necessitava não de colonos, mas de colonos germânicos. Antônio Teles da Silva, Marquês de Resende, nomeado por José Bonifácio e amigo pessoal de D. Pedro I, em carta a este, de Viena, datada de 1.º de dezembro de 1827, escrevera que é da Alemanha "donde havemos mister tirar homens e mulheres para nos fazerem gente".

O americanismo de José Bonifácio, que nascera cedo ao começo da luta pela emancipação, era uma contrapartida ao ódio contra o Poder dos países europeus que não só queriam ditar as condições de reconhecimento, como impunham nos Tratados cláusulas tão onerosas que subjugavam as Nações novas. Os agentes diplomáticos austríacos e franceses observaram o entusiasmo americano de José Bonifácio e mais tarde este, em suas cartas, não perdoaria "o maquiavelismo dos gabinetes europeus, que tem arruinado nossa terra", ou "a infernal política da Europa". A independência tinha que ser feita, libertando-nos também da tutela européia, que era a opressora de então pela primazia com que punha seus interesses internacionais sobre os nacionais das novas pátrias americanas.

As impressões dos agentes diplomáticos austríacos e franceses têm sido divulgadas por Figueira de Melo, Tobias Monteiro e Alberto Rangel, quase sempre em desfavor das idéias do Patriarca. Em 22 de novembro de 1822, Henry Chamberlain escrevia ao Conde Bathurst que em sua conversação com José Bonifácio este lhe dissera: "O nosso objetivo é a paz e o bom entendimento. Seria absurdo pensar que nos tornaremos imediatamente industriais; nós compraremos os produtos ingleses e venderemos nossas matérias-primas"[3]. Logo a seguir declarara supor que a Grã-Bretanha reconheceria o Império. "Mas isto não era de muita importância, já que o Imperador estava decidido a não se envolver na política (*politique tortueuse*) da Europa e não consentiria que a Europa interferisse na do Brasil ou da América do Sul", e repetiu que o objetivo de S.M. era a paz e um comércio mutuamente vantajoso.

3. Os trechos são extraídos de Charles K. Webster, *Britain and the Independence of Latin America, 1812-1830*, Londres, Oxford University Press, 1938, v. 1, pp. 215, 222 e 236.

Estes três princípios, a não intervenção política da Europa nos negócios brasileiros, a paz e a reciprocidade comercial positiva fundamentaram sua política externa, que os Tratados de 1826 e 1827 vieram destruir. E mais, José Bonifácio revelava uma atitude muito firme contra Portugal e contra o "grupo de calhordas" que ousava querer impor-se aos anseios nacionais. Daí o ódio contra ele, a que fizeram coro a paixão política e a historiografia de "pupilos".

José Bonifácio não usava de subterfúgios, nem de conchavos e cochichos, mas dizia tudo, tal qual pensava. Na questão da abolição do tráfico, exigida pela Grã-Bretanha como preço do reconhecimento, disse a Chamberlain, que transmitiu a Canning, em 2 de abril de 1823, que detestava o tráfico e a sua abolição era uma das primeiras medidas que queria apresentar à Assembléia; nada podia prometer, porém, pois não poderia garantir o cumprimento da promessa.

Esta firmeza e sinceridade, que ninguém teve igual a ele, manifesta-se igualmente nas palavras que dirigiu ao Cônsul interino americano, em julho de 1822:

> Meu querido Senhor, o Brasil é uma Nação e como tal ocupará seu posto, sem ter que esperar ou solicitar o reconhecimento das demais Potências. A elas se enviarão agentes diplomáticos ou Ministros. As que nos recebam nessa base e nos tratem de Nação a Nação continuarão sendo admitidas nos nossos portos e favorecidas em seu comércio. As que se neguem serão excluídas deles[4].

Foi essa linguagem inabalável, ao lado de medidas resolutas de guerra, que concorreu para a independência. A contratação de Cochrane é obra de José Bonifácio, e John Taylor desertou dos serviços de S. M. Britânica depois das conversas com o Patriarca, em fevereiro de 1823, como conta o Vice-Almirante Sir Thomas Hardy, chefe da estação britânica no Rio de Janeiro (1819-1823)[5].

O próprio Canning comentava com Chamberlain, em 9 de fevereiro de 1824: "Parece claro que a firmeza que prevaleceu durante a administração do Sr. Andrada não foi mantida pelos seus sucessores". O agente americano Condy

---

4. William R. Manning, *Diplomatic Correspondence of the United States concerning the Independence of the Latin-American Nations,* New York, Oxford University Press, 1925, v. II, p. 739.

5. Gerald S. Graham e R. A. Humphreys, *The Navy and South America, 1807-1823. Correspondence of the Commanders-in-Chief on the South American Station,* Navy Records Society, 1963, p. 363.

Raguet, que nunca foi simpático ao Brasil e aos brasileiros, escreveu ser o Rio de Janeiro uma cidade dominada pelos portugueses, e foram estes que derrubaram José Bonifácio, pois o Imperador observara como os Andradas os detestavam.

No exílio percebeu José Bonifácio tudo isto, como percebeu ainda o desamparo de D. Pedro, cercado de gente de recursos intelectuais muito modestos. "Pobre D. Pedro, que não teve ao lado quem lhe abrisse os olhos sobre a infernal política da Europa, assim como não teve sobre a bestial guerra de Buenos Aires", escreveu em 2 de abril de 1829. Manifestou-se também contra os empréstimos e denunciou o Tratado de 1825 com Portugal, que nos obrigou a pagar 2 milhões de esterlinas, inclusive o empréstimo de um milhão e quatrocentas mil libras tomadas pelos portugueses na Grã-Bretanha para abafar a nossa revolução pela Independência; sem contar a liquidação das contas relativas às despesas com o transporte de tropas que, devido à mesquinharia e à cupidez portuguesas, levou 32 anos (1825-1857) a ser resolvida. "Veio a lume o decantado Tratado, que saiu melhor do que esperava; — ao menos temos a Independência reconhecida, bem que a soberania nacional recebeu um coice na boca do estômago, de que não sei se morrerá, ou se restabelecerá com o tempo."

Tratados como este e os de 1826 e 1827 com a França e a Grã-Bretanha eram atentados contra a soberania e a dignidade do País e, em 6 de fevereiro de 1830, o Conde de Pantois, encarregado de negócios da França, escreveu que em conversa com José Bonifácio ele lhe disser:

> Todos esses Tratados de comércio e amizade concluídos com as potências da Europa eram puras tolices; nunca os deixaria ter feito, se estivesse aqui. O Brasil é potência transatlântica, nada tem a deslindar com a Europa e não necessita de estrangeiros; estes, ao contrário, precisam muito do Brasil. Que venham, pois, todos aqui comerciar; nada mais; porém em pé de perfeita igualdade, sem outra proteção além do direito das gentes e com a condição expressa de não se envolverem, seja como for, em negócios do Império; de outro modo é necessário fechar-lhes os portos e proibir-lhes a entrada no País[6].

Mais tarde, alguns de seus princípios de política externa, por exemplo, serviriam de guia para os futuros políticos. O Império aprendera que não devia engajar-se em alianças embaraçosas aos interesse nacionais e alguns deputados

---

6. Reproduzido *in* Tobias Monteiro, *História do Império. A Elaboração do Império*, Rio de Janeiro, Briguiet, 1927, p. 780, nota 2.

isto diriam na própria Câmara, como mostramos em nosso *Brasil e África: Outro Horizonte*.

José Bonifácio, o Primeiro-Ministro de Estado Brasileiro, como lembrou na primeira entrevista concedida por um homem público a um jornal no Brasil, sabia que naquela hora havia de criar, como criou, muitos inimigos. E mais ainda, porque lutava contra "a ferrugem dos tempos bárbaros", contra os arcaicos, os retardatários e até contra mortos.

Daí sua expulsão violenta do comando do processo histórico e o atraso brasileiro, substituído o instante de criação pelo instante de retardamento, com o adiamento da solução dos problemas e a eterna ressurreição dos problemas. O pensamento político e social de José Bonifácio, tão atual ainda hoje, não era o dos contemporâneos. Sua visão como a de todo criador, era original, construtiva e séria.

# 3. AS TENDÊNCIAS DA HISTORIOGRAFIA BRASILEIRA E AS NECESSIDADES DA PESQUISA*

## 1. A Distonia entre o Pensamento Histórico e o Processo Histórico

Em estudo relativamente recente[1], procurei sumariar as várias tendências da historiografia brasileira e acentuar,

---

* Preparado para a Conferência sobre as Ciências Sociais na América Latina, realizada no Rio de Janeiro de 29 a 31 de março de 1965. O objetivo era apresentar uma análise crítica ao estudo de Stanley J. Stein, "Latin American Historiography: Status and Research Opportunities", editado por Charles Wagley, *Social Science Research on Latin America*, New York, Columbia University Press, 1964, p. 86-125.

1. "La Historiografia brasileña y el actual proceso histórico". Separata del tomo XIV (1958) do *Anuario de Estudios Americanos*. Publicado também no *Jornal do Brasil* (Rio de Janeiro), em 18 ago. 7, 14 e 22 set. 1958.

especialmente, que não havia entre estas correntes e a própria vida nenhuma correspondência, nenhuma sintonia. Não se tratava propriamente de uma crise momentânea, mas da permanência de um pensamento histórico especialmente antiquário e revisionista, fatual e não ideológico, que tinha suas raízes no Brasil arcaico e se esterilizava na música desafinada, nos discos que soam como sanfonas, na falta de correspondência entre a pesquisa e seus resultados e as necessidades sociais de nossa época.

O erro não consiste no domínio da temática colonial, pois nesta se podem encontrar respostas aos desafios presentes; o equívoco não está na investigação desinteressada, que deve sempre existir e subsistir. O mal consiste essencialmente no total desinteresse pela história contemporânea e especialmente na falta de resposta aos apelos e complexidades presentes.

A historiografia brasileira atual não se libertou dos problemas e dos temas da velha historiografia que Varnhagen inaugurou, e suas variações são tão pequenas, que pouco contam na produção geral. Não se busca a correspondência entre os tempos históricos, especialmente os mais significativos, para a compreensão do presente e a iluminação dos caminhos do futuro. A História é só a voz do Passado e o museu das antiguidades.

Todas essas correntes históricas dominantes não compreendem que

a História não é dos mortos, mas dos vivos, como uma realidade presente, obrigatória para a consciência. Por isso ela não é estranha à vida. Mas, infelizmente, a história pela história, indiferente aos impulsos e estímulos da vida, acumulação morta de materiais, quando não coleção factual de nomes e datas, tem dominado o escrito histórico e conduzido a uma crise existencial.

Não é difícil exemplificar. As grandes coleções de História, como a "Brasiliana" (Companhia Editora Nacional) e a "Biblioteca Histórica Brasileira" (Editora Martins) estão praticamente encerradas; os "Documentos Brasileiros" (Editora José Olympio) sobrevivem irregularmente com o auxílio do espírito comemorativo de centenários pessoais e citadinos; os "Documentos Históricos" da Biblioteca Nacional foram liquidados, justamente quando se tentara dar-lhes maior interesse, publicando os documentos da Revolução de 1817; o Instituto Histórico e Geográfico Brasileiro e os Institutos Históricos estaduais subsistem sem recursos, apesar dos apelos e das promessas dos que neles vêem forças tradicionais; as revistas arrastam-se sem maior significação e sem nenhuma penetração e influência; os estudiosos e pesquisadores não têm onde publicar suas investigações e bendizem as horas das comemorações centenárias que lhes possibilitam as conferências, os artigos, as publicações.

Os grandes momentos da historiografia antiquária e revisionista ainda são os das comemorações centenárias, quando se torna mais fácil obter os recursos, não para a pesquisa, mas para a divulgação. Os resultados dessa historiografia comemorativa são, na generalidade, muito secundários ou insuficientes e representam atualmente uma percentagem elevada da pequena produção historiográfica. A produção universitária é extremamente reduzida e limita-se às teses de doutoramento, concursos de docência e cátedra, quase sempre não publicadas, porque impublicáveis.

Nenhuma tentativa de renovação merece acolhida, não só dos poderes públicos, como universitário, os primeiros inteiramente céticos quanto à função da história na sociedade, e os segundos indiferentes às tarefas da investigação e concentrados no esforço de preparação dos professores do ensino médio, a sua mais importante missão.

Daí, por exemplo, o fracasso da criação dos Centros de Pesquisa Histórica, que desde 1952 pleiteávamos, e vimos, anos após anos, a instalação de vários centros de pesquisa universitários e extra-universitários, como o Centro Brasileiro de Pesquisas Educacionais, o Centro Latino-Americano de Pesquisas em Ciências Sociais, o Instituto de Ciências Sociais, os de economia, administração (Fundação Getúlio Vargas) etc. Nem mesmo a Universidade do Brasil, tão seguidamente dirigida por um reitor-historiador, acolheu, como devia, a idéia, embora em São Paulo, sem reitor-historiador e sem Centro de História, se tomasse a iniciativa de criar um Instituto de Pré-História.

O quadro um pouco pessimista que traçáramos em 1957, no prefácio da 2.ª edição da *Teoria da História do Brasil,* e em 1958, no ensaio sobre "A Historiografia Brasileira e o Atual Processo Histórico", não se alterou, antes se agravou. As instituições não puderam ou não souberam reagir ao desinteresse generalizado; as universidades continuaram concentradas no papel de formadoras do professorado de nível médio, esta uma exigência de caráter social.

De 1958 em diante, são poucos os sinais positivos no campo da História. Concentram-se especialmente na expansão do ensino, com a difusão das Faculdades de Filosofia e Letras, que eram, em 1962, 78 unidades, e contêm 22,5% da população universitária. Da matrícula dos cursos de filosofia, ciências e letras, 60% (14653 estudantes) destinavam-se, em 1962, à formação de bacharéis, com preferência por pedagogia (3397), letras neolatinas (1945), ciência sociais (1536), filosofia (1347), história (1313) e letras anglo-germânicas (1241), disciplinas essas que representam 74% daquele total; e mais, dos 9 517 estudantes que se matricularam para a formação de professores secundários, o maior número encontrava-se nos cursos de pedagogia (1420), seguindo-se os de letras neolatinas (1 120), história natural (868), letras anglo-germânicas (841), história (650) e ciências sociais (643)[2].

Como se vê, expansão do ensino não significa um maior interesse pela História, nem corresponde às necessidades sociais, pois do bacharelado para a licenciatura, que equivale ao direito a ensinar e exige apenas um ano mais de estudo, verifica-se uma queda de mais da metade da matrícula nas ciências sociais (1536 para 643) e na História (1313 para 650).

Se a grande maioria quer apenas bacharelar-se e não preparar-se para o ensino, como meio de vida, a História está representando para mais da maioria — em grande parte feminina — apenas um instrumento de ilustração, tal qual representou na Inglaterra, quando substituiu a Bíblia, como mostrou G. M. Trevelyan[3].

Não é assim muito animador este aspecto didático; o bacharel não está preparado para a pesquisa, pois o próprio currículo e a falta de treinamento não o habilitam, e mesmo que o habilitassem, onde iria profissionalmente exercer sua função, se os institutos públicos, bibliotecas, museus e arquivos não possuem recursos econômicos, e os outros institutos sociais não usam recorrer a historiadores e pesquisadores nas suas específicas tarefas de pesquisa histórica ou de reconstituição histórica?

São comuns no Brasil os trabalhos geográficos, econômicos, sociológicos e jurídicos guarnecidos ou adornados de referências históricas, colhidas ao acaso de consultas passageiras. Não é, assim, no campo do ensino, especialmente da formação de professores, que se podem encontrar senão fracos sinais de renovação e frutificação.

Verdadeiramente, o grande êxito material, o maior de todos, significa também o maior exemplo da degradação da disciplina. É no campo do livro didático que alguns profes-

2. *Sinopse Estatística do Ensino Superior,* Ministério da Educação e Cultura, 1962, pp. 6 e 43.
3. *The Recreations of an Historian,* Londres, 1919.

sores do ensino médio, especiamente no curso ginasial, conseguiram um sucesso que ultrapassa qualquer vitória dos *best-sellers* literários. Um deles, na 48º edição, rendendo uma fortuna que só tem paralelo nos grandes triunfos industriais e comerciais, mantém a tradição da maior importância e significação da história colonial em relação à nacional, seja imperial ou republicana, esta quase sempre um borrão de nomes presidenciais e datas de significação duvidosa. O caráter oficial da seleção dos fatos, o sentido elitista do processo histórico, com o acento sobre a importância da liderança e a insignificância do povo, a total ausência de espírito crítico, a conformação incontestável ao processo histórico dos vencedores, ensina uma história conformista, compromissória, privilegiada, anti-reformista, conservadora.

Ainda aí a história didática, de extraordinária influência pelos seus efeitos na formação da juventude brasileira, que constitui a maioria da Nação (52%), revela os malefícios da pesquisa e da historiografia tradicionais, pois são elas as responsáveis diretas pela má qualidade daquela.

Com mais de 30 milhões de analfabetos, com cerca de 6 milhões de crianças para o ensino primário e 2 milhões no ensino médio, com a necessidade de maior número de professores e melhores livros escolares, é natural que o maior esforço do Poder Público e das instituições universitárias venha a se concentrar mais no ensino que na pesquisa, mais na historiografia interessada e pragmática, que na historiografia erudita e monumental ou notável.

Não será, assim, surpresa que mais tarde ou mais cedo a pesquisa e a historiografia se ponham a serviço da causa democrática e progressiva no Brasil, a única e verdadeira, que é dar o pão espiritual e a liberdade de pensar ao povo.

Neste sentido, a obra do Centro Brasileiro de Pesquisas Educacionais, tantos anos dirigido pelo mestre Anísio Teixeira, é um exemplo ao procurar dotar o mestre e o aluno de manuais melhores, mais modernos, mais adaptados à formação da juventude de uma sociedade em mudança, além de formar bibliotecas que os ajudassem a alargar e a consolidar seus conhecimentos. Não sei até que ponto se deve reconhecer a necessidade de que a pesquisa se modere em tarefas mais modestas, em face do subdesenvolvimento.

A verdade é que a conexão viva entre o presente e o passado não pode ser abandonada, sob o risco da ruptura de interesse mútuo entre a história e a sociedade[4]. Isto é muito claro, quando se observa que enquanto as editoras de coleções históricas privadas e as instituições que editam coleções documentais públicas paralisam suas atividades ou as reduzem ao mínimo, ou são financiadas por recursos publicitários, outras coleções novas nascidas e inspiradas na necessidade social e cultural de responder à inquietação e os problemas atuais à luz de investigações e reexames históricos prosperam e foram acolhidas com sucesso.

Não foi esse o caso da coleção lançada pelo ISEB, ou das coleções "Corpo e Alma do Brasil", da Difusão Européia do Livro, "Perspectivas do Nosso Tempo", da Editora Fundo de Cultura, "Retratos do Brasil", da Civilização Brasileira, e de novos lançamentos de editoras várias, como a Fulgor e o Tempo Brasileiro, de estudos econômicos, sociais, políticos, jurídicos e históricos, todos dominados pelo desejo de contribuir de maneira decisiva para a iluminação e esclarecimento do tempo presente?

Os estudos históricos novos partem do princípio de que a História não é dos mortos, mas dos vivos, e deve servir a estes, e que é tão legítima a descrição *in statu nascendi* quanto à reconstrução *post-mortem*.

Já no estudo referido de 1958, escrevíamos que ganhara impulso o revisionismo ideológico, que fora iniciado por Capistrano de Abreu e tentara reexaminar o processo histórico à luz de métodos e teorias novos, para poder compreender e generalizar. Esta tendência se desdobra em vários caminhos e descaminhos. Cresceu no Brasil a revisão marxista, não só por obra de Caio Prado Júnior, cuja *História Econômica do Brasil* é continuamente reimpressa sem nenhum retoque, mas também da *Revista Brasiliense,* rica em estudos históricos; por obra da coleção popular *Cadernos do Povo Brasileiro,* dos livros de Rui Facó, especialmente — *Cangaceiros e Fanáticos,* da revista *Estudos Sociais,* da *História Sincera da República,* de Leôncio Basbaum, e dos estudos de Nelson Werneck Sodré, especialmente a síntese *Formação Histórica do Brasil* e *História da Burguesia Brasileira,* os mais ortodoxamente marxistas, a ponto de constituir parte tão substancial quanto a descrição histórica a mera divulgação teórica marxista.

---

4. Depois de preparado este estudo, verifiquei que o Professor J. H. Plumb registrou também este divórcio entre a História e a Sociedade, embora de forma diferente da aqui apresentada. Vide "The Sorry State of History", *Horizon,* 1963, 5 (7), 97-100.

Não se esgota no revisionismo marxista, divulgado também pela Editora Vitória, do PCB, o revisionismo ideológico. Nas fronteiras do marxismo, como as de Celso Furtado, com sua *Formação Econômica do Brasil* e sua obra de elucidação dos problemas econômicos brasileiros, que tanto esclarecem aos historiadores e analistas políticos e sociais do Brasil contemporâneo, vive uma força de renovação.

Outras revisões estão nascendo, sem dependências doutrinárias, nutridas de idéias, teorias e métodos variados, capazes de servir melhor à maior variedade humana, social e econômica de vários Brasis. Estas correntes examinam os mitos, pessoais ou sociais, discutem o papel da liderança e do povo no processo histórico brasileiro, tentam captar as aspirações nacionais, insurgem-se contra os quadros de ferro da historiografia oficial, que aplaude sempre os vencedores, evita os vencidos e se recusa a julgar e responsabilizar as elites e as lideranças sucessivas, antes biografiza a história para personalizá-la em "estadistas".

A corrente revisionista ideológica e substancial (não meramente fatual) liga-se hoje às idéias nacionalistas e desenvolvimentistas. O nacionalismo é hoje um campo fértil de estudos em que se distinguem especialmente Barbosa Lima Sobrinho, numa obra ainda provisória ("Desde Quando Somos Nacionalistas", *Cadernos do Povo*, n.º 24). Hélio Jaguaribe, *O Nacionalismo na Atualidade* (ISEB, 1958), e Cândido Antônio Mendes de Almeida, *Nacionalismo e Desenvolvimento* (Instituto Brasileiro de Estudos Afro-Asiáticos, 1963).

Para nacionalistas e desenvolvimentistas, a história pode e deve ter uma influência ativa e é um veículo ideal para inculcar idéias políticas, despertar a consciência da nossa insuficiência, impor as decisões que afetem a estrutura e fabricar um novo destino. O passado não é então abolido aos olhos da geração presente e mesmo que ela rejeite o que os seus pais fizeram, ela quer utilizá-lo com os seus símbolos para a criação do futuro.

Influente e eficiente nos seus efeitos criadores de uma consciência alerta aos males da história atual e da necessidade de mudá-la é a literatura que tenta captar o fato na hora do seu nascimento. A crônica restaurada à sua antiga função de descrição da atualidade, da conjuntura convoca inteligências, revela o grande interesse pelo contemporâneo e possibilita ao historiador uma maior compreensão da história *in statu nascendi*. Os últimos acontecimentos brasileiros, especialmente neste qüinqüênio, motivaram uma extensa bibliografia.

A distonia entre o pensamento histórico e o processo histórico e a reação pelo seu ajustamento revelam a fase de transição que nos caracteriza. O Brasil tem sido ao largo de sua história um País estável, cujas instituições resistem, como rochas, aos mais profundos impulsos de renovação. Nada as abala e todas as crises de conjuntura terminam com os remendos constitucionais que não afetam a solidez das estruturas, imutáveis como sempre.

O espírito anti-reformista domina as elites e as lideranças e a história que é escrita por estas tem sido também conservadora e indiferente aos problemas da época. Daí a distonia e a indiferença pelo escrito histórico a que nos referimos. O povo, marginalizado pelo analfabetismo, não integrado no corpo cívico e político da Nação, que não participa da formação do Poder, é inteiramente indiferente aos conflitos e crises da área de comando.

Sua apatia não é devida à sua índole pacífica, como se tornou comum dizer, mas motivada pelo divórcio entre o Poder e a Sociedade; nem sua "índole pacífica" é assim tão pacífica, pois nas horas em que sua subsistência ou sua liberdade estiveram realmente ameaçadas, a história brasileira ensangüentou-se. E se não é assim tão cruenta como outras histórias americanas, é, talvez, como sugerimos em trabalhos anteriores (*Brasil e África: Outro Horizonte,* Rio de Janeiro, 1.ª ed., 1961, 2.ª ed., 1964; *Aspirações Nacionais,* São Paulo, 1963, e *Conciliação* e *Reforma no Brasil,* Rio de Janeiro, 1965), devido à mestiçagem, que abranda não somente as relações raciais, mas os contatos sociais.

Enfim, assim como o dissídio entre o Poder e a Sociedade é o aspecto mais amplo e grave das tensões políticas no Brasil, assim também a distonia entre o escrito histórico e o próprio processo histórico se reflete na indiferença pela pesquisa e pela historiografia.

Este aspecto — uma pesquisa e uma historiografia indiferentes à vida e ao povo, insensíveis ao esforço total pela superação do subdesenvolvimento — não creio seja peculiar ao Brasil. Por toda a América Latina, insuficiente e subdesenvolvida, domina o dissídio, e prevalecem não só uma pesquisa obsoleta, como uma historiografia arcaica, feitas, evidentemente, as nescessárias exceções.

O triunfo da erudição conspícua, o domínio da temática colonial saudosista, ou a preponderância, na fase nacional das biografias, dos heróis das elites sobre a história comum, mostram bem que a pesquisa e a história continuam servindo aos mesmos fins de domínio de minorias sucessivas que mantiveram intatas as estruturas econômicas do seu Poder político.

Creio, assim, mesmo sem exemplificar, que a pesquisa e a historiografia latino-americanas continuam a investigar e reconstruir sem nenhum interesse de servir ao presente, no seu trágico esforço para fugir do subdesenvolvimento e encaminhar-se para os primeiros planos da prosperidade e das verdadeiras liberdades humanas que o povo desconhece. Não significa isto que se advogue e defenda o abandono da pesquisa pela pesquisa, da História pela História, "do gosto frio e puro da História", mas reconhecer que o saber histórico deve responder a uma necessidade da vida e tem um valor potencial pragmático.

É certo que as sociedades desenvolvidas e em abundância se dêem ao luxo de sustentar as mais refinadas e eruditas pesquisas e as mais desinteressadas historiografias. Quando a América Latina vencer sua estagnação e superar sua pobreza poderá voltar a essa pesquisa e a essa historiografia.

A História, a mais experimentada das disciplinas sociais, tem uma sensibilidade muito apurada para deixar de perceber que seu estado de saúde reflete o estado de saúde da sociedade e que assim como esta está lutando pela sua transformação, a História deve ajudar a esta mudança, especialmente quando se considera que ela, a História, é a única maneira de pensar finalista.

A unidade latino-americana é hoje mais evidente que nunca. O traço de união foi a consciência do subdesenvolvimento, muito mais que o chamado espírito pan-americano. Antigas divergências desfizeram-se e a velha frase de Júlio Roca, em relação à Argentina e Brasil, "nada nos divide e tudo nos aproxima", nunca exprimiu tanto a verdade política latino-americana e o sentimento de aproximação popular, que punha de lado, inclusive, as cediças hipóteses de guerra, inspiradas talvez de fora dos quadros políticos latino-americanos, em obediência à máxima "dividir para reinar"; expressão renovadora desta unidade na América Latina foi, sem dúvida, o encontro, em Uruguaiana, dos Presidentes Arturo Frondizi e Jânio Quadros, ambos pouco depois retirados do comando do processo histórico, por imposição ou renúncia.

Na verdade, contra a cediça idéia da hipótese de guerra, que não encontraria hoje o menor apoio do povo, suficientemente esclarecido, já foi criada, para a divisão dos povos, a idéia sediciosa da guerra revolucionária, que une os estados-maiores das forças armadas da América. A doutrina da subversão, que não é, certamente, latino-americana, uniu gorilas contra os povos, travou o processo democrático e subordinou todos não à unidade de um programa comum de superação do subdesenvolvimento mas a uma aliança comandada inteiramente por um parceiro não latino-americano, a mesma deficiência que esterilizou o pensamento pan-americano.

Este problema, juntamente com o do nacionalismo e o da política externa própria e independente, francamente antiintervencionista e contra a dominação do interesse do mais forte e mais rico nas decisões coletivas, revela que uma pesquisa e uma historiografia novas possuem muitos e novos campos de ação e de reconstrução.

Um aspecto final merece reflexão: a problemática do tempo. Há não só a necessidade, como escreveu Pierre Chaunu, de resumirem os povos em desenvolvimento as diversas etapas de história das sociedades desenvolvidas, mas também a de coordenarem as diferenças desordenadas de tempo histórico que separam, na mesma sociedade, regiões e áreas, e finalmente, acrescentamos nós, a de exercerem sua ação em tempo hábil e não perderem os prazos históricos, de modo a conseguir a vitória e não serem condenados à estagnação, à morte ou à submissão por longo período histórico.

## 2. Os Novos Campos de Pesquisa e de Reconstrução Historiográfica

As considerações anteriores visaram a deixar claro e nítido isto e apenas isto: a pesquisa e a historiografia brasileiras, — e acreditamos que latino-americanas — estão relacionadas com uma sociedade estável e arcaica e por isso a temática dominante é alheia à vida, é conspícua, erudita, adoece de uma formulação má e insuficiente dos problemas. A resposta da sociedade é a indiferença aos resultados dos seus trabalhos, o menor apetite pelas obras, a penúria dos recursos. Uma sociedade subdesenvolvida que já vive em apertos econômicos e oprimida de encargos urgentes de sobrevivência (especialmente subnutrição, analfabetismo, taxas elevadas de mortalidade infantil e de doenças), não se pode dar ao luxo de aprovar e sustentar estudos conspícuos que podem e devem ser adiados.

Cada cultura tem de criar sua própria forma de História, pois ela é, como ensinou J. Huizinga, uma espécie de prestação de contas. O fato é que se abrem novos campos de pesquisa e novas áreas de reconstrução histórica, valiosas pelos seus efeitos práticos e pela ajuda que podem prestar ao desenvolvimento e à democracia.

Estabelecidas essas premissas de caráter geral, a definição ou delimitação do campo das pesquisas há de surgir também dos comentários que o ensaio de Stanley J. Stein impõe. Dominam, como é natural e compreensível nestes estudos, o interesse norte-americano, as idéias norte-americanas, os métodos norte-americanos. Algumas vezes, estes últimos não são nem norte-americanos, nem latino-americanos, mas apenas pessoais, especialmente quando esquecem certos estudos dos próprios norte-americanos, ou valorizam uns e silenciam outros, numa espécie daquilo que chamamos "panelinhas" literárias.

## 3. Comentário sobre a Bibliografia

Assim, por exemplo, não compreendo porque o A. oculta a obra do Instituto Pan-Americano de Geografia e História, especialmente três coleções sobre a história indígena, colonial e nacional, para só se referir aos sumários finais que resultaram das obras parciais. Nem tomou conhecimento das historiografias nacionais que vêm sendo feitas sob os auspícios daquele Instituto. Por quê? É verdade que em matéria de historiografia, o Professor Stein conhece e cita apenas o Professor Stein e desconhece não somente as publicações daquele Instituto, como as que se fizeram no Brasil, na Argentina ou na Europa. Os demais instrumentos de pesquisa estão também selecionados a dedo; por exemplo, os guias de Bolton (1913), Hill (1916), Shepherd (1907) não eliminam a consulta à grande série das *Misiones Americanas en los Archivos Europeos* publicada pelo Instituto Pan-Americano de Geografia e História, nem os novos guias, como os de John P. Harrison[5] e Lino Gomez Canedo[6].

E isto sem esquecer os serviços que prestaram e continuam a prestar as coleções documentais de William Manning[7] ou o documentário crítico exemplar preparado por *Sir* Charles K. Webster[8]. Reconheço que não houve da

---

5. *Guide to Materials on Latin America in the National Archives*, Washington, The National Archives, 1961, v. I, 246 p.
6. *Los Archivos de la Historia de América. Periodo Colonial Español*, México, Instituto Pan-Americano de Geografia e História, 1961, 2 v.
7. *Diplomatic Correspondence of the United States concerning the Independence of the Latin American Nations*, New York, 1925, 3 v.; e *Diplomatic Correspondence of the United States Inter-American Affairs, 1831-1860*, Washington, 1932, 12 v.
8. *Britain and the Independence of Latin-America*, Oxford University Press, 1938, 2 v.

parte do A. nenhum espírito exaustivo, mas apenas exemplificativo, o que lhe teria possibilitado referir-se à melhoria dos instrumentos da pesquisa bibliográfica, preparados nos Estados Unidos, na América Latina e na Europa, e dos quais o *Manual Bibliográfico de Estudos Brasileiros* é um bom exemplo de trabalho cooperativo.

A crítica bibliográfica ao ensaio do A. não poderia esquecer de anotar a falta de obras fundamentais que exerceram e exercem grande influência[9], como a do Padre Serafim Leite, tanto a *História da Companhia de Jesus no Brasil* como a *Monumenta Brasiliae*[10], ou as da literatura inglesa, como as de John M. Parry[11], John Lynch[12] e especialmente, em relação ao Brasil, toda a obra de Charles R. Boxer[13].

Para o primeiro século há um professor americano de história econômica que teve e tem enorme influência na historiografia latino-americana, Earl J. Hamilton[14], que merece figurar ao lado dos estudos de Clarence Haring, Pierre Chaunu e Frédéric Mauro, e do próprio ensaio de Francisco Morales Padron[15]. Mas o A., que tem suas preferências eruditas, não parece valorizar a obra de Haring, do qual cita apenas o *Imperio Hispánico en América*, sem referir-se nem a *El Comercio y la Navegación entre España y las Indias en la Epoca de los Habsburgos* (Paris, 1939), nem a *Los Bucaneros de las Indias Ocidentales en el Siglo XVII* (Paris, 1939), nem ao *Empire in Brazil* (Harvard Univ. Press, 1958). E a verdade é que *Trade and Navigation* foi uma contribuição positiva, um livro influente. Por outro lado, o autor acentua o aspecto da fronteira como fator unificador e cita o estudo de Herbert Bolton, referindo-se, logo a seguir, ao de Arthur P. Whitaker, sem mencionar o seminário que sobre o conceito de Fronteira foi realizado no 2º Congresso Internacional de Historiadores dos Estados Unidos e do México, e cujos anais foram editados por Archibald R. Lewis e Thomas F. MacGann sob o título *The*

---

9. Lisboa e Rio de Janeiro, 1938-1950, 10 v.
10. Roma, 1956-1958, 3 v.
11. *The Age of Reconnaissance*, Londres, 1963.
12. *Spanish Colonial Administration*. 1782-1810, Londres, 1958.
13. *Salvador de Sá and the Struggle for Brazil and Angola*, Londres, 1952; *The Dutch in Brazil*, 1624-1654, Londres, 1957; *The Golden Age of Brazil*, 1596-1750, California, University Press, 1962.
14. *American Treasure and the Price Revolution*, 1501-1650, Harvard University Press, 1934, e *El Florecimiento del Capitalismo y Otros Ensayos de Historia Económica*, Madrid, 1948.
15. *El Comercio Canario-Americano*, Sevilha, 1955.

*World Looks at its History* (University of Texas Press, 1963).

E isto para falar apenas em obras fundamentais ou autores de influência, porque se o A. dá relevo aos primeiros momentos da História americana, não deve esquecer de mencionar a obra nova de Florentino Perez Embid[16] ou de Ladislau Gil Munilla[17]. Sevilha continua um centro ativo de História americana que não pode ser esquecido, como não o pode ser a Comissão de História do Instituto Pan-Americano de Geografia e História, ou o Instituto Ibero-Americano de Gotemburgo, cujas publicações (mais de dezesseis), representam um inteligente esforço de compreensão da América, especialmente aquele admirável ensaio de Sverker Arnoldsson, *Los Momentos Históricos de América según la historiografia hispanoamericana del Periodo Colonial*[18].

Não compreendi bem os critérios seletivos do A., mas creio que não é possível referir-se a obras secundárias e não mencionar a significação e os efeitos de certos outros livros e coleções. Existem, por exemplo, dois centros ativos de pesquisa histórica na América Latina, o Colégio de México, que o A. conhece, e o Centro de História Colonial, no Chile, que o A. parece desconhecer. Neste último, dois ensaios representam bem o grau de amadurecimento da historiografia chilena: *Los Grupos de Conquistadores en Tierra Firme, 1509-1530. Fisionomia Histórico-Social de un Tipo de Conquista,* de Mario Gongora (Santiago, 1962), e *El Salariado Minero en Chile Colonial. Su Desarrollo en una Sociedad Provincial. El Norte Chico, 1690-1800,* de Marcelo Carmagnani (Santiago, 1963).

Não saímos, até aqui, do período colonial, e vamos exemplificar apenas em outras fases. Na fase da Independência, o A. não se refere à obra imensa que realizam várias nações americanas, especialmente às coleções documentais da Venezuela, do Chile e da Argentina sobre os Fundadores, e à atividade do Comitê do Movimento Emancipador Ibero-Americano do Instituto Pan-Americano de Geografia e História. E, finalmente, para falar em história intelectual brasileira, não creio que a obra de Lúcia Miguel Pereira fosse a indicada, como não percebo por que se esquece ou se oculta a obra de Thomas F. MacGann, *Argen-*

---

16. *Los Descobrimientos en el Atlantico hasta el Tratado de Tordesillas,* Sevilha, 1948.
17. *Descobrimiento del Marañon,* Sevilha, 1954.
18. Madrid, 1956.

*tina, the United States and the Inter-American System, 1880-1914* (Harvard University Press, 1957), ao lado da de Whitaker, ou a obra ainda hoje extremamente valiosa de Alan K. Manchester, *British Preeminence in Brazil. Its rise and decline* (University of North Carolina Press, 1933).

## 4. Comentários sobre Conceitos

O ensaio do Professor Stein merece também algumas considerações do ponto de vista interpretativo. Divirjo em certas questões metodológicas e filosóficas do A. Quando trata do período colonial, fala em três eras coloniais preferidas pelos historiadores americanos, mas, a bem da verdade, entre 1570 e 1763, pelo menos em relação ao Brasil, o processo histórico foi extremamente importante e atraiu e provocou uma bibliografia nacional importantíssima: primeiro, as invasões estrangeiras, as lutas coloniais pela posse do Brasil; e segundo, a conquista do sertão e a expansão bandeirante. Não houve, no Brasil, intenção de depreciar, mas antes de louvar a colonização portuguesa, que só passou a merecer críticas no fim do século XIX e neste século.

Francisco Adolfo de Varnhagen iniciou no Brasil uma historiografia oficial de total aceitação do poder triunfante, de repulsa aos vencidos, de apologia das minorias vitoriosas; o próprio José Bonifácio foi repelido desde então e até hoje pelas suas inovações, e deu-se total apoio ao círculo de ferro que tem dominado o Brasil. Varnhagen foi tão apologista da Casa de Bragança que lhe cabe a responsabilidade de ter inaugurado a versão histórica de que a nossa Independência foi incruenta, quando movimentamos na Bahia e no Maranhão exércitos maiores que os maiores comandados por Bolívar ou San Martín.

A historiografia nostálgica ou saudosista, para a qual o passado é sempre superior ao presente, é uma doença infantil, que existiu e existe em qualquer parte.

Reconheço a importância da *Hispanic American Historical Review,* mas é bom esclarecer que a sua influência, como a da *American Historical Review,* é praticamente quase nula, na América Latina, pelo desconhecimento da língua, pela dificuldade de adquiri-las em face da carestia do dólar, e pela sua própria inacessibilidade. Não preciso, também, acrescentar que é nos Estados Unidos e não na América Latina que cresceu o interesse pela história recente, conforme mostramos antes, e no caso brasileiro foi bem evidenciado pelo Professor Rollie E. Poppino[19].

Não creio nas facilidades da história colonial, comparadas com as da história moderna. Ambas são complexas, ambas apresentam problemas de fontes e de interpretação, e de ambas conhecemos apenas a parte documentada, a versão oficial e a indiscreta, mas há sempre uma parte oculta, que oculta permanece. Além disso, o historiador moderno conta com todo o instrumental interdisciplinar, as análises econômicas da CEPAL, que já cobrem 17 anos, e dos institutos econômicos nacionais, com seus estudos anuais e periódicos, as pesquisas sociais, as divulgações gerais dos Institutos de Ciências Sociais. Há, portanto, maior e melhor informação, para uma disciplina de reconstituição global.

O Professor Stein não teve, ao citar as sínteses da história moderna da América Latina, senão intenção exemplificativa, pois une histórias didáticas e ensaios interpretativos, obras de maior cobertura temporal a estudos sobre os últimos anos; as complexidades heurísticas da história moderna nem sempre são específicas, pois a dispersão documental é, para toda a América Latina, tão colonial quanto moderna. O princípio da unicidade e indivisibilidade arquivística é adotado pelos países desenvolvidos e mesmo entre eles não está aceito por todos.

As categorias com que o Professor Whitaker dividiu as tendências da História da América Latina, endossadas pelo Professor Stein, são tão gerais que podem ser igualmente aplicadas, exceto a última, a todas as historiografias não latino-americanas. Suas seleções exemplificativas são boas, com ou sem os adjetivos qualificativos, que premiaram alguns. Como qualificaríamos a obra de Jacques Lambert, *Amérique Latine. Structures Sociales et Institutions Politiques* (Paris, 1963), ou a de Pierre Chaunu, *História da América Latina* (trad. port., São Paulo, 1964), e *L'Amérique et les Amériques* (Paris, 1964), e as conferências de Arnold Toynbee, *The Economy of the Western Hemisphere* (Londres, 1962)?[20]

É natural que não coincidam as preferências norte-americanas e latino-americanas sobre os temas nacionais a estudar, especialmente considerando-se que elas se baseiam nos ensaios historiográficos de Potash, de Stein e Barager,

---

19. "A Century of the *Revista do Instituto Histórico e Geográfico Brasileiro*", Separata da *HAHR*, maio 1953.
20. Refiro-me a estudos não americanos, considerando que o A. citou em outros trechos trabalhos franceses e ingleses.

que por sua vez desconhecem trabalhos historiográficos nacionais.

## 5. A História do Brasil e as Opiniões do Professor Stein

Depois de ter afirmado (p. 92), que só no mais amplo sentido as questões históricas do México, Brasil e Argentina podiam ser comparadas, afirma o Professor Stein (p. 99) que movimentos de massa, de ampla e profunda repercussão, não parecem ter marcado a história brasileira como marcaram a mexicana. A comparação é feliz, pois a violência não foi traço dominante da nossa história, como foi, por exemplo, não só no México, mas nos Estados Unidos ou na Colômbia. Mas isso não significa que nossa história fosse incruenta. Nela dominam o conservadorismo e o compromisso, o liberalismo e a conspiração. Se isto significa uma história monótona, não é questão objetiva, pois não é a violência o que a engraça, nem é a habilidade compromissória que a aborrece. A própria conspiração é fruto deste espírito, pois significa ganhar ou tentar ganhar sem os riscos da bruteza.

Na verdade, no ensaio do Professor Stein, se está atribuindo grande importância à violência como fator de poder na América Latina. Eis aí uma curiosa cegueira. Por acaso a violência inexiste nos Estados Unidos? A violência tem sido uma conduta regular da civilização ocidental e todo Poder se impôs pelo abuso da violência e da agressão. Nas sociedades latino-americanas, como em qualquer outra ocidentalizada, a violência é um recurso, não é um desvio. A guerra total é uma invenção ocidental e foram as Nações mais civilizadas que precipitaram as grandes guerras mundiais; as atrocidades nazistas — quintessência da violência — nasceram no País que mais contribuiu para os fundamentos da filosofia da civilização ocidental.

Portanto, falar em violência maior aqui ou ali, talvez maior no México, na Colômbia e nos Estados Unidos que em outros Países americanos, pouco ajuda à compreensão dos fenômenos do comportamento político. Além de ser uma total arbitrariedade — pois talvez o solo norte-americano seja o mais encharcado de sangue —, dá a impressão de que se está estudando uma sociedade patológica.

Os sociólogos e cientistas políticos que têm estudado as resistências à mudança têm apontado o fato real atual, sem os recursos da demonstração histórica, que mostra o domínio do anti-reformismo das minorias brasileiras e dos Poderes, especialmente o Legislativo.

A contenção das classes conservadoras foi ganha diante da necessidade de manobrar grandes massas africanas, as mais sofridas do Brasil, e o abrandamento destas se deve à mestiçagem, que pacificava relações raciais e sociais. Mas dizer-se que a monotonia se deverá talvez a que os brasileiros não tenham produzido um largo corpo historiográfico é cair num equívoco grave, pois não creio que comparativamente nenhuma historiografia latino-americana tenha produzido, por iniciativa pública ou privada, tão vastas coleções históricas.

Ao contrário do que pensa o Professor Stein, há regularidades no processo histórico brasileiro que se podem ver hoje depois de rompidas as cadeias de ferro da historiografia inspirada em Varnhagen, ou daquela que se prendeu ao colonialismo português, e, conseqüentemente, a todos os colonialismos. É assim o problema das fases cruentas e incruentas da nossa história, que sumariei com os aspectos acima apontados já nas *Aspirações Nacionais* (São Paulo, 1963) e agora na *Conciliação e Reforma* (Rio de Janeiro, 1965).

É um equívoco dizer-se que Boxer é o único dissidente da idéia de que a escravidão brasileira foi mais humanitária. Joaquim Nabuco já escrevia, em plena campanha abolicionista, em 1883, que se dizia ser a escravidão entre nós suave, e os senhores bons.

> A verdade, porém, é que toda a escravidão é a mesma, e quanto à bondade dos senhores esta não passa da resignação dos escravos. Quem se desse ao trabalho de fazer uma estatística dos crimes ou de escravos ou contra escravos; quem pudesse abrir um inquérito sobre a escravidão e ouvir as queixas dos que a sofrem, veria que ela no Brasil ainda é tão dura, bárbara e cruel, como o foi em qualquer outro País da América[21].

A dissidência de Boxer é outra: é a de mostrar, num estudo histórico-comparativo, que os portugueses possuíam preconceito racial nas várias colônias que tiveram nos três continentes.

A série de questões que o Professor Stein propõe, com base em estudos brasileiros e americanos, merece atenção, embora, às vezes, afirme o óbvio, como no caso dos negros emancipados que ocuparam as mais baixas posições no trabalho, cabendo aos imigrantes mais preparados as melho-

21. *O Abolicionismo,* Londres, 1883, p. 133.

res; nem a falta de fricção se pode documentar no Sul, zona de menor percentagem negra. Parece também, que o Professor Stein aceita a idéia dos ciclos econômicos de certos produtos e não a das flutuações da conjuntura econômica, caracterizada pela periodicidade maior de pânicos, crises e depressões que pelos momentos de prosperidade ou recuperação. E assim surgem várias outras, como o problema de intervenção estatal, que é permanente na nossa história e não caracteriza a década passada; o abuso da expressão revolução, o papel do tenentismo, dos militares, a importância da fase inaugurada por Vargas, os processos constitucionais ordeiros e a evolução pacífica, as tensões políticas e os arranjos políticos periódicos, sem transferência de poder para a massa.

A influência das idéias na criação histórica não está bem pesquisada e se tem atribuído em época recente importância maior ao positivismo que às idéias jurídicas, especialmente constitucionais, que têm sido decisivas na organização e desorganização do Estado, mais na resistência que na assistência à mudança política e social.

Alguns destes problemas discuti no meu novo estudo *Conciliação e Reforma no Brasil; Um Desafio Histórico-Político*. O tenentismo foi uma forma de conspiração inspirada pelo liberalismo indígena, visando a romper a cadeia de ferro do Poder e usando os mais jovens e mais extremados nas Forças Armadas para destruir, no quadro mais modesto do oficialato, a autoridade militar dos generais, comprometidos com o Poder.

O liberalismo indígena significou sempre liberalismo econômico, e, portanto, economia exportadora e antiindustrial, e defesa, em termos, das liberdades públicas. As pessoas qualificadas merecem liberdades, outras não, as rebeldias e inconformidades também são discriminadas. O liberalismo nasceu numa sociedade escravocrata e não podia ser, como não é, intransigente defensor das heterodoxias e dos inconformismos. Foi assim no Império e assim é hoje. A continuidade histórica brasileira é que explica sua estabilidade e revela como é impossível compreender o Brasil sem perspectiva histórica.

Como todo liberalismo, o tenentismo tinha profundas raízes discriminatórias, restritivas, seletivas; daí, com o caminho histórico, tornaram-se os antigos Tenentes, hoje Generais, comandantes de um movimento de nítido caráter reacionário. Por isso já existe até uma interpretação histórica tenentista, que um dos seus líderes constrói: a reação de 1954 é a mesma contra-revolução de 1964.

Este é um aspecto capital, que se liga ao papel dos militares na política brasileira, um assunto que tem atraído muito a atenção dos estudiosos americanos, mas não creio que nenhum de seus estudos tenha ainda sequer compreendido esta questão. Em *Conciliação e Reforma,* como no prefácio da 2.ª edição das *Aspirações Nacionais,* procuro acrescentar novos dados e notas para um futuro esclarecimento do problema. As tensões apresentadas pelo Professor Stein não me parecem verdadeiras: as fricções são entre o Executivo e o Legislativo, entre o povo e as lideranças e elites. Os arranjos internos para a transferência do Poder — arranjos de cúpula, arranjos para não romper o círculo de ferro das sucessivas gerações dominadoras chegaram ao fim, como se vê nas crises sucessórias, que não são, como crêem os políticos, o problema central da política brasileira, mas apenas o reflexo da estabilidade econômica que não se adapta às necessidades sociais atuais. Nisto revela acerto o Professor Stein, ao falar das raízes econômicas e sociais da instabilidade política.

## 6. Os Campos de Pesquisa

Fala-se muito neste e em outros ensaios em pesquisas orientadas segundo os interesses oficiais do Governo dos Estados Unidos. A suspeita de que se trata de serviço de informação e inteligência pode dificultar certas aproximações e impedir uma compreensão mais livre e desembaraçada[22]. Na verdade, a grande maioria das pesquisas é interessada, como reconheceu o próprio Professor Wagley (pp. 12 e 19 da sua Introdução), mas isso não significa que elas visem senão aos objetivos do esclarecimento científico e público, e não aos fins da espionagem. Buscam conhecer para defender seus interesses e a nossa contrapartida consiste na ciência social e na história combativas, que vêem por cima das tragédias e das desordens os grandes clarões que anunciam uma nova sociedade desenvolvida.

A história tradicional, fatual e conservadora, é substituída por uma história seletiva e progressista, ao serviço

---

22. Exemplo disto é o artigo de Leonard D. Tierry, "Dominant Power Components in the Brazilian University Students Movement Prior to April, 1964", *Journal of Inter-American Studies,* jan. 1965, pp. 27-48, que provocou dois artigos de Otto Maria Carpeaux, "Atenção, Estudantes", e "Ainda Atenção Estudantes", publicados no *Correio da Manhã,* 26 e 30 mar. 1965.

do nascimento da sociedade nova. Uma história combativa, politizada e nacionalista tem precedentes ilustres, como a prussiana.

As principais tendências da pesquisa estão implícitas nas questões formuladas, e bem formuladas, pelo Professor Stein e no capítulo sobre os projetos de investigação. Reconhece então que a América Latina não logrou até hoje sua liberdade econômica. Daí a importância que para os latino-americanos têm os problemas do imperialismo, do colonialismo e do intervencionismo, que nenhum estudioso sério norte-americano estudou, como já estudaram o imperialismo americano em geral[23].

Um dos colaboradores deste seminário, Merle Kling, mostrou como os padrões econômicos contemporâneos do colonialismo conduzem à fidelidade diplomática e este enfraquece a posição de poder dos países latino-americanos. O colonialismo econômico gera instabilidade política e diminui o poder dos aliados fiéis dos Estados Unidos, enquanto a eliminação do colonialismo geraria a estabilidade política, aumentando o Poder, mas diminuindo a fidelidade[24]. Daí as imagens depreciativas da América Latina nas áreas das nações emergentes, o temor por aquilo que se chamou a "sul-americanização", equivalente da balcanização, mongolização, e que agora se vê em escala maior na intervenção no Sudoeste asiático.

Portanto, aí está um problema de que a pesquisa não cuidou e para o qual dispõe de elementos formidáveis. E logo como conseqüência se impõe o estudo do nacionalismo — que começa a ser examinado por latino-americanos e norte-americanos, mas para o qual, além dos estudos nacionais, seria necessário também um exame completo comparativo, o "Nacionalismo na América Latina", tal como foi feito por Jan Romein, o discípulo de J. Huizinga, para a Ásia[25]. E também o exame da política externa norte-americana na América Latina, bilateral e multilateral, mas

---

23. Excelente exemplo, objetivo e sério, é *The Rising American Empire,* de R. W. van Alstyne (Oxford, B. Blackwell, 1960). O estudo da palavra política imperialismo, entre 1840 e 1960, foi feito — sem enfrentar os problemas fundamentais, por R. Kroebner e H. D. Schmidt, *The Story and Significance of Imperialism. A Political Word, 1840-1960,* Cambridge University Press, 1964.

24. "Contribuição para uma Teoria da Instabilidade do Poder e da Política na América Latina", *Revista Brasileira de Estudos Políticos,* jan. 1959, pp. 7-29, trad. da *The Western Political Quarterly,* mar. 1956, pp. 21-35.

25. *The Asian Century,* University of California Press, 1962.

liberto das idéias e dos preconceitos que têm dominado este setor, bem como da política externa própria e independente que nasceu para servir à política do desenvolvimento nacional, para abreviar o prazo de sua consecução, e se inspirava no nacionalismo, na idéia do progresso e nos princípios tradicionais de repúdio às alianças embaraçosas e de ampla liberdade comercial, conforme procurei mostrar na ocasião[26].

A política externa independente, que sofreu a mais formidável pressão de grandes grupos econômicos e de interesses e de quase toda a imprensa escrita e falada, não foi um ato de desespero diante das dificuldades econômicas externas, mas uma tentativa consciente para aumentar a posição do Poder do País. As crises brasileiras da década de 1960, quando esta política surgiu, são causadas pelo declínio das relações de troca, pela deterioração dos preços dos produtos primários e pelo pesado encargo da dívida externa, fatores todos que resultam especialmente das nossas relações com os Estados Unidos. Basta dizer que somente nos seis primeiros meses de 1960 as exportações aumentaram de 18,5% em volume e de 1,4% somente no valor em dólares. Esses algarismos exprimem a situação difícil do Brasil, das nossas relações com os Estados Unidos, que a Aliança para o Progresso não consegue ocultar. O declínio e a desproporção se acentuam e R. Prebisch mostrou bem isso na sua "Uma Nova Política Comercial para o Desenvolvimento"[27].

Assim, a política externa independente está apenas transitoriamente engavetada, enquanto perdurar o predomínio do conceito de segurança na sua formulação e estiver implantada a idéia de que é a doutrina militar e não a vontade popular que determina os rumos nacionais. O atual e preponderante conceito de segurança não é nacional, nem latino-americano; ele une todos os exércitos à doutrina militar americana, de que devemos garantir-nos aqui não contra agressões estrangeiras eventuais, mas contra a subversão financiada, as guerras ideológicas etc.

Assim, à idéia da frente única subdesenvolvida se opõe e se contrapõe a idéia da unidade fraternal dos exércitos ocupados na guerra fria, na luta contra a subversão. É um novo fator que se junta ao econômico para gerar as crises de-

26. José Honório Rodrigues, "Uma Política Externa Própria e Independente", *Jornal do Brasil,* 10 e 17 jun. 1962 e "The Foundations of Brazil's Foreign Policy", *International Affairs,* jul. 1962.
27. Relatório do Secretário-Geral da Conferência das Nações Unidas sobre o Comércio e Desenvolvimento. *Revista Brasileira de Política Internacional,* n.º 26 jun. 1964.

mocráticas da América Latina e o esmagamento de suas pretensões de independência. Trata-se de um campo de pesquisa hoje fundamental, e nele se inter-relacionam a história, a política nacional e a política internacional. Com ele também se ligam outros vários projetos, especialmente os de história econômica, como, por exemplo, os que o Professor Wendell Gordon vem fazendo e publicando[28].

O estudo sério e objetivo da contribuição dos investimentos privados, o papel das empresas americanas, o problema da remessa dos lucros tiraria este campo da área emotiva e lhe daria a perspectiva da história. Assim também a continuação da série iniciada por W. Manning, com a tradução em espanhol e português, representaria um bom serviço na área das relações internacionais, completando a série moderna dos documentos da política externa.

A história econômica, a história política e a história das relações internacionais bilateral e multilateral merecem preferência de um modo geral. Especificamente o problema do papel das elites e da liderança, das classes médias, proletárias e rurais, seu comportamento e integração, os grupos de interesses e os grupos econômicos, o papel da violência e da conciliação, as aspirações nacionais e a formação das características nacionais, a relação entre a estabilidade das instituições econômicas e a instabilidade política, as regularidades e variações de certos comportamentos populares e das elites no processo histórico, a estrutura e dinâmica dos três Poderes, a influência e pressão do Governo dos Estados Unidos na decisão política dos Governos nacionais latino-americanos, as ideologias, o pensamento jurídico constitucional e sua influência no predomínio da minoria e na resistência à mudança, o papel da Igreja e a mudança social, o conservadorismo e os partidos políticos, os fatores externos que travam o desenvolvimento latino-americano, o papel de freio de certos grupos políticos, a imagem americana na América Latina e sua transformação, e, finalmente, a tradução de livros americanos sobre a América Latina e de livros latino-americanos para o inglês, a fim de ajudar a compreensão mútua de latino-americanos e norte-americanos.

28. "The Contribution of Foreign Investments. A Case Study of the U.S. Foreign Investment History", separata do *Inter-American Economic Affairs*, Summer 1961; "Role of Foreign Investment in Economic Development", *Southwestern Social Science Association. Annual Meeting;* "Foreign Investments", *Business Review*. The University of Houston, Winter 1962.

A hora de incentivar uma pesquisa e uma historiografia moderna é esta, porque nela se trava a grande batalha pela modernização e contra as instituições arcaicas, seus representantes e seus defensores fardados ou paisanos.

## 4. DUAS OBRAS BÁSICAS DE CAPISTRANO DE ABREU: *OS CAPÍTULOS DE HISTÓRIA COLONIAL* E *CAMINHOS ANTIGOS E POVOAMENTO DO BRASIL**

Capistrano de Abreu, a quem tanto devem a crítica e a metodologia históricas do Brasil, era, em 1907, justamente considerado o mais importante historiador brasileiro. Ao registrar o aparecimento da 3.ª edição de *História Geral do Brasil* anotada por Capistrano, José Carlos Rodrigues escrevia que Varnhagen "não pudera ter achado um colaborador, ou se quiserem, um continuador mais circunspeto, mais reverencioso, mais capaz do

* Publicado como introdução à edição conjunta das duas obras de Capistrano de Abreu promovida pela Universidade de Brasília.

que o Sr. Capistrano de Abreu, que é sem dúvida o mais douto de todos os cultores da história pátria da presente geração"[1].

O vasto conhecimento que acumulara das fontes e da literatura histórica, a capacidade crítica, a perspicácia psicológica de que era dotado, permitiam-lhe versar rapidamente com autoridade e originalidade qualquer assunto da história pátria. Os Capítulos foram escritos em um ano, a tese sobre o Descobrimento do Brasil em menos de quarenta dias e o estudo sobre a Armada de D. Manoel em uma noite[2].

Várias provas já dera Capistrano antes de 1907 de sua inexcedível competência. Vindo do Ceará em 1875, depois de pertencer a uma das mais agitadas gerações daquela província, lecionara no Colégio Aquino (Rua do Lavradio, 78-80) a partir de julho de 1876, onde teve como discípulos Jaci Monteiro, Olavo Bilac, Moreira Guimarães, os irmãos Edmundo e Sebastião Lacerda, Raimundo Correia e outros, e como colegas Campos da Paz (ciências físicas e naturais), Fausto Barreto (português) e outros. Os que foram seus discípulos, como o Dr. José de Mendonça, testemunham que Capistrano nesta época substituía quase todos os professores, "graças ao seu hábito de devorar livros e procurar aprender tudo o que lhe quisessem ensinar"[3].

## 1. Na Biblioteca Nacional

Em 1879, examinado por Ramiz Galvão, Saldanha da Gama e Menezes Brum, é aprovado em primeiro lugar oficial da Biblioteca Nacional e nomeado a 12 de agosto. A entrada para esta instituição, numa das suas fases mais criadoras, quando se aceleravam os trabalhos de organização do Catálogo da Exposição de História do Brasil, a maior biblioteca histórica jamais organizada na América até aquela época (1881) oferece-lhe oportunidades excepcionais de estudo e um conhecimento direto e diário com as melhores fontes da história pátria.

1. Jornal do Comércio, 6 jan. 1907.
2. Carta a Rio-Branco, de 23 de fevereiro de 1887. Vide Correspondência de Capistrano de Abreu, Instituto Nacional do Livro, Rio de Janeiro, 1954-56, 3 v. Todas as referências são desta obra.
3. José de Mendonça, carta a Adriano de Abreu, de 7 de junho de 1945. Arquivo da família de Capistrano de Abreu.

Os anos de 79 a 83, em que permanece na Biblioteca, são anos de contínuas e inesperadas descobertas documentais. Nunca aquela Casa prestou tantos serviços à cultura histórica brasileira, agitada intelectualmente pela incansável atividade do Barão de Ramiz Galvão e de Teixeira de Melo e pela paciente e devotada curiosidade de Vale Cabral, Chefe da Seção de Manuscritos; onde Capistrano foi viver sua aprendizagem metodológica.

## 2. O Concurso no Pedro II

Em 1883 surge a oportunidade do concurso de História e Corografia do Brasil no Imperial Colégio Pedro II, e Capistrano, sabedor como poucos e em luta com o novo Diretor da Biblioteca Nacional, João Saldanha da Gama, prepara sua tese *Descobrimento do Brasil e seu Desenvolvimento no Século XVI* (Rio de Janeiro, Leuzinger, 1883). Foram concorrentes à cadeira Feliciano Pinheiro Bittencourt, Evaristo Nunes Pires, João Franklin da Silveira Távora e João Maria da Gama Berquó. Compunham a Comissão julgadora Sílvio Romero (juiz) e os Drs. Luís de Queiroz Matoso Maia e Manuel Duarte Moreira de Azevedo, examinadores.

Karl von Koseritz descreve, nas suas *Imagens do Brasil,* o desenrolar do concurso e a triste impressão que lhe causou a incapacidade dos examinadores, ignorantes e intelectualmente limitados, superados de longe pelo examinando, cuja tese, tratando com verdadeira mestria e grande saber do descobrimento do Brasil e do seu desenvolvimento no século XVI, era, sem dúvida, tão excelente que ia muito além dos horizontes dos dois limitadíssimos examinadores. E o viajante alemão não pôde esconder sua surpresa diante da prática do velho (em 1883) sistema de defesa de tese: "por melhor que elas sejam os examinadores são forçados a atacá-las (freqüentemente contra as melhores convicções), a fim de que o examinando possa defender suas proposições"[4].

Escrita e impressa no prazo improrrogável de 40 dias, diz Capistrano, "deixei o assunto quase intato: no último capítulo fui obrigado a reduzir a proposições o que no meu plano primitivo deveria dar assunto a outros tantos capítulos. Enfim tenho esperança que ainda hei de poder completar este e outros trabalhos..."[5]

---

4. Tradução, prefácio e notas de Afonso Arinos de Melo Franco, São Paulo, 1943, pp. 109-111.
5. Carta a Guilherme Studart, de 23 de fevereiro de 1887.

Apesar da brevidade com que foi escrita, a tese era realmente algo de novo e inédito na História do Brasil. Joaquim Serra escrevia na *Folha Nova* um tópico saudando o jovem professor, cujos trabalhos tanto adiantavam sua disciplina: "Naquele jovem historiador vê-se a musculatura do historiador valente de que sentimos necessidade"[6].

A novidade estava no estudo crítico das pretensões e especialmente no capítulo sobre o sertão, que constituirá, com o tempo e o desenvolvimento que tomará, uma das maiores contribuições de Capistrano de Abreu à história pátria. Aprovado por 17 votos contra 5, na reunião da Congregação de 30 de junho de 1883, foi nomeado por despacho de 21 de julho daquele ano. A 23 de julho tomou posse da cadeira e a 25 dava a primeira lição, versando sobre os holandeses, onde Berquó, que lecionara interinamente e com ele concorrera ao concurso, deixara o assunto, no meado do ano[7].

## 3. Trabalhos

Já em 1878 publicara Capistrano de Abreu o Necrológio de Francisco Adolfo de Varnhagen, onde revelava toda sua veneração pelo mestre da historiografia brasileira e o exato conhecimento dos serviços e contribuições por este prestados à história pátria[8]. Publicara também, nos anos de 1879 e 1880, artigos literários e históricos na *Gazeta* e no *Globo* sobre Machado de Assis, Alfredo Taunay, Valentim Magalhães, Rocha Pita, Oliveira Martins, Melo Moraes, Camões, Caxias e vários outros, e de polêmica com Sílvio Romero sobre a literatura brasileira e a crítica moderna. Estes artigos mostram que aos 26 e 27 anos Capistrano de Abreu, pela sua prosa e originalidade, já era um escritor formado e um historiador de predicados incomuns.

É de 1880 o estudo *O Brasil no Século XVI. A Armada de D. Nuno Manoel*[9], a propósito do qual escreve a Rio-Branco:

Envio a Armada de D. Nuno Manoel. O texto foi escrito em uma noite e as notas lançadas atropeladamente; hoje, se tivesse de escrevê-lo de novo, teria de refundir grande parte, embora ainda esteja pelas conclusões a que cheguei. Depois daquele meu trabalho, foi publicada em Inns-

6. *Folha Nova*, 16 ago 1883. reproduzido na *Gazeta*, 20 ago. 1883.
7. Carta a Tomás Pompeu de Souza Brasil, 24 jul. 1883.
8. *Jornal do Comércio*, 16 a 20 dez 1878.
9. Rio de Janeiro, Tip. da Gazeta de Notícias, 1880. 79 p.

bruck uma monografia de Wieser que esclareceu diferentes pontos, dá um texto mais correto da Gazeta alemã, elucida um trecho que Humboldt não soube traduzir etc. A conclusão de Wieser é pouco mais ou menos a minha quanto à data da viagem, e muitos argumentos são comuns. Não liga, porém, a Gazeta a D. Nuno[10].

Capistrano já trazia, assim, neste seu primeiro trabalho histórico, uma novidade. A *Zeitung aus Presilig Landt* ou *A Gazeta da Terra do Brasil,* opúsculo raríssimo[11], noticiava uma expedição à América do Sul, tratava do Brasil e mostrava que o Rio da Prata era descoberta portuguesa. Sua raridade, antiguidade e substância desafiaram a atenção de sábios como Humboldt, Varnhagen, d'Avezac, Sophus Ruge, Harrisse e outros, e só Capistrano identificou o "Nono" da Gazeta alemã com D. Nuno Manoel, elucidando a expedição de 1513. Para iniciação histórica não podia haver melhor começo.

A crítica literária e os estudos históricos continuavam a dividir suas atenções. Artigos na *Gazeta* entre 1881 e 1882, reunidos ou não nas três séries de *Ensaios e Estudos* publicados pela Sociedade Capistrano de Abreu e especialmente sobre o Visconde de Porto Seguro[12], revelam que aos 29 anos Capistrano já era um senhor absoluto da historiografia brasileira. Aqui não é só a obra de Varnhagen que é examinada e criticada, mas toda a historiografia brasileira até as pesquisas mais recentes. O que mais surpreende neste estudo é a capacidade crítica ao lado da agudeza psicológica com que busca e encontra, numa revelação inédita na historiografia brasileira, as nossas verdadeiras épocas, distintas, únicas, singulares.

Numa tentativa de periodização, Capistrano dá uma classificação dos seis períodos de nossa história, "que apresentam entre si, ao lado de feições congêneres, caracteres que os separam pronunciadamente" e que constituem "o defeito fundamental" do livro de Varnhagen, que os não soube distinguir. É a sua primeira tentativa de periodização, mais madura do que o esforço posterior de 1886, mostrando que ele é capaz de promover uma renovação total nos estudos históricos brasileiros e tem a força de um grande historiador. O principal problema, da síntese cultural está exatamente na periodização, que é o corte das diversas co-

---

10. Carta a Rio-Branco, 23 fev. 1887.
11. Cf. José Carlos Rodrigues, *Biblioteca Brasiliense,* Rio de Janeiro, 1907, pp. 179-184.
12. *Gazeta de Notícias,* 21, 22 e 23 nov. 1882, reimpressos na *História Geral do Brasil* de Varnhagen, 3ª ed. integral, 6.3. pp. 435-444.

nexões culturais uma das outras, a adoção de grandes cesuras entre elas e a caracterização geral e ligação ideal destas partes com grandes totalidades culturais existentes e características[13].

Revela-se Capistrano neste estudo crítico da historiografia de sua época o único capaz de, num rasgo, compreender toda a síntese de nossa história, com suas diferenças e ligações, semelhanças e rupturas. Era também uma revelação nova: possuíamos agora um historiador que aliava sua análise documental a uma visão de síntese, sua cultura à capacidade de adivinhação. Ele não escreveria, bem mais tarde, em 1920, ao seu amigo de além-mar, João Lúcio de Azevedo, que "no seu processo de trabalho o documento devia confirmar a adivinhação"? Sim, porque é preciso levar bem formuladas as perguntas, que se originam de uma leitura incansável e de um extraordinário poder de intuição. O historiador não cria, como na ficção, antes recria um mundo realmente vivido, sofrido ou aproveitado.

Em 1884 sai o "Programa de História do Brasil"[14], onde estuda o primeiro capítulo das descobertas, o impulso para Oeste e Sul. E desse ano até 1889 publica vários estudos e ensaios ainda não reunidos. Ligado aos seus antigos companheiros da Biblioteca Nacional, Vale Cabral, Teixeira de Melo e ao novo oficial Antônio Jansen do Paço, nomeado em seu lugar a 6 de maio de 1883, Capistrano promove, consciente da necessidade de renovar a historiografia brasileira com a publicação de documentos inéditos, a organização dos *Materiais e Achegas para a História e Geografia do Brasil*[15]. Ele era, então, dos que melhor praticavam a crítica histórica, do que já dera provas na edição de textos e na atribuição de autoria de Fernão Cardim, de José de Anchieta, de Nóbrega e de Frei Vicente do Salvador, todos entre 1881 e 1887[16].

A atribuição a Cardim da autoria do *Clima do Brasil e de Algumas Coisas Notáveis que se Acham assim na Terra como no Mar* (1881), a identificação de alguns escritos de Anchieta (1886), como a "Informação do Brasil e suas

---

13. Ernst Troeltsch, *Der Historismus und seine Probleme,* Tübingen, Mohr, 1922, p. 700. Já contamos, na *Teoria da História do Brasil,* São Paulo, 1957, 2.ª ed., pp. 157-181, as várias tentativas de periodização da nossa história.

14. *Gazeta Literária,* ano II, nov. 1884, pp. 377-380.

15. Já contamos a história dos *Materiais e Achegas,* dos seus planos e frutos. Cf. Explicação ao v. 73 dos *Anais da Biblioteca Nacional,* dedicado a Vale Cabral.

16. José Honório Rodrigues, *Teoria da História do Brasil,* pp. 542 e ss.

Capitanias em 1583", a publicação de textos fundamentais de Nóbrega, Anchieta e outros jesuítas (1886), a edição crítica de Frei Vicente (1886), a identificação de Andreoni e Antonil e conseqüente atribuição de autoria, descoberta realizada em 1886 na Biblioteca Nacional, a pesquisa incessante, metódica e frutífera em arquivos e bibliotecas nacionais e estrangeiras, estas com a ajuda de Rio-Branco e Lino de Assunção, as iniciativas de tradução de Barlaeus[17] e da publicação dos Documentos Holandeses coligidos por Joaquim Caetano da Silva[18] e da viagem de Karl von den Steinen ao Xingu[19], infelizmente malogradas, as traduções refundidas alemãs de Wappaeus[20] e de A. W. Sellin[21], e inglesa de Herbert Smith[22] marcaram uma fase de intensa e incomum atividade.

Nas férias passava Capistrano seis horas por dia na Biblioteca Nacional estudando, pesquisando, remexendo papéis, copiando e fazendo copiar para Rio-Branco[23]. Em troca recebia deste documentos primordiais que lhe solicitara e diligenciava a publicação de documentos como as Histórias da Fundação dos Colégios do Rio e da Bahia[24]. Enfronhara-se de tal modo na história colonial que podia apontar quais as lacunas mais graves e os meios documentais para resolvê-las. A questão mais importante da história pátria, o povoamento da zona entre o São Francisco e o Parnaíba, poderia ser resolvida com os dois manuscritos que esperava em breve receber: a "História Eclesiástica do Brasil" de Gonçalves Soares França, que estava em Lisboa, e a "Descrição da Bahia" de Bernardo Vieira Ravasco, irmão do Padre Antônio Vieira, cujo texto Lino de Assunção procurava localizar em Portugal[25].

Quando começara seus estudos de história pátria, chamara-lhe especial atenção o século XVI, dizia a Rio-Branco.

Ainda gosto muito dele, mas agora o que me seduz mais é o século XVII, principalmente depois da guerra holandesa. Vejo nele tantas ques-

17. Carta a Rio-Branco, 20 abr. 1888.
18. Cartas a Rio-Branco, 20 abr. e 13 maio 1888.
19. Carta a Rio-Branco, 25 nov. 1887.
20. J. E. Wappaeus, *A Geografia Física do Brasil.* Refundida, Rio de Janeiro, 1884.
21. A. W. Sellin, *Geografia Geral do Brasil,* Rio de Janeiro, Alves, 1889.
22. H. H. Smith, *Viagem pelo Brasil,* Rio de Janeiro, 1886.
23. Cartas a Rio-Branco, 8 fev. 1887 e 17 abr. 1890.
24. Carta a Rio-Branco, 8 maio 1878.
25. Carta a Rio-Branco, 9 abr. 1887.

tões e sobretudo tanta obscuridade. Na obra de Varnhagen, tirado o que diz respeito às guerras espanholas e holandesas, quase nada há para representar este século. Preencher estas lacunas é, portanto, meu interesse principal. Para o Estado do Maranhão, o problema não é difícil: mas para o resto, sem crônicas e apenas com documentos oficiais, parece-me tarefa árdua[26].

Capistrano trouxe aos estudos sobre o povoamento e os caminhos antigos uma contribuição inestimável. Pode-se dizer que ele renovou com estes esclarecimentos não só a fisionomia mas a própria substância dos estudos históricos brasileiros. E durante toda a vida permaneceu fiel ao problema e à sua completa decifração. Muitos anos mais tarde, em 14 de setembro de 1916, ele repetirá a João Lúcio de Azevedo que

> não há questão mais importante que a ruptura da grande curva do São Francisco, a passagem dos Cariris e da Borborema, a entrada no Parnaíba, o caminho terrestre do Maranhão à Bahia. Creio que cairia em delíquio se lesse o roteiro de João Velho do Vale, feito por ordem de Gomes Freire. O ideal da história do Brasil seria uma em que o lugar ocupado pelas guerras flamengas e castelhanas passasse aos sucessos estranhos a tais sucessos. Talvez nossos netos consigam ver isto[27].

Uma intranqüila curiosidade por certos trechos considerados fundamentais à solução dos problemas e lacunas que ele mesmo propusera e encontrara agitava continuamente seu espírito. Não era só o delíquio a conseqüência do encontro feliz de certos momentos, mas também o prazer mais calmo e sossegado. "O Regimento de Manuel Lobo é um dos documentos que maior prazer me tem causado no estudo da nossa história, porque mostrou-me que o Regente estava de boa fé, coisa de que eu duvidava"[28].

Como um verdadeiro historiador, Capistrano era sensível ao espírito do fato. A história não é somente uma questão de fato; ela exige imaginação que penetre o motivo da ação, que sinta a emoção já sentida, que viva o orgulho ou a humilhação já provadas. Ser desapaixonado é perder alguma verdade vital do fato; é impedir-se de reviver a emoção e o pensamento dos que lutaram, trabalharam e pensaram. Não era a conquista da Colônia do

26. Carta a Rio-Branco, 9 abr. 1887.
27. Carta a João Lúcio de Azevedo, 14 set. 1916.
28. Carta a Rio-Branco, 20 abr. 1888.

Sacramento só que o interessava; não era só a coisa, era o espírito da coisa.

Convencido de que a tarefa do historiador não se limita à pesquisa, dirá a João Lúcio: "Não me preocupa o preconceito do inédito"[29]. Por isso não pesquisa os documentos pelos documentos, mas aqueles que podem fazê-lo compreender os motivos dos fatos. As pesquisas em Lisboa, com Lino de Assunção, e na Europa em geral com Rio-Branco, especialmente em Roma, na Propaganda Fide, que desde 1890 a 1920 ele tentou sem êxito[30], eram planejadas e tinham fins definidos e claros.

Em 1886 volta ao problema da periodização da história do Brasil, sobre o qual escrevera em 1882, acrescentando novos elementos psicológicos que melhor ajudavam a caracterizá-la[31]. O sentimento de que a terra era melancólica, o desdém pelos naturais e pela própria terra individualizam o primeiro período chamado tão agradavelmente de transoceânico, conceito novo que breve será utilizado por outros historiadores. Na fase de 1700 a 1750 rebenta uma verdadeira revolução psicológica. "Basta lembrar as pequenas rusgas que havia com os reinóis, a proibição de serem vereadores aqui no Rio, as guerras contra os Emboabas em Minas, as guerras dos Mascates em Pernambuco, para medir a diferença que havia deste para o período transoceânico, para sentir que os desdenhados não eram mais os mazombos e caboclos"[32]. Agora, ao lado dos fundamentos geográficos, econômicos ou históricos, havia a caracterizá-los os fins e motivos psicológicos, revelações que mostram sua penetrante capacidade teórica. E cada um destes períodos, especialmente os coloniais, ele esperava estudar em outra ocasião: "o de 1500 a 1614 na Introdução à *História do Brasil* de Frei Vicente do Salvador, que termina em 1627, o de 1615 a 1700 a propósito da missão de Frei Martin de Nantes, ou da obra inédita de Andreoni, se está em Nápoles como suponho e obtiver cópia, como espero; o das Minas a propósito da informação de Pedro Taques"[33].

Era uma atividade constante e decisiva, servida por um conhecimento incomum, por uma vocação extraordinária, por uma penetração atilada. Em 1889, a parte geográfica de Wappaeus, que ele traduzira e refundira, é aproveitada

---

29. Carta a J. L. de Azevedo, 18 mar. 1918.
30. Carta a Rio-Branco, 17 abr. 1890 e a J. L. de Azevedo, 16 mar. 1920.
31. José Honório Rodrigues, *Teoria da História do Brasil*, p. 168.
32. *Informações e Fragmentos Históricos do Padre Joseph de Anchieta*, Rio de Janeiro, Imprensa Nacional, 1886, p. XIII.
33. *Informações e Fragmentos*, p. XIII

e resumida por Santa-Anna Nery, na edição de *Le Brésil en 1889*[34], cuja parte histórica escrita pelo Barão do Rio-Branco lhe merece tanto aplauso, que pretende traduzi-la para o português. Não termina a carta de 5 de janeiro de 1890 ao Barão "sem lhe dar os parabéns pela sua História do Brasil. É esplêndida, e quanto aprendi nela. Veio-me a idéia de traduzi-la, acrescentando-lhe alguns capítulos e notas. Como lhe comuniquei, já estou traduzindo o artigo do Brasil para o Garnier e parte já está impressa". E se não o fez ou não terminou, traduz Paulo Ehrenreich, cujos trabalhos eram, então, fundamentais para o conhecimento da etnologia brasileira[35].

A *História do Brasil* de Frei Vicente Salvador, aportada pela primeira vez por João Francisco Lisboa, e cuja cópia incompleta aparecida durante a Exposição de História do Brasil servira para despertar o interesse e estimular a procura por um novo texto, conseguido graças aos esforços de Lino de Assunção, foi primeiro publicada por Capistrano não integralmente no *Diário Oficial,* nos *Materiais e Achegas*[36], e integralmente em 1888, nos *Anais* da Biblioteca Nacional. A promessa de 1886 de estudar o período de nossa história de 1580 a 1627 era agora realizada. A edição que do mesmo livro nos deu Capistrano de Abreu em 1918 ficou como o mais alto modelo de edição crítica, dificilmente superável.

A perda da esposa, em 1º de janeiro de 1891, representa uma verdadeira crise. Daí em diante mais desajeitado será seu feitio, mais desordenada sua vida, com os filhos em casa da sogra, a quem tanto admirava, e a amargura a crescer, mesmo quando disfarçada pelo humor e maledicência, ou derivada para o estudo infatigável. Mais tarde dois outros golpes o atingiram profundamente: a entrada da filha Honorina para o Convento e a morte do filho Fernando, apelidado Abril, que lhe dariam um sentimento de verdadeira esfoladura.

Por isso, os anos de 1892 a 1895 são magros, pois limitam-se a um trabalho até hoje inédito, de Instruções para Imigrantes[37], feito de encomenda, a um prefácio ao livro

34. *Le Brésil en 1889,* Paris, 1889.
35. *Divisão e Distribuição das Tribos no Brasil, Segundo o Estado Atual dos Nossos Conhecimentos,* Rio de Janeiro, *Jornal do Comércio,* 1891, e *Revista da Sociedade de Geografia do Rio de Janeiro,* 1892, t. 8.
36. J. A. Pinto do Carmo, *Bibliografia de Capistrano de Abreu,* Rio de Janeiro, Instituto Nacional do Livro, 1948, pp. 89 e 96.
37. Estado do Rio de Janeiro. Instruções para Imigrantes. Rio de Janeiro, 1892. Original na Biblioteca Nacional.

de Joffily sobre a Paraíba[38], a dois artigos[39] e a três traduções[40]. A faina decresce, em plena pujança dos 38 anos, com a morte da mulher, a separação dos filhos, o lar quase desfeito. A verdadeira recuperação será lenta e custosa. De 1896 a 1900 limitava-se a estudos de jornais[41], lê muito, estuda um pouco[42], solicita a Ramos Paz cópias de documentos em Portugal[43] e volta a trabalhar cinco horas por dia na Biblioteca Nacional[44], já que aos 8 de abril de 1899 fora posto em disponibilidade, o que o dispensava "de alunos ignorantes e desatentos"[45].

Em 1897, convidado por Teixeira de Melo para examinar o livro de Loreto Couto, enviado por Lino de Assunção, de Lisboa, escrevia a este último:

> Fui e não me arrependo. Passando os olhos pelo índice encontrei logo alguma coisa sobre a capitania de Piancó, assunto que mais que qualquer outro me tem preocupado, porque é a chave da porta da história do Norte. Nada encontrara até hoje que me servisse, e por isso foi com impaciência que volvi as laudas, a ver se já vinha alguma coisa. O pouco que vi foi um raio de luz. O traçado geográfico já o imaginava eu e vi-o confirmado: mas na parte histórica encontrei novidades por um lado e a confirmação de certas tradições paraibanas, muito confusas por outro, que vão agora tomar forma definida.

Pela data em que foi escrito, pouco dirá sobre as guerras holandesas, o que é uma felicidade, porque aquela já deu o que poderia dar. Em compensação o autor falar-nos-á, do fim do século XVII, de todo o período que antecedeu aos Mascates, que em nossos anos é tão conhecido como o interior da África há cem anos; acabará com o exclusivismo da Colônia do Sacramento, a que em suma se tem circunscrito a história pátria[46]. A recuperação estava em processo. Capistrano estudava, sugeria e criticava. Voltava o homem ao seu caminho e caminhando dirigia seus passos.

---

38. *Notas sobre a Paraíba,* Rio de Janeiro, 1892.
39. "Os Bacaeris", *Revista Brasileira,* Ano 1, t. 3 e 4, 1895, reproduzido *in Ensaios e Estudos,* 3ª série, Rio de Janeiro, 1938; reproduzido *in Ensaios e Estudos,* 3ª série, *op. cit.*
40. Sophus Ruge, *Colombo e o Quatro Centenário do Descobrimento de um Mundo Novo,* Rio de Janeiro, 1892; Emilio A. Goeldi, "Os Mamíferos do Brasil", 1ª parte, Rio, 1893; *idem,* "As Aves do Brasil", *Jornal do Comércio,* 1 e 12 out. 1983.
41. Cf. J. A. Pinto do Carmo, op. cit., pp. 49-50.
42. Carta a Mario de Alencar, 3 jan. 1896.
43. Cartas a Ramos Paz, 16 nov. 1897, 17 fev. 1900 e 23 maio 1901.
44. Carta a Domingos Jaguaribe, 27 jun. 1899.
45. Carta a Domício da Gama, sem data. E sobre o mesmo assunto a Domingos Jaguaribe, sem dia e mês, 1899.
46. Carta a Lino de Assunção, 12 abr. 1897.

Em 1900, passada de todo a crise moral e espiritual que lhe perturbara a criação, Capistrano pensa em organizar de novo uma coleção de documentos sobre a história do Brasil, que há anos começara com Vale Cabral, escreve algumas de suas melhores contribuições e promove a edição crítica de textos históricos primordiais. Pedindo o auxílio de Studart para a coleção planejada, estabelecia as regras fundamentais para a edição crítica de textos:

> Vou-lhe dizer o modo por que me parece que a empresa se poderia realizar. Há documentos que não pedem mais que o transunto, por exemplo, nomeação. Há outros que devem publicar-se integralmente, por exemplo, todas as cartas mandadas para o reino, por mais insignificantes que sejam. Os documentos desta ordem V. até hoje tem publicado com a falta de ortografia e pontuação no original, deixando a cada um interpretá-los, como entender. O sistema que eu e Cabral introduzimos é diferente por muitos motivos: primeiramente nosso trabalho, embora feito com o maior rigor a que pudemos atingir é de vulgarização; em segundo lugar ater-se à ortografia é conjurar contra si todos os compositores e revisores; em terceiro lugar o editor preocupado com a grafia não tem tempo de atender a questões mais sérias; em quarto lugar é preciso que quem edita qualquer papel assuma a responsabilidade da interpretação[47].

Sustentava Capistrano, nestes princípios, uma das mais importantes teses da edição crítica, muitos anos antes da fotocópia ter eliminado definitivamente a edição diplomática: a interpretação é o elemento fundamental deste gênero de edição. Uma das maiores autoridades modernas da crítica de textos, o Professor Alberto Chiari, confirma o método de Capistrano. "A edição crítica não é mecânica, mas metódica; é a interpretação e a reconstrução de um texto, segundo aquela vontade que parece a mais provável do autor". "Edizione vuol dire interpretazione"[48], afirma, como Capistrano.

Retoma os trabalhos originais com "O Descobrimento do Brasil pelos Portugueses"[49] e "O Descobrimento do Brasil. O Povoamento do Solo. Evolução Social"[50], promove a edição de textos, como o de Simão Pereira de Sá sobre a Colônia do Sacramento[51], onde expressa idéias so-

---

47. Carta a Guilherme Studart, 5 fev. 1900.
48. Alberto Chiari, "La edizione crítica", *in Tecnica e Teoria Letteraria,* Milano, 1940, pp. 104 e 109.
49. *Jornal do Comércio,* 3 maio 1900; reimpresso ampliadamente por Laemmert, 1900, e no *Descobrimento do Brasil,* Rio de Janeiro, Sociedade Capistrano de Abreu, 1929.
50. *Livro do Centenário,* Rio de Janeiro, 1900, v. 1, pp. 2-25, reproduzido no *Descobrimento do Brasil, op. cit.*
51. *História Topográfica e Bélica da Nova Colônia do Sacramento do Rio da Prata,* 1900.

bre o Sul, que ele tão mal conhecia, como confessava em carta a Rio-Branco[52], idéias que terão de ser reformadas com o tempo, e reedita alguns capítulos de um livro extraordinário, que quem não quiser ficar alheio às coisas do Brasil deverá ler, os *Diálogos das Grandezas do Brasil*[53]. Para animar a edição escreve no *Jornal do Comércio* dois artigos que até hoje são o que melhor se disse sobre aquela obra[54]. Não era uma improvisação; estava impregnado do livro. A 17 de agosto de 1901, escrevendo a Mário de Alencar, dizia-lhe:

Hoje vou ler pela vez *n* o Diálogo das Grandezas do Brasil, para sobre ele fazer a segunda e última parte da introdução. Já na Gávea estava acabado, e creio que não seria difícil achar entre os papéis para aqui trazidos o artigo completo ou quase. Prefiro, porém, começar de novo, mesmo porque quero encarar o assunto sob novo ponto de vista. Hoje, meu principal objeto será aplicar o método de Taine, descobrir a *sensação original* do autor. Em outro tempo sabia descobrir isto, como Tristãozinho poderia testemunhá-lo; não sei se já terei esquecido[55].

Termina em setembro, confessando ao amigo que "trabalho deu-me não pouco, mas ainda não está a meu gosto". "Mas também não estou mais para esperar: vai assim mesmo para o jornal"[56].

A história do Brasil ganhara-o de novo com aquela mesma firmeza, aquela devoção, aquele apaixonado sentimento de recriação. "Limitei as horas de história geral e economia política, e estou todo na História do Brasil"[57]. Andava realmente estudando história, economia e psicologia.

Tenho estado lendo coisas diversas, um livro de Wundt sobre psicologia, necessário para se entender sua grande obra sobre a psicologia dos povos, de que já tenho dois volumes; um livro de Breysig sobre a história da civilização dos tempos modernos, em que espero aprender alguma coisa aplicável à História do Brasil, uma História Universal de Helmott, que começa pelas Américas e vai seguindo a ordem geográfica até no quarto volume chegar à Europa, e acabar no último volume, 8º, com o Oceano Atlântico; tenho aqui só o 1º e o 7º que termina a Idade Média. Tenho lido também Carlyle[58].

52. Carta ao Barão do Rio-Branco, 9 abr. 1887.
53. 1ª ed. em livro, Rio de Janeiro, 1930.
54. *Jornal do Comércio,* 24 nov. e 24 dez. 1901; reprod. na *Rev. do Inst. Arq. e Geog. Pern.,* 63, 1903, e nos *Ensaios e Estudos,* 1ª série, Rio de Janeiro, Sociedade Capistrano de Abreu, 1931.
55. Carta a Mário de Alencar, 17 ago. 1901.
56. Carta a Mário de Alencar, 9 set. 1901.
57. Carta a Mário de Alencar, 28 ago. 1901.
58. Carta a Mário de Alencar, 11 ago. 1901.

Estou lendo economia política de Schmoller, que é um livro monumental. Quando me lembro que por certas críticas fideindignas, como hoje reconheço, passei tantos anos sem fazer conhecimento com um espírito superior e iluminado, com cuja privança podia ter adiantado anos, fico triste[59].

Ele não abandonará completamente esta disciplina, nem Schmoller, que lhe deu idéias e sugestões para a compreensão da economia colonial. Em 1903 dirá a Studart:

Estou metido em economia política até os olhos, e agora encontrei o livro de um professor da Politécnica de Zurich, que junto ao Bücher, hoje traduzido em francês e que muito lhe recomendo, me tem ajudado bastante[60].

Capistrano era um autodidata, mas quem, lendo sua obra, sentirá esta formação? Que contemporâneo jamais percebeu isto? A supresa estava em saber que ele não tivera uma direção superior, que ele mesmo dirigira seu caminho, tão bem que ninguém se apercebia. Ele, sim, podia lamentar-se e esperar que ao filho não acontecesse o mesmo: "Fraco consolo é saber que se Abril (Fernando) tiver gosto por estudos congêneres não será condenado à aprendizagem de cabra-cega, de que não me foi dado escapar"[61].

Era do homem o seu caminho, e ele o soubera achar, dificilmente ou não, lendo autores que na sua maioria são ainda hoje reputados e lidos, e que lhe serviram para, sob nova luz, interpretar a história do Brasil.

Desde 1900 Capistrano começou a trabalhar na nova edição (3.ª) da *História Geral do Brasil* de Varnhagen, que só em 1907 estará com o 1º volume impresso[62]. Aos 5 de fevereiro de 1900 comunicava a Studart: "A Livraria Laemmert me encarregou de publicar uma nova edição de Varnhagen. Já comecei a impressão e espero dar o primeiro volume até maio: ao todo hão de ser três"[63]. Daí em diante, sem cessar, pede cópias e documentos a Studart, a Ramos Paz e Lino de Assunção, em Portugal, sempre alerta e às vezes numa tal impaciência que chega a dizer: "Se fosse rico, teria ido telegrama"[64]. Estava sempre esperando concluir as anotações em um determinado prazo

---

59. Carta a Mário de Alencar, 17 ago. 1901.
60. Carta a Guilherme Studart, 20 nov. 1903.
61. Carta a Mário de Alencar, 17 ago. 1901.
62. Rio de Janeiro e São Paulo, 1907, 3.ª ed., 1º v.
63. Carta ao Barão do Rio-Branco, 5 fev. 1900.
64. Carta a Ramos Paz, 1905, sem dia e mês.

e sempre surgiam outras dúvidas e a edição continuava em
preparo. Em outubro de 1903, pensando terminar até o fim
do ano, dizia a Studart:

> Tem-me dado um trabalhão: ele (Varnhagen) é muito mais descuidado e inexato do que pensava a princípio: basta ver a cambulhada que fez de Francisco Caldeira e Alexandre de Moura. Toda a expedição do Maranhão precisa ser escrita de novo; eu tinha pensado em lhe pedir uns documentos inéditos que V. possuía sobre ela, mas agora é tarde[65].

A edição anotada de Varnhagen servia assim para promover pesquisas, descobrir documentos e muitos deles eram editados em revistas históricas e nos *Anais* da Biblioteca Nacional. Se Capistrano tivesse podido realizar pessoalmente estas pesquisas ou ter à sua disposição verbas e pessoal, como não teria lucrado e crescido o nosso conhecimento da história pátria! É inimaginável. De 1900 a 1907 preparara-se diariamente e sabia como ninguém nossa história e como ninguém conhecia suas lacunas e deficiências. Estava inteiramente atualizado quanto ao conhecimento e aos problemas da história do Brasil.

Só no fim de 1906, com data de 1907, é editado o 1º volume da *História Geral*, logo saudada, em 6 de janeiro, por José Carlos Rodrigues, como uma contribuição notável à historiografia brasileira. "Cremos não errar garantindo que o trabalho do editor não foi menor que o do autor." E ajuizava com razão que "podendo ele mesmo prendar-nos com uma história, modelada em formas novas, se ele quisesse vencer a tal ou qual repugnância que tem por escrever, o Sr. Capistrano de Abreu preferiu dar-nos esta 3.ª edição do Mestre, reproduzindo-lhe fielmente o texto e as notas"[66].

Infelizmente, o incêndio ocorrido a 21 de setembro de 1907[67] impediu que a obra prosseguisse. Só a parte impressa se salvara e nunca mais Capistrano voltaria ao trabalho[68]. Suas notas seriam dadas a Rodolfo Garcia e por ele aproveitadas na 3.ª edição integral.

Preparado assim, como raros, Capistrano de Abreu publicava, em 1907, *Os Capítulos de História Colonial,* a mais

---

65. Carta a G. Studart, 28 out. 1903.
66. José Carlos Rodrigues, "Varnhagen", *Jornal do Comércio,* 6 jan. 1907.
67. Cf. *Almanaque Laemmert,* 1908.
68. Em carta a Studart, 19 set. 1909, ele se reporta ao seu "malfadado Varnhagen".

objetiva, a mais fluente obra básica sobre a história dos trezentos anos de domínio português no Brasil. Creio que *Os Capítulos, o Descobrimento do Brasil e seu Desenvolvimento no Século XVI* (1883), e os *Caminhos Antigos e o Povoamento do Brasil* representam as três principais obras do grande mestre. Se a última não é uma composição sistemática e a segunda é uma tese de concurso, a verdade é que em todas domina o mesmo espírito moderno, que faria de Capistrano de Abreu o grande renovador da interpretação de nossa história. Em sua tese de concurso aparecem algumas das proposições básicas que defenderá ao correr de sua vida de estudioso, tais como o contraste entre o sertão e o litoral, e a excessiva significação que se deu a este em relação àquele, e conseqüentemente o ideal de uma história sertaneja, que Euclides da Cunha captou na hora mesma em que nascia uma de suas mais vigorosas rebeldias; a importância do povoamento e da mestiçagem étnica e cultural; os três tipos de povoadores, que coexistiram, o que não reagia e se submetia, o voluntarioso e indomável, e o medíocre ou conciliador, que viveu bem com uns e outros, europeus e indígenas. Segundo Capistrano, os jesuítas empregaram seus esforços para que sobrevivesse o segundo tipo. Aquele "que se impunha, dominava, tornava-se verdadeiro régulo, como aquele bacharel de Cananéia". Tirar o medo aos cristãos, senhorear o gentio pela guerra, amedrontá-lo com grandes ameaças, esta foi a conduta do bacharel, coadjuvada pelos jesuítas e adotada especialmente por Mem de Sá.

Este foi, em síntese, o caminho da sujeição oficial e colonial no primeiro século. Foi o terceiro tipo que sobreviveu, e das suas indulgências nasceu não só o espírito conciliador, que bens e males nos tem causado, como as dissoluções culturais que marcam e distinguem o povo e a cultura mestiça que hoje representamos. As raivas diabólicas são as responsáveis pelas variadas discriminações que duraram todo o período colonial e foi o povo mestiço "que conseguia viver bem com o natural da terra e com o europeu", o responsável pela destruição da política oficial discriminatória.

Nem o próprio Capistrano de Abreu tirou da sua tese sobre os três tipos iniciais de povoadores as conseqüências e as generalizações indispensáveis ao conhecimento da formação do nosso povo. Não é preciso fazer como um conhecido intérprete marxista que gasta páginas de citações de Marx para tentar, sem sucesso, nos dizer o que é o povo brasileiro. O *Desecobrimento do Brasil e seu Desenvolvi-*

mento no século XVI, *Os Capítulos de História Colonial* e os *Caminhos Antigos e o Povoamento do Brasil* marcam um momento crítico de nossa historiografia, uma revolução modernista que não se completou. A obra de Euclides da Cunha — não os excessos científicos gastos pelo tempo e pela própria evolução científica, mas a simples e nua luta — já assinalara, em 1902, uma outra etapa do mesmo momento, em que o ideal da nossa historiografia era ver nossa História à luz de sua própria substância, a evolução do seu povo, sua solidariedade interna, a marcha do seu progresso, os obstáculos que desde a colônia se puseram às suas conquistas e seus triunfos e o muito que ainda resta fazer.

Em nenhuma estante brasileira, do professor, do estudante, do estudioso, dos responsáveis pelos negócios públicos, dos patriotas, devem faltar estas obras de Capistrano de Abreu, o mais caboclo dos nossos historiadores. Não houve doutrina, ideologia, alemã, francesa, inglesa, americana, oriental ou judaica, fosse o que fosse, servisse ou não como instrumento de pesquisa e orientação, que o desviasse da visão nacional, que tirasse seus pés dos chãos desta terra, desvirasse sua cabeça das inspirações dos nossos maiores ou arrancasse seu coração dos sentimentos da nossa gente.

## 5. RAIMUNDO JOSÉ DA CUNHA MATOS, UM HISTORIADOR LUSO-BRASILEIRO*

*1. A Vida*

Raimundo José da Cunha Matos nasceu no Faro a 2 de novembro de 1776. Aos 14 anos de idade sentou praça na Companhia de Artífices do Regimento de Artilharia, participando das campanhas contra a França Revolucionária na Península Ibérica. De volta a Portugal, embarcou em 1797 como furriel de artilharia para as Ilhas de S. Tomé e Príncipe, onde, com a graduação de Capitão, teve o comando da fortaleza de São Sebastião

* Publicado como introdução ao *Compêndio Histórico das Possessões de Portugal na África,* Arquivo Nacional, Rio de Janeiro, 1963.

da Barra de S. Tomé. Em 1806 era ajudante-de-ordens do Governo da ilha e em 1811 foi nomeado provedor da fazenda e feitor da alfândega de S. Tomé. Em 1814 visitou o Rio de Janeiro, voltando à Ilha de S. Tomé em 1816, como Tenente-coronel e Governador interino. Em 1817 participou da ação militar contra a Revolução pernambucana, como Tenente-coronel e inspetor de trens daquela capitania, acompanhando o novo Governador Luís do Rego Barreto. Em 9 de maio de 1817 manifestou-se sobre o estado miserável dos armazéns militares da Bahia e a triste figura das tropas de linha[1]. Abafada a Revolução, coube-lhe organizar a primeira brigada miliciana, a missão do recrutamento e instruções das tropas e logo foi nomeado comandante-geral de artilharia da província. Daí em diante sua missão é no Brasil, e para a África, onde passara 19 anos, não mais voltaria.

Regressando à Corte, foi nomeado Vice-Inspetor do Arsenal de Guerra do Exército em 1819 e em fevereiro de 1823 recebeu a incumbência de comandar as armas em Goiás. Era então Coronel adido do Estado-Maior do Exército. Sua atividade e seus sucessos naquela província estão narrados na sua própria correspondência divulgada por Americano Brasil[2]. O *Itinerário do Rio de Janeiro ao Pará e Maranhão pelas Províncias de Minas Gerais e Goiás, seguido de uma descrição corográfica de Goiás e dos roteiros desta Província às de Mato Grosso e São Paulo*[3], dedicada a Diogo Antônio Feijó, foi considerada por Rodolfo Garcia "um dos mais reputados documentos geográficos da época"[4]. O Coronel Cunha Matos partira do Rio de Janeiro a 8 de abril de 1823, transitando até 23 pela Província do Rio de Janeiro; de 24 de abril a 27 de maio por Minas Gerais e de 28 de maio a 15 de junho pela de Goiás. De 1º de agosto a outubro viajou pela província, voltando a inspecioná-la de maio de 1824 a fevereiro de 1825. O *Itinerário* representa um avanço no conhecimento da região e dos caminhos em relação aos roteiros anteriores de outros via-

---

1. Vide carta de 9 de maio de 1817 in Melo Moraes, *História do Brasil-Reino e do Brasil-Império*, Rio de Janeiro, 1871, t. 1, p. 181.
2. "Cunha Matos em Goiás — 1823-1826", *Rev. do Inst. Hist. Geogr. Bras.*, t. 96, v. 150, 1927, 177-251.
3. Rio de Janeiro, Tip. Imperial e Constitucional de J. Villeuneuve & Cia., 1836.
4. "Explorações Científicas", *Dicionário Histórico, Geográfico e Etnográfico do Brasil*, Rio de Janeiro, 1923, p. 881.

jantes, como Silva Belford, João Caetano da Silva, Antônio Joaquim da Anta Galvão e Luís Gonzaga Fleuri, os quais resumidos juntou.

Eleito Deputado à Assembléia Geral Legislativa regressou ao Rio de Janeiro em 23 de abril, para logo no mês seguinte voltar para preparar a defesa da Província ameaçada de invasão pelo ditador do Paraguai. Atingiu Goiás em 19 de julho e em março de 1826 voltou ao Rio de Janeiro onde chegou em fins de abril. Desde 1824 fora promovido a Brigadeiro e, embora Deputado, não só foi a Goiás preparar a defesa de Cuiabá, como, em 1826, participou da campanha militar da Cisplatina, sob o comando do Tenente-general Marquês de Barbacena, a quem conhecera em 1797 como Major ajudante-de-ordens do Governador de Angola, D. Miguel Antônio de Melo. Dele divergiu e retirou-se para o Rio de Janeiro, fazendo-lhe na Câmara dos Deputados cerrada crítica militar.

Cunha Matos teve grande atuação na Assembléia. Sua extensa leitura, sua experiência, desembaraço e versatilidade permitiram-lhe debater as mais variadas matérias constitucionais, administrativas, eclesiásticas e militares. Na sessão de 16 de junho de 1828, ao se discutir a resolução que reduzia a 15% os direitos de importação para todas as Nações, e não só para os ingleses, revelou que não havendo em Hamburgo, Lubeque e Bremen tonelagem suficiente, os gêneros da Alemanha, Polônia e outras Nações eram transportados por navios ingleses, gozando dos benefícios da tarifa especial de 15%, e mostrou, assim, como os nossos Ministro não atendiam aos interesses do Brasil[5]. Em 16 de julho de 1828, ao se discutir a suspensão do castigo de chibatadas nos soldados do Exército por motivo de deserção, Cunha Matos declarou que só pessoas bárbaras podiam acomodar-se à idéia de chibatadas em soldados.

É verdade que os alemães são levados a pau e que os soldados ingleses são assim castigados, porém estas idéias são opostas aos sentimentos de outras Nações. Acentuou que as chibatadas haviam sido introduzidas em Portugal por imitação inglesa, mas que devíamos "olhar para os soldados como cidadãos livres; chibatadas são só próprias para vis escravos e fazem perder o brio, perder a honra e até a virtude"[6].

5. *Anais do Parlamento Brasileiro. Câmara dos Deputados,* Sessão de 1828, Rio de Janeiro, 1816, t. 1, p. 131.
6. *Anais,* cit., Sessão de 1828, Rio de Janeiro, 1877, t. 3, pp. 21-22.

Foi por influência de idéias como estas de oficiais superiores do Exército que cedo este se livrou deste opróbrio.

Português de nascimento, com dezenove anos de África, a integração de Cunha Matos ao Brasil é perfeita e evoluiu dia a dia numa exaltada afirmação nacionalista, embora tivesse no primeiro momento hesitado, como atestam suas *Cartas* publicadas em 1822. É certo que a Independência foi em parte feita pelos colonos portugueses prejudicados nos seus interesses pela Metrópole. E com eles sobreviveu a arcaica estrutura econômica que dificultou nosso desenvolvimento. Por isso no Brasil não houve ruptura com o passado, e a minoria dominante preservou intata ou quase intata a obsoleta estrutura colonial, absorvendo gente como Cunha Matos, disposta a romper com a Metrópole, sem romper as fronteiras dos privilegiados do *status quo*.

A exaltação de Cunha Matos afina com o nacionalismo superestrutural dos primeiros momentos até a Abdicação em 1831, quando, nacionalizados o Trono e o Exército, freia-se o radicalismo nativo. Um exemplo é sua atitude em 1828 (11 de agosto) quando, na Câmara, se examinava o ato do Executivo que mandara reintegrar em seus postos os oficiais europeus deles expulsos. Ele não hesita:

Sr. Presidente, eu desejava que todos os oficiais que se opuseram à sagrada causa da nossa Independência fossem processados e a serem convencidos fossem fuzilados; este é o meu desejo, Sr. Presidente, não há coisa mais absurda do que a reintegração de semelhantes oficiais aos postos que largaram. Essa provisão é o cúmulo dos absurdos! Como é possível que nas fileiras do Exército, naquele lugar onde só devem existir homens honrados, se encontrem oficiais traidores à sua Pátria[7].

Cunha Matos punha sempre à prova seu nacionalismo. Quando Lino Coutinho, na sessão de 14 de maio de 1829, requereu informações ao Ministério dos Negócios Estrangeiros sobre a vinda de militares portugueses residentes na Inglaterra, sobre os quais recaía a suspeita de que para aqui vinham sustentar a restituição do trono a D. Pedro I, não hesitou, nem transigiu: "Eu julgo necessária a reunião das Comissões com a da Guerra, o negócio é de suma importância, a entrada desses homens pode comprometer a paz do Império, e eu estou pronto já aqui a dar o meu parecer em 3 minutos"[8].

7. *Anais,* cit., Sessão de 1828, Rio de Janeiro, 1877, t. 3, p. 64.
8. *Anais,* cit., Sessão de 1829, Rio de Janeiro, 1877, t. 1, p. 72.

O Ministério dos Negócios Estrangeiros concedera a emigrados portugueses licença para desembarcarem no Rio de Janeiro. Alguns deles tinham em seu País funções e graduações militares, embora não viessem armados, e não podiam, assim, ser qualificados como forças estrangeiras. O parecer das Comissões reunidas de Constituição, Diplomacia e Guerra, assinado aos 18 de maio de 1829, entre outros por Raimundo José da Cunha Matos, considerando a ocorrência de circunstâncias anteriores à licença, exigiu, para emitir seu parecer, que o Governo informasse se havia alguma correspondência oficial a respeito das tropas portuguesas que se refugiaram em França ou Inglaterra por motivos políticos e qual o destino que o Governo "tem dado ou pretende dar aos militares portugueses que chegaram ou têm de chegar a esta Corte ou outro porto do Brasil"[9]. Afinal, em face das informações oficiais que o Marquês de Aracati, Ministro dos Negócios Estrangeiros, prestou à Câmara dos Deputados, aos 25 de maio de 1829, conclui-se que não havia nenhuma ameaça de repentina chegada de militares portugueses refugiados na Inglaterra e que tinham tido a intenção de se dirigir ao Brasil[10].

Sempre muito versátil, Cunha Matos se destacava sobretudo no exame de matéria militar ou que exigisse conhecimentos geográficos. Quando se discutiu, em 28 de julho de 1839, o projeto que fixava as forças da terra, seu discurso foi o mais importante, pelo conhecimento e experiência das necessidades brasileiras em corpos de infantaria, cavalaria e artilharia e na fortificação das fronteiras e do litoral. Reafirmou então suas convicções sobre o espírito democrático do nosso soldado:

> Disse-se que o soldado era perigoso, mas, Sr. Presidente, o soldado constitucional não o é, é sim um defensor da lei e de seus concidadãos; e se eles têm praticado alguma coisa que seja oposta aos interesses dos povos, não os criminemos, porque os soldados vão para onde os levam os seus chefes, e raras vezes fazem o contrário; se o chefe é virtuoso, o soldado também o é[11].

Como membro da Comissão de Guerra da Câmara dos Deputados, foi um dos responsáveis pela organização militar do Brasil nos primeiros anos de sua existên-

---

9. *Anais,* cit., Sessão de 1829, Rio de Janeiro, 1877, t. 1, p. 96.
10. *Anais,* cit., Sessão de 27 maio 1829, t. 1, p. 157.
11. *Anais,* cit., Sessão de 1830, Rio de Janeiro, 1878, t. 2, pp. 247-248.

cia. Ainda em 28 de julho de 1839 declarou que no dia 24 daquele mês completara 40 anos de serviços, e talvez 48 anos de estudos militares[12]. Mas não era só sobre esses assuntos que opinava. Muito legalista em matéria eclesiástica[13], insurgia-se também contra os foros indevidamente pagos pelos habitantes do Rio de Janeiro: "Eu hei de defender a causa do povo do Rio de Janeiro com todas as minhas forças contra tão injusta e iníqua prepotência"[14]. Em 1830, ao propor Holanda Cavalcante a tradução da obra de Gordon, *Digesto das Leis dos Estados Unidos*[15], Cunha Matos revelava seu interesse cultural, e manifestava seu apoio à tradução e impressão pelo Governo.

Se esta obra estivesse na língua francesa, diria que não tínhamos necessidade de traduzirmos; porém a língua inglesa não está generalizada no Brasil, nem todas as pessoas a sabem; e sabem quase todos os homens de instrução o francês, que é uma língua quase geral em todo o Império[16], mas o inglês não é assim, por conseqüência entendo que a resolução deve passar[17].

Muito rigoroso nos negócios públicos, mais moralista que realista, teve uma impressão sinistra da proposta do Ministro da Fazenda de suspender em 1831, por 5 anos, o pagamento dos juros e amortização da dívida externa em Londres: "Deus nos livre, Sr. Presidente, que se diga que a Nação brasileira quer fazer bancarrota e deixar de satisfazer completa e rigorosamente os seus contratos"[18]. Na sessão de 7 de junho de 1831 Cunha Matos iniciou a discussão da matéria da suspensão por 5 anos do pagamento dos juros e amortização dos empréstimos brasileiros, declarando que a proposta causara um estremecimento universal na cidade do Rio de Janeiro. "O povo, os capitalistas, os comerciantes e interessados no comércio, e finalmente aqueles, a quem importa a conservação de propriedades avultadas, ficaram todos assustados por se persuadirem que à face do mundo inteiro se ia declarar uma bancarrota." Estava alarmado diante da opinião que a Europa firmara do Brasil e temia

12. *Anais,* cit., 253.
13. *Anais,* cit., Sessão de 1828, Rio de Janeiro, 1876, t. 1, pp. 96-97 e 112.
14. *Anais,* cit., Sessão de 1829, Rio de Janeiro, 1877, t. IV, p. 162.
15. Thomas Francis Gordon (1787-1860), *A Digest of the Laws of the United States,* Philadelphia, 1827, várias edições.
16. Imagem elitista do Brasil.
17. *Anais,* Sessão de 1830, Rio de Janeiro, 1878, t. 1, pp. 367-68.
18. *Anais,* cit., Sessão de 1831, Rio de Janeiro, 1878, t. 1, p. 129.

que ela tomasse represálias. Pois o Almirante Roussin — por diferenças do ajuste de certas quantias para o pagamento das presas francesas — não entrara pela barra do Rio de Janeiro com morrões acesos e em linha de batalha?

Parece-me ver já represálias por uma parte sobre o nosso comércio, por outra a ocupação militar talvez de algum ponto do Império para a segurança dos imensos capitais que devemos à Inglaterra. A falta de pagamento de nossa dívida externa traz consigo outra conseqüência, que é ficarem os ingleses persuadidos que não estão seguros os seus capitais que existem no Brasil. Deus nos livre que se convençam desta idéia!

Esse era um ponto de honra, especialmente agora que íamos colher os frutos dos vitoriosos acontecimentos de 7 de abril. O 7 de Abril reforçava o nacionalismo e conseqüentemente permitia visão mais conseqüente dos problemas econômicos. Não havia de ser com atitudes morais que se atenderia às necessidades nacionais. O 7 de Abril ia afastar os próprios portugueses partidários da Independência do comando nacional. Deste modo o sentimento cívico de Cunha Matos só lhe inspira a decisão moral:

Venda-se essa prata que está sobre a mesa, vendam-se as nossas casacas, os nossos adornos, as nossas propriedades, fiquemos o mais reduzidos que for possível, vendam-se as baixelas e as terras públicas mas não deixemos de pagar os nossos credores. Não nos aconteça o que aconteceu à Guatemala, México, Colômbia, Peru, Chile, Bolívia, Buenos Aires etc.[19].

Jamais lhe ocorreria dizer à Câmara o que disse Evaristo da Veiga:

A Câmara atendeu à razão, à consciência e aos deveres da honra que devem só dirigir as resoluções de todos os povos e na obediência a cujos princípios nós não cedemos a povo algum, e não porque temamos forças e baionetas estrangeiras, não porque eles mesmos não têm interesse em nos fazer a guerra, antes querem tratar amigavelmente conosco. O Brasil lucra, mas eles ganham ainda mais do que nós (apoiados), bem que ganhemos também.

E concluiu aceitando a proposta do Ministro, pois "a idéia é razoável, é justa, em nada ofende à nossa honra e dignidade, é conforme aos nossos interesses, está a par das necessidades do Brasil"[20].

19. *Anais,* cit., Sessão de 1831, Rio de Janeiro, 1878, t. 1, pp. 129-130.
20. *Anais,* cit., p. 133.

Sua identificação com os grupos econômicos ligados a interesses estrangeiros dominantes na direção do País não permitia que Cunha Matos, apesar de todo o seu nacionalismo político — como bom brasileiro, dizia sempre —[21], visse que não era a honra ou a dignidade do Brasil que estava em jogo, mas sim os seus interesses nacionais. Não lhe permitia também ver que os empréstimos eram melhor negócio para eles que para o Brasil e ao contrário de Evaristo da Veiga preferia, em crise, atender primeiro aos estrangeiros que aos nacionais. Já em 1828, ao se estudar a questão da extinção do Banco do Brasil e da depreciação das suas notas, Cunha Matos fala muito em honra e dignidade, em corrupção e roubos e se identifica com a mesma, sentindo e aceitando a solução conservadora porque ela "vai aquietar os ânimos de inumeráveis capitalistas, inumeráveis negociantes e inumeráveis pessoas que se julgam arruinadas no caso de não serem reconhecidas pela Nação todas as notas que andam em circulação"[22]. Assim se Cunha Matos apresenta na sua vida aspectos de um nacionalismo político quase radical, como na questão dos Tratados com a Grã-Bretanha, especialmente no problema do tráfico, a verdade é que nas idéias econômicas era conservador.

Na exaltação nacionalista-política poucos o superam. Quando L. A. May em 19 de maio de 1828 pediu ao Ministério dos Negócios Estrangeiros explicações sobre referências ameaçadoras que encontrara na Fala Imperial do Rei de França, Cunha Matos imediatamente se insurgiu contra a admissão em nossos portos de navios de guerra estrangeiros e a falta nos Tratados de um artigo que determinasse o número de navios de guerra a serem admitidos. "Nós vemos, Sr. Presidente, com bastante desgosto, que a França conserva aqui grandes forças navais e que agora trata de as aumentar"[23].

Depois da Abdicação, Cunha Matos conteve-se, voltou pouco à tribuna, pois um nacionalismo exaltado não distinguia portugueses e portugueses. Num dos últimos discursos de significação debate o projeto sobre a reforma de todos os oficiais do Exército e da Marinha, assim

21. Vide especialmente seus escritos sobre Goiás publicados por Americano Brasil, "Cunha Matos em Goiás", *Rev. do Inst. Hist. Geogr. Bras.*, 96, pp. 214-251.
22. *Anais,* cit., Sessão de 1828, Rio de Janeiro, 1877, t. 3, p. 6.
23. *Anais,* cit., Sessão de 1828, Rio de Janeiro, 1876, t. 1, p. 106.

como a aposentadoria de todos os empregados públicos, quer civis, quer eclesiásticos, cuja conservação fosse prejudicial à causa pública. Medida antiportuguesa, ou melhor, nacionalista, ela excluía da vida pública brasileira todos os que continuavam ligados a D. Pedro I.

> Chegado aos últimos dias da minha vida, uma reforma, uma demissão, uma proscrição há de ser recebida por mim com resignação, para mais depressa ir acabar esses infelizes restos da minha existência, lamentando minha desgraça, vendo mal recompensados 41 anos de serviço, o sangue que derramei no campo de batalha, o meu patriotismo... Enfim eu me sacrifico a tudo, estou pronto para perder tudo porque este projeto assim o quer[24].

O projeto, para ele injusto e arbitrário, mereceu o apoio de Souza e Melo e de Evaristo da Veiga. O primeiro, depois de mostrar que havia "uma luta constante da opinião nacional com o Poder" e que o 7 de Abril era a vitória da vontade nacional, afirmou que não era possível fazer andar "o regime novo com as mesmas molas do regime velho". E depois de perguntar: "Como há de o Governo nacional criado e organizado de novo caminhar conservando todos os elementos do Governo velho odiado pelo Brasil?", concluía que "o projeto tem utilidade e é justo por tender a garantir 4 milhões de indivíduos dos males que podem causar 20 ou 30 pessoas"[25]. Evaristo da Veiga, depois de afirmar que os empregos haviam sido instituídos para proveito e boa organização da sociedade, não via razão para que alguém se opusesse ao projeto como ofensivo às garantias individuais, pois apenas se removiam dos empregos públicos os que foram hostis à causa da Nação, conservando-lhes todavia a subsistência, e ficando tais remoções sujeitas à aprovação da Assembléia.

> Por isso não se quer que do dia 7 de abril resultem lágrimas; não concorreram para o dia 7 de abril aqueles que o Governo reprovou para o exercício dos empregos por serem contrários à causa da Nação, quer o projeto que conservem o pão, seguindo, em tudo ou em parte, não o rigor da justiça, mas a norma de doçura que tem guiado os brasileiros. Este projeto é mais uma prova de que os brasileiros são generosos. ... Mas é possível o querer que continuemos a ser governados por nossos inimigos, que o povo brasileiro possa ou deva sofrer,

---

24. *Anais,* cit., Sessão de 1831, Rio de Janeiro, 1878, t. 1, pp. 181-182.
25. *Anais,* cit., Sessão de 1831, Rio de Janeiro, 1878, t. 1, pp. 184-186.

que os Gustavos, Belmontes[26] e outros se conservem nos tribunais, sentenciando cidadãos, cujo único crime a seus olhos seja talvez o amor do bem da Pátria que o domina? Seria demência e não generosidade o entregar um povo a sua felicidade nas mãos daqueles mesmos indivíduos que foram agentes culpados do Governo passado, que mostraram desejos de espezinhar a Nação e de se opor àquilo que toda a Nação requeria, e aos votos exprimidos não só por todos os homens sensatos, mas pela massa geral dela[27].

Para Evaristo da Veiga, como para a grande maioria da Nação, não era mais possível consentir que os "Gustavos, os Lamenhas, os Belmontes, os Pardais[28] continuassem a dar leis ao Brasil, sacrificando quem lhes parecer ao extermínio e à morte".

Cunha Matos voltou a falar na sessão seguinte, a 27 de junho, reproduzindo seus argumentos contra o projeto e afirmando que este ressuscitava lei do Marquês de Pombal[29]. Mas Vasconcelos dissipou com sua autoridade e inteligência a oposição contra o projeto, classificado de inconstitucional e arbitrário. "Nós sabemos", declarou Vasconcelos, "que no antigo Governo, na administração transata, o título para a nomeação aos empregos era algumas vezes, e não poucas, a animosidade, o ódio ao Brasil", por isso custava-lhe "muito ver em empregos eminentes homens que procuraram calcar seus compatriotas (muitos apoiados), que maquinaram contra a Constituição do Império, que quiseram reduzir os brasileiros ao cativeiro (apoiados). Não aprová-lo significava expor a causa pública à subversão total"[30]. Faltava-lhe, porém, o mesmo desembaraço, a mesma loquacidade de antes. Falou ainda nas sessões de 8 e 13 de julho de 1831 sobre pequenos assuntos e a 7 de agosto embarcou para Portugal, de onde voltou em 1833.

26. Trata-se de Gustavo Adolfo de Aguilar Pantoja (1798-1867), baiano, formado em Coimbra. Desembargador da Relação de Pernambuco, Maranhão e Rio de Janeiro, Ministro da Justiça e Negócios Estrangeiros em 1836 e do Superior Tribunal de Justiça; Gregório da Costa Lima Belmont, baiano e formado em Coimbra, Juiz e Desembargador da Relação de Pernambuco.
27. *Anais,* cit., pp. 190-193.
28. Bento José Lamenha Lins (1799-1862), pernambucano, genro de Marquês de Recife, distinguiu-se como Major na repressão à Confederação do Equador em 1824. Sendo suspeito de participar do movimento restaurador de Pernambuco em abril de 1832; João Carlos Pardal, nascido em Lisboa (1792-1857) chegou a Conselheiro de Guerra e Marechal do Exército.
29. *Idem,* p. 196.
30. *Anais,* cit., pp. 196-199.

Em 8 de julho deste mesmo ano volta à tribuna, quando ia acesa a paixão restauradora e Evaristo, Vasconcelos e outros lutavam contra a ameaça da volta de D. Pedro I. Conta seu encontro com o ex-Imperador, no Porto, e repete as palavras que este lhe dissera: "Esses que se lembram no Brasil do meu nome para fazerem outra bernarda, sempre são bem asnos? Não sabem que eu abdiquei à coroa do Brasil por minha própria vontade?"[31] Declara não acreditar nas palavras do ex-Imperador, lembrando casos em que faltara aos compromissos. Em 12 e 16 de julho[32] censura o arbítrio do Governo pela aposentadoria de nove desembargadores e pela reforma de militares. Em 17 de julho Cunha Matos relata sua viagem a Portugal, opina sobre os sucessos portugueses e a desordem no trato das coisas brasileiras pelo corpo consular. Responde em seguida, um pouco vexado, às críticas de Montezuma que o chamara de fuão a serviço da restauração.

Eu, Sr. Presidente, não sou desses fuões; sou Raimundo José da Cunha Matos, não pertenço a esse rosário de fuão daqui, fuão dali, fuão para lá, fuão para cá, fuão disse, fuão fez, fuão foi, fuão veio, fuão vai, nada disso sou; não me meto em meadas; ... estou pronto a mostrar que a existir o meu nome em algum desses papéis *restauradores*, é uma infâmia, uma injúria, uma calúnia, uma iniquidade.

Em seguida acusa alguns portugueses, como o Marquês de Palmela, José da Silva Carvalho e o "infame Joaquim Antônio de Magalhães, de inimigos do Brasil, a vingar nos brasileiros os ressentimentos de Portugal".

Reafirma ter D. Pedro I lhe declarado nada querer do Brasil, mas "não afianço que ele não queria"[33]. Fala ainda em 9 de agosto de 1833, abandonando pouco depois as atividades políticas. Em 2 de janeiro de 1834 foi nomeado comandante da Academia Militar, e em 14 de maio de 1836 vogal do Supremo Conselho Militar e de Justiça; em setembro de 1835 foi promovido a Marechal-de-Campo graduado[34]. Secretário da Socieda-

31. *Anais da Câmara dos Deputados,* Sessão de 1833, Rio de Janeiro, 1887, t. 2, p. 48.
32. *Op. cit.,* pp. 64 e 76.
33. *Anais,* cit., Sessão de 1833, 1887, t. 2, pp. 84-86.
34. Laurênio Lago, *Conselheiros de Guerra, Vogais e Ministros do Conselho Supremo Militar — Ministros do Supremo Tribunal Militar, Imprensa Militar,* Rio de Janeiro, 1944, p. 21 e *Brigadeiros e Generais de D. João VI e D. Pedro I no Brasil,* Rio de Janeiro, Imprensa Militar, 1938, pp. 140-142.

de Auxiliadora da Indústria Nacional, escreveu relatório e memórias de grande interesse sobre assuntos imigratórios e industriais[35] e foi, em 1838, com Januário da Cunha Barbosa, fundador do Instituto Histórico e Geográfico Brasileiro. De 1833 a 23 de fevereiro de 1839, data de seu falecimento, Cunha Matos dedicou-se exclusivamente aos trabalhos acadêmicos e aos seus estudos, provido ou não da tença anual de 300$000, concedida pelo decreto de 3 de junho de 1835 e aprovado pela Câmara dos Deputados na sessão de 7 de junho de 1836.

## 2. Escritos

A obra impressa e manuscrita de Cunha Matos está registrada em Inocêncio Francisco da Silva, *Dicionário Bibliográfico Português* (Lisboa, 1862) t. 7, pp. 52-53 e em A.V.A. Sacramento Blake, *Dicionário Bibliográfico Brasileiro* (Rio de Janeiro, 1902) t. 7, pp. 112-115. Não estão mencionados pelos dois bibliógrafos os seguintes trabalhos:

1. "Épocas Brasileiras, Província da Bahia", Instituto Histórico e Geográfico Brasileiro. L. 47, Ms. 909;
2. "Notícia sobre o algodão", *idem*. L. 23, Ms. 495;
3. "Sustentação do voto sobre o processo e sentença do Conselho de Guerra que julgou o Coronel João Crisóstomo da Silva, pelo seu comportamento em Caçapava", *idem*, L. 66, Ms. 1213 e *idem* L. 128, Ms. 2235;
4. Carta de Raimundo José da Cunha Matos, *in* Melo Moraes, *História do Brasil-Reino e Brasil-Império,* Rio de Janeiro, 1871-73.
5. "Estado presente das Colônias Portuguesas da Costa d'África. Dat. de 22 de agosto de 1822", Ms. do Gabinete Português de Leitura.

A bibliografia sobre o autor não se limita aos registros de Inocêncio Francisco da Silva e A.V.A. Sacramento Blake. Afora o necrológio (sem assinatura) da *Revista do Instituto Histórico e Geográfico* (v. 1, 1839, pp. 72-76), Manuel de Araújo Porto Alegre, como orador, saudou sua memória (*Revista* cit., vol. 11, 1848, pp. 219-234) e o sócio correspondente Francisco Manoel Raposo de Almeida fez-lhe

---

35. Vide especialmente *Relatório* de 1836 e 1837 e a "Memória Histórica sobre População, Emigração e Colonização que convém ao Império do Brasil", *in O Auxiliador da Indústria Nacional,* 1873, pp. 344-364.

o elogio histórico (*Revista* cit., pp. 234-240). Como oficial superior traçou-lhe a biografia o Coronel Laurêncio Lago em obra já citada. A mais completa notícia bibliográfica é do Dr. Antônio da Cunha Barbosa (*Rev. do Inst. Hist. e Geogr. Bras.* t. LXVI, parte 1, Rio de Janeiro, 1904, pp. 83-1229), e o melhor estudo sobre Cunha Matos em Goiás é do Dr. Americano Brasil (*Rev. do Inst. Hist. e Geogr. Bras. cit.*). Como fundador do Instituto Histórico, sua ação está registrada em Feijó Bittencourt, *Os Fundadores* (Instituto Histórico, Rio de Janeiro, 1938, pp. 140-168). A biografia escrita por Gerusa Soares Cunha Matos (Rio de Janeiro, 1931) completa a informação biobibliográfica.

## 3. O Compêndio Histórico das Possessões da Coroa de Portugal nos Mares e Continentes da África Oriental e Ocidental

Foi Sacramento Blake quem primeiro assinalou a existência do manuscrito no Instituto Histórico e Geográfico Brasileiro e foi o Dr. Manoel Cícero Peregrino da Silva quem apresentou no 1º Congresso da História da Expansão Portuguesa no Mundo uma comunicação sobre o *Compêndio Histórico*[36]. Resumia a biobibliografia de Cunha Matos e descrevia o códice do Instituto Histórico, mencionando a existência do outro manuscrito sobre a África depositado no Gabinete Português de Leitura.

O *Compêndio* é um texto de 285 páginas, escrito em letra miúda, muitas vezes emendado, especialmente nas primeiras, faltando as páginas 3, 4, 5 e 6 ou os 24 primeiros parágrafos. O texto é dividido em parágrafos e trata de São Tomé no Continente, dos Reinos do Congo e de Angola, de Benguela, de Moçambique e suas dependências. Cunha Matos escreve com facilidade, o texto corre livre, sem freios, e se associa ou alude a qualquer aspecto social, pessoal ou político. Ele se preparou, durante sua longa estada em África, para o livro, anotando e lendo velhos documentos, cronistas e dados estatísticos. Sua passagem pela administração pública e seus trabalhos como exemplo (o frontispício da Catedral de São Tomé em 1814) deram-lhe bom conhecimento sobre os territórios em sua época; sua vocação geográfica e histórica, mais tarde exercitada no Brasil, facilitou a acumulação de notícias e informações desconhecidas ou incomuns. Ele sempre indica as fontes e a bibliografia

36. Lisboa, 1958, 11 pp.

a que recorreu, embora sem o apuro técnico a que estamos hoje acostumados.

Registra e comenta o caráter dos povos africanos, seus usos e costumes, suas superstições, as novidades que observa e vê, como a companhia das crioulas solteiras que passavam por não serem donzelas (§ 348); não foge às censuras, nem esconde sua opinião; critica a força dos jesuítas e revela sem subterfúgios o terrorismo português na implantação e consolidação de seu poder. Aquele mesmo terrorismo que Vasco da Gama e Pedro Álvares Cabral usaram para impor o domínio português na Ásia e que seus historiadores de então, como João de Barros e Diogo do Couto não dissimularam; que mais tarde em 1585 na África, João Furtado de Mendonça impôs aos africanos "castigos muito severos até ao ponto de os fazer amarrar às bocas das peças de artilharia cujas balas os despedaçavam" (§ 492). Este mesmo castigo usou Mem de Sá contra indígenas, colocando o índio "à boca de uma bombarda"[37]. O terrorismo em etapas mais grosseiras, mais violentas, mais sangrentas foi usado na Ásia, na África e no Brasil e foi com ele que se conseguiu a sujeição. Cunha Matos sabe disso e na respeitosa tradição da fidedignidade histórica não a disfarça, tal como João de Barros, Diogo do Couto, Manoel da Nóbrega.

Para os que conhecem suas opiniões defendidas com tanta veemência e liberdade na Câmara dos Deputados quando da questão do tráfico[38], surpreende que ele declare que era necessário expurgar o Brasil dos africanos livres mandando-os para a Ilha do Ano Bom (§ 421). As desordens, as mortandades, as fomes, as misérias, não estão encobertas; anota as degolas e cortes de cabeças de sobas ou princesas africanas (§§ 497, 511 e 526); defende a unidade do Congo e de Angola, revela a política divisionista portuguesa para imperar e mostra como as armas defensivas africanas não resistiam à agressividade portuguesa. Certos trechos do livro parecem estórias novelescas, como a da heroína Princesa Ginga Amena convertida em Ana de Sousa Gimga, relaxada de novo aos ritos pagãos, amaldiçoando os portugueses, ou a eles unida, vingativa de desordenada paixão. Suas ações "andam tão ligadas com a história de Angola, que tratando de uma se irá fazendo menção da outra" (§ 506). Ligado anda também seu nome ao folclore ne-

---

37. Manoel da Nóbrega, *Cartas do Brasil 1549-1560*, Rio de Janeiro, 1931, p. 94.

38. Vide José Honório Rodrigues, *Brasil e África: Outro Horizonte*, Rio de Janeiro, 1961, p. 94.

gro brasileiro. Ana Ginga aos 75 anos casa-se com um moço robusto (§ 536) e aos 80 falece abençoada pelo Papa (§ 539). As administrações dos nossos heróis da guerra contra os holandeses João Fernandes Vieira e André Vidal de Negreiros aparecem sem grande relevo (§§ 539 e 540). As tentativas de travessia da África anteriores a Lacerda e Almeida estão mencionadas, como a de Baltasar Rebelo de Aragão, que entre 1606 e 1611 tentou abrir caminho para Moçambique pelo interior da África (§ 496), ou como a do Capitão José da Rosa, "muito prático dos Sertões, o qual saindo de Massangano avançou para a costa de Moçambique até as terras dos muisos que se opuseram à sua marcha e obrigaram-no a regressar a Angola" (§ 549).

Em 1694 cinco brasileiros degredados, principais cabeças de uma sublevação, foram fuzilados separadamente, sem nenhuma forma processual (§ 563). A autoridade portuguesa foi sempre muito severa em todos os continentes em que se exerceu e com ela se consolidou seu poder agressor na forma clássica imperialista. Se no Brasil as formas de exercício da autoridade, ou as revoltas contra este exercício não tiveram a dureza lusitana e se amoleceram ou abrandaram, deve-se mais ao próprio povo brasileiro, formado no processo histórico da miscigenação e escravidão. Quando Portugal não pôde mais exercer sem contestação seu poder agressivo, a decadência no Oriente e na África se inicia (§ 591). Observou bem Cunha Matos que Portugal "seguiu muitas vezes a regra política de enviar um irmão a suceder a outro no Governo das Colônias, persuadido que os laços de sangue traziam consigo idênticos princípios administrativos" (§ 592). Foi com esta regra política que se consolidou a oligarquia nos trópicos lusitanos e adquiriu significação o parentesco e seus abusos, o nepotismo, na política. Sem falar na utilização dos mesmos nomes que circulavam pelos postos importantes do império colonial, como Antônio de Albuquerque Coelho que governou o Rio de Janeiro, Maranhão, São Paulo e Minas, Macau e Angola (§ 573). Soldados e chefes militares também transitaram pelas colônias mantendo a unidade imperial. Caldeira Brant, mais tarde Marquês de Barbacena, fez parte do Estado-Maior do Governador de Angola, D. Miguel Antônio de Melo, como seu ajudante-de-ordens (§ 593)[39]. A nau que do Rio de Janeiro em 7 de abril de 1797 seguiu para Angola levava a bordo

---

39. João Pandiá Calógeras, *in Marquês de Barbacena* (Comp. Ed. Nacional, São Paulo, 1936) faz referência ligeira a essa passagem da vida de Caldeira Brant.

o Desembargador da Relação da Bahia João Joaquim Borges da Silva para sindicar nas Ilhas de São Tomé e Príncipe sobre o procedimento do respectivo Governador João Resende Tavares Leite e do Ouvidor Antônio Pereira Bastos Lima Varela Barca (§§ 593 e 268).

Cunha Matos é tão cioso do domínio português em Angola que lamenta a introdução de éguas e cavalos, mandados do Brasil.

Eu não sei se o Governo foi circunspeto em introduzir égua em Angola: talvez isto lhe seja um dia fatal assim como o foi aos espanhóis e portugueses a introdução dos cavalos entre os índios do Chile e Guaiacenzes *(sic)*, os quais agora se servem deles para lhe fazerem guerra. Se os pretos congueses e capangas e outros tiverem um dia cavalos, acabar-se-á a preponderância das tropas portuguesas, cuja arma principal e mais terrível é a Cavalaria (§ 602).

A primeira égua foi levada no Governo de Antônio Saldanha da Gama (1807-1810) sendo os mestres de navio do Brasil obrigados a conduzirem para Luanda uma égua em lugar dos 4 cavalos que antes eram obrigados a transportar (§ 602), conforme a carta régia de 6 de fevereiro de 1706 (§ 679).

As íntimas relações entre Brasil e Angola manifestam-se nas páginas do *Compêndio*[40]. Além da participação no comércio e na administração já referidas, Cunha Matos relembra o Governo do General José de Oliveira Barbosa, mais tarde Barão do Passeio Público, depois de efetuar-se a tentativa da travessia de Lacerda e Almeida (§§ 549 e 603). Muita gente foi daqui para Angola como soldado, degredado, empregado público, negociante, caixeiro, marujo e mulheres livres ou desterradas (§ 665). Como em outras colônias e como no Brasil, o ensino era para os filhos dos senhores, e como sempre produzia alienados; em Angola, no começo do século passado, ensinavam-se esporadicamente para as meninas das principais famílias, língua francesa e música (§ 602). O comportamento português em Angola não foge à regra geral; visa a fortuna rápida e fácil, espoliativa; arranca-se da terra o que se pode, sem nenhum espírito construtivo ou criador. A criação será uma tarefa nativa, um processo do povo desvinculado da Metrópole. O debóche e a vida desregrada, que Nóbrega e os demais jesuítas tanto condenaram no Brasil, via-se em Angola, com a diferença que, ali, ela se estendia sem limites.

40. Vide José Honório Rodrigues, *Brasil e África: Outro Horizonte*, Rio de Janeiro, 1961.

Alguns portugueses que alcançam fortuna passam a vida de glutões, muitas vezes em bacanais e deboches superiores a toda expressão. Em Angola e Benguela tratam de ganhar dinheiro, comer do bom e dos mais apetitosos e condimentados presuntos, paios, os melhores vinhos, licores, peixe excelente coberto de pimentas (§ 668).

O capítulo sobre usos e costumes de Angola merece destaque especial (§§ 668 e 669). Cunha Matos examina também as causas da decadência de Angola. Põe em relevo a perda do espírito histórico. "O Governo português tem perdido há quase dois séculos o espírito de descobrimentos e os poucos que se têm feito na África Oriental e Ocidental deixam perceber que há uma certa desconfiança das empresas de Nações industriosas" (§ 43 e § 601). Relembra que Diogo do Couto mostrara no *Soldado Prático* as causas da decadência dos portugueses na Índia Oriental: "outros semelhantes motivos têm causado o desconceito e o abatimento dos portugueses em Angola" (§ 591). E mais adiante escreve: "Um abandono quase absoluto, um desleixamento e incúria incompreensível ou o quer que é *(sic)* tem presidido aos destinos de Angola tanto de parte dos brancos que dominam como dos pretos que são dominados" (§ 685). Moçambique era ainda mais mal tratado e descuidado. "O Governo de Moçambique é sombra das ricas Províncias deste nome, porque o Moçambique antigo era o povo do ouro e o Moçambique moderno é a terra da miséria"... "Rendam os portugueses graças ao Onipotente que permite os régulos árabes vizinhos da colônia andem continuamente em desavenças intestinas e que os cafres se tornem mais embrutecidos para não os expulsarem das terras em que por séculos têm dominado, sem forças, e sem política e sem moralidade" (§ 692). Por tudo isso não surpreende que por ocasião de nossa Independência temesse o Governo de Lisboa que D. Pedro I quisesse ocupar Angola e Benguela "donde se exportavam para o Império os braços necessários aos trabalhos agrícolas domésticos" (§ 685)[41]. Cunha Matos acredita ainda que os males não são irremediáveis e propõe alguns remédios (§ 731).

O livro foi escrito entre 1835 e 1836, pois ambas as datas são várias vezes referidas no texto, convindo observar que algumas partes finais foram escritas em 1835 e partes anteriores em 1836 (vide §§ 604, 638, 665, 679, 715).

O *Compêndio,* que o Arquivo Nacional acaba de publi-

---

41. Sobre isso vide José Honório Rodrigues, *Brasil e África: Outro Horizonte,* Rio de Janeiro, 1961.

car, representa uma contribuição importante aos estudos afro-brasileiros. Ele oferece uma face da vida apaixonada de um português que viveu dezenove anos na África e lutou pela Independência do Brasil. Constitui, juntamente com a "História da Província de Minas Gerais", ainda inédita no Instituto Histórico e Geográfico Brasileiro, valioso subsídio aos estudos brasileiros.

# 6. CARACTERÍSTICAS HISTÓRICAS DO POVO CARIOCA*

Para estudar o comportamento e a conduta do povo carioca, é necessário não só examinar os elementos principais de sua composição étnica, como deter-se com maior atenção no período colonial, que absorve quase três dos quatro séculos, que este ano comemoramos, do Rio de Janeiro.

A gente carioca é fruto da mestiçagem de brancos portugueses e uns poucos franceses, de negros especialmente angolanos, e dos índios tupi. Esta mestiçagem inicial foi predominante na formação da maioria nacional, mas sabe-se que em São Paulo e no Amazonas, assim como no sertão em geral, predominou o mestiço com índio, nem sempre tu-

* Publicado nos "400 Anos Memoráveis", n.º 20, Suplemento do *Jornal do Brasil,* 10 dez. 1965.

pi, e nas zonas açucareiras da costa, o mestiço com negro. O afluxo posterior, nos últimos oitenta anos, de brancos europeus para a zona Sul e do Leste favoreceu o embranquecimento da população destas áreas. Sabe-se também que a contribuição dos imigrantes para o aumento da população foi menor do que geralmente se supõe, pois o crescimento foi natural, em virtude do nível mais elevado de natalidade que o de mortalidade.

Examinar, portanto, os componentes de cada grupo é a primeira tarefa, especialmente se não esquecermos que é durante o período colonial, longo, largo, frágil e arcaico, ambivalente nos seus contrastes euro-ocidental e afro-oriental, que se determinam as tendências futuras.

Como a Independência foi uma revolução frustrada — a exclusão de José Bonifácio do processo histórico interrompeu seu desenvolvimento —, ela não rompeu com o passado, nem venceu a submissão econômica. Mudou apenas a dependência econômica e livrou-nos da suprema humilhação de ser colônia de um país semi-independente.

Por isso o Rio de Janeiro apresenta a mesma monotonia política que caracteriza toda a história brasileira: elites alienadas, resistências à mudança, compromissos transitórios. Parte-se sempre do zero histórico, e daí as marchas e contramarchas, as regressões, tão comuns à nossa história.

A história política do Rio de Janeiro reflete muito a história política brasileira e o comportamento do povo carioca, rebelde e aterrorizado, desobediente e sangrado, inconformado e disciplinado, é também o retrato psicossocial do povo brasileiro. Foi aqui que se aplicaram — como em Pernambuco, no Maranhão, na Bahia — lições exemplares que ensinaram ao povo o que se paga pela inconformação. Aqui foi Jerônimo Barbalho decapitado em 1661, por insurgir-se contra os abusos da autoridade; aqui foi enforcado e esquartejado, pela causa da liberdade nacional, Joaquim José da Silva Xavier, o Tiradentes; aqui foram enforcados João Guilherme Ratclife, João Metrovich e Joaquim da Silva Loureiro, participantes do movimento revolucionário de 1824.

Por isso Capistrano de Abreu, somando estes e os outros exemplos nacionais, escreveu que o povo brasileiro foi capado e sangrado. Mas por isso mesmo o povo desta cidade se tornou um dos maiores defensores nacionais da luta pelas liberdades democráticas e garantias individuais. A reação contra os desmandos numa cidade à beira-mar, mais aberta às idéias e às novidades, foi constante.

## 1. O Papel do Minhoto

Pois bem, vejamos rapidamente a formação dessa gente, a começar pelo branco português. Aquela "porção ilustre do povo", como a chamou Baltasar da Silva Lisboa, ao se referir ao branco europeu, era essencialmente constituída de minhotos, que para aqui imigravam em grande número. Nada tinha de ilustre, como veremos adiante, pelo depoimento de alguns Vice-Reis. Eram vivos, inquietos, maliciosos, e a ele se atribui, em grande parte, a formação psicológica do carioca atual, considerado um dos mais bem humorados dos grupos brasileiros. Só em parte, escrevemos, porque foram maiores a influência negra angolana, tão festiva e alegre, e a contribuição relaxada e remissa do mulato.

O aspecto alegre do minhoto revela-se, por exemplo, nestas cantigas:

*Ora viva a pândega,*
*Ora viva a marosca,*
*Da nossa pândega,*
*Todo mundo gosta.*

Como sempre, predominava nessa gente a idéia da fortuna rápida e fácil:

*Meu amor vem de viagem,*
*Lá do Rio de Janeiro,*
*Se quiser casar comigo,*
*Que traga muito dinheiro.*

Como mostrou J. Leite de Vasconcelos, a idéia do ganho, o sentimento da ausência e do ciúme, os amores no Brasil são sempre predominantes na poesia popular minhota:

*Ó meu S. João da Ponte,*
*Ó meu Santo marinheiro,*
*Levai-me na vossa barca*
*Para o Rio de Janeiro.*

O minhoto, pelos anos a fora, dominou como minoria branca a população da cidade nos anos coloniais. Era uma gente expansiva e alegre, de uma alegria por vezes ruidosa, sabendo contentar-se com pouco e revelando-se nos divertimentos e cantares, escreve o Professor Amorim Girão, da Universidade de Coimbra.

A própria paisagem policrômica reflete-se na psicologia do habitante e nas cores vivas do seu traje. Pois assim como "das pequenas pátrias desta região (o Minho) saiu o fermento da grande Pátria de todos os portugueses", assim também eles formaram, na cidade do Rio de Janeiro, o espírito de solidariedade que lhes daria, pouco a pouco, a primazia na região brasileira.

Se não foram, aqui, como deles se queixa o Marquês de Lavradio, ativos e industriosos, é porque a escravidão amolecia a todos, mas não torcia, nem quebrava a personalidade alegre, "a alegria indizível nas coisas, nos animais e nas gentes", de que fala Antônio Arroio.

O Rio de Janeiro tornou-se um ponto extraordinário de atração do imigrante minhoto, desde estes começos até o século atual. E houve momento, na época colonial, em Portugal, que se coibiu, ou pelo menos se determinou o cumprimento de exigências que dificultavam a saída do Reino para o Rio. A história da emigração portuguesa para o Brasil — que ainda não foi feita — há de mostrar essa predominância, que não significa, evidentemente, exclusivismo.

## 2. Cidade Jovem e Diferente

Portugueses de outras partes — de Trás-os-Montes, por exemplo — vieram também e influíram na formação do tipo carioca. Mas na formação social, no caráter e nos costumes não predominou sobre o carioca o trasmontano, pois aqui nunca se diria como lá; "P'ra cá do Marão, mandam os que ca'stão!" Pois aí se dá a entender, como explica Girão, que só a trasmontanos deve ser confiado o desempenho dos cargos da administração pública, o que se não deu no Rio de Janeiro.

E mais, se predomina, como é notório na história do Brasil, por influência portuguesa, o apego às tradições, a resistência à mudança, que fazia e faz da nossa sociedade na América uma sociedade velha, como notou Pierre Denis em 1908, o Rio de Janeiro é, de todas as cidades, a mais mutável, a mais jovem, a mais precoce no espírito e nas atitudes. Portanto, menos trasmontana que minhota, pois não é, como aquela, mais tradicionalista e envelhecida, carcomida e rugosa.

O apego aqui se dissolve mais, por influências outras, vindas do mar, vindas do sertão, vindas de gentes de fora e do interior.

Mas o Rio não é uma cidade portuguesa, ou uma filial da casa portuguesa. Na análise psicológica do caráter carioca não pode ser esquecido esse elemento que, num período colonial longo, dominou o senhoriato citadino. Aquilo que Cardim escreveu em 1584, que "este Brasil é já outro Portugal", se pode também dizer do Rio de Janeiro, pois a influência do meio, dos índios e negros fazia mudar a essência da gente e das coisas.

O Rio de Janeiro desde o princípio era já outra coisa, tão diferente que os próprios minhotos daqui não eram os de lá, como observou o Marquês de Lavradio, em seu relatório de 1779.

O caráter de alguns americanos destas partes da América, que eu conheço, é de um espírito muito preguiçoso; muito humildes e obedientes, vivem com muita sobriedade, ao mesmo passo que têm grande vaidade e elevação; porém estes mesmos fumos se lhe abatem com muita facilidade; são robustos, podem com todo o trabalho e fazem tudo aquilo que lhes mandam; porém, se não há cuidado em mandá-los, eles por natureza ficarão sempre em inação, ainda a ponto de se verem reduzidos à maior indigência. Estes mesmos indivíduos que por si sós são facílimos de governar, se vêm fazer dificultosos, e às vezes dão trabalho e algum cuidado por causa dos europeus, que aqui vêm ter seus estabelecimentos, e muito mais por serem a maior parte destas gentes naturais da Província do Minho, gentes de muita viveza, de um espírito muito inquieto e de pouca ou nenhuma sinceridade, sendo para notar que podendo adiantar-se muito estes povos na sua lavoura e indústria com o trato daquelas gentes, que na sua Província são os mais industriosos e que procuram tirar da terra todas as utilidades que lhes são possíveis, neste ponto em nada têm adiantado os povos, porque logo que aqui chegam não cuidam em nenhuma outra coisa que em se fazerem senhores do comércio que aqui há.

O trecho é longo, mas vale a transcrição pela soma de notícias de primeira água que nos dá. O povo descrito na parte inicial é preguiçoso, humilde, obediente, sóbrio, vaidoso, elevado e facilmente mandado. Torna-se difícil devido à influência minhota. Este povo é constituído então do escravo, do mestiço, do mameluco, do branco mecânico; o mercador monopolista e inquieto perturba a facilidade da vida carioca.

Filhos naturais, bastardos de portugueses e mulheres da terra, indígenas ou escravos, mestiços ou brancos haviam engrossado a população. Brancas não eram muitas, mas desde as órfãs muitas outras vieram buscar estado no Brasil e não era fácil daqui retirar-se. O Conselho Ultramarino punha e dispunha, dava e não dava licença para retornar ao Reino, e um ardil consistia em declarar que as filhas iam professar em algum convento.

Se os índios domados, subjugados, afugentados, serviram para abrasar a paixão portuguesa das primeiras horas, na verdade foi a escrava negra quem mais serviu. Os índios foram exterminados especialmente aqui, onde se feria uma luta de morte entre tamoios e tupiniquins, e a terra se encharcava sempre de sangue pelas disputas entre uns e outros, aliados e inimigos dos portugueses e franceses. "Porque esta é uma gente tão má, bestial e carniceira", escreve o próprio Anchieta, confessando sua "fraqueza que muito me afligia a carne com contínuos tremores".

Mesmo os submetidos, vez por outra, se levantavam e eram exterminados ou simplesmente aterrorizados, como o fez o futuro Marechal Curado, quando ainda Sargento-mor, aos índios de Campos, que perturbavam o Rio de Janeiro. Se não for Anchieta, para glória sua, o autor dos *Feitos de Mem de Sá, Governador do Brasil,* mas outra pessoa, a verdade é que aí se revela a ferocidade com que se matou índio no Rio de Janeiro:

> *Triunfadores meus, diz o chefe, vossa espada valente,*
> *Armas e destras estão tintas ainda do sangue maldito;*
> *Sem tardar, lancemo-nos contra o inimigo vencido.*
> *Enquanto o abate o terror das duas últimas batalhas.*
> *Vede quantos aí estão prostrados a gemer moribundos,*
> *Ou exterminar de vez esta raça felina*
> *Com a ajuda de Deus, ou sepultar-nos na areia gloriosamente.*

Assim, se o inimigo tamoio sobreviveu, foi afastado pelo terror, e esse mesmo subjugou o aliado tupi e o escravizou, mas dele e dos mamelucos que vieram expelir os franceses e fundar a cidade cresceu uma mestiçagem variada na cor e na gradação.

## 3. *Negros e Judeus*

A estes se juntava, logo depois, o negro, especialmente de Angola, benguela, o moçambicano, que encheram o Rio de Janeiro desde o século de sua fundação até a extinção do tráfico. Pois o negro do Rio de Janeiro, embora formasse também quilombos — e alguns viajantes do século passado registram sua existência nos arredores da cidade e nas matas vizinhas —, foi de regra mais submisso, mais sujeito, mais assimilável, mais expansivo, mais comunicativo e em vez de revoltas e insurreições, como tantas existiram na Bahia, foi festivo e associativo. Ao angola, como mostrou Édison Carneiro, se devem duas das maiores diversões de procedência africana: o samba e a capoeira.

As diversões populares foram os instrumentos de adaptação e integração, por isso aceitas e estimuladas pelos responsáveis oficiais. Nos Almanaques do Rio de Janeiro, de 1792 e 1794 (*Anais da Biblioteca Nacional,* v. 59), registra-se a chegada de mais de 10 000 angolanos por ano. Pois foi esta gente quem pôs mais fogo no caráter festivo que o minhoto também possuía. Quando Capistrano de Abreu escreveu que o negro trouxe uma nota alegre ao lado do português taciturno e do índio sorumbático, disse uma verdade que sofria restrições quanto ao negro baiano, que também era revoltado, e ao português do Rio, que também era alegre.

Vieira Fazenda relembra a distinção feita pelo Conde dos Arcos, Governador-geral na Bahia e Vice-rei no Rio de Janeiro, entre o negro baiano mais revoltado e o carioca mais integrado, à vista da festa do Rosário, com a presença de mais de 10 000 negros todos em perfeita ordem. Lembrava ainda o antiquário do Rio, que a serração da velha descrita por Joaquim Manoel de Macedo, no seu romance *Mulheres de Mantilha,* e sempre comemorada no Rio, pelo menos até os fins do século dezoito, era uma festa minhota.

A esses grupos se associam os judeus sefardim, primeiro os que fugindo da Inquisição vieram para o Rio e os que chegaram mais tarde movidos pelos interesses das minas. Uns e outros sempre perseguidos até a lei de 1773, que pôs fim à perseguição. Destas mestiçagens étnicas e culturais se foi formando o carioca, e os trinta anos de Gomes Freire de Andrade, Conde de Bobadela, foram decisivos, pela significação política e econômica que adquiriu então a cidade, sede do comando da maior parte do Brasil.

## 4. Índole do Povo

A gravidade e a pouca convivência que alguns viajantes notam pelos meados do século XVII são contrabalançadas pela alegria que todos vêem nos negros escravos ou forros, e a vivacidade que muitos igualmente atribuem aos habitantes em geral. O Conde da Cunha — um pouco sisudo e cheio de má vontade — escreveu que esta cidade era habitada por oficiais mecânicos, pescadores, marinheiros, mulatos, pretos boçais e alguns homens de negócio. As pessoas nobres, acrescentava ele, retiravam-se para suas fazendas e engenhos e alguns deixavam como herdeiros filhos naturais e pardos.

O Marquês de Lavradio, que foi mais compreensivo, escreveu também em 1779 que o povo se compunha de gentes da pior educação, de um caráter o mais libertino, e eram negros, mulatos, cabras e mestiços. Mais adiante acrescenta que os minhotos que constituíam a nata do comércio e o monopolizavam eram gente sem princípios e quase todos com uns nascimentos ordinários.

Pelo controle que exerciam no comércio não admitindo nenhum filho da terra, provocam o nascimento daquela reação nacionalista que gera 1817, 1822, 1824, 1848 é outros movimentos durante o século XIX.

Um povo assim composto de gente de tão má qualidade não se podia tornar independente, pois algum dia daria trabalho de maior conseqüência. Por isso era preciso conservá-lo em sossego e obediência, ocupado em promover os interesses reais, afirmaram sempre os Vice-reis.

Dez anos depois, no ano da prisão de Tiradentes aqui, Luís de Vasconcelos e Souza informava que no Rio de Janeiro o maior número de seus habitantes se compunha de mulatos e negros, e aqui se praticavam grandes desordens, que deveriam ser punidas severamente. Portanto, não é surpresa que os viajantes dos séculos XVII e XIX no Rio de Janeiro acentuem sempre que a população se compõe de uma maioria negra e mulata e de uma porção insignificante de brancos. A todos impressionam igualmente a indisciplina e a alegria do povo; alguns chamaram a atenção para a sua suscetibilidade e brandura. Mas uns poucos notaram que havia, pelos meados do século passado, alguma fermentação de ânimo entre os negros, mantidos sem educação, pelo temor de seu despertar.

## 5. O Negro e o Mulato

Deles distanciados, "os mulatos, gente indócil e rixenta, podiam ser contidos a intervalos por atos de prepotência, mas reassumiam logo a rebeldia originária. Suas festas, menos cordiais que as dos negros, não raro terminavam em desaguisados; dentre eles saíam os assassinos e capangas profissionais. Crescendo em número, desconheceram e afinal extinguiram as distinções de raças e foram bastante fortes para romper com as formas do convencionalismo vigente e viver como lhes pedia a índole inquieta", segundo resumiu Capistrano de Abreu seu papel social.

Para o nivelamento racial e a ascensão social, amaciando a vida, muito concorrem as mulatas. Eles e elas foram sempre muito ambivalentes, ora facilitando os contatos pessoais, pelo uso imoderado de recursos de simpatia e adulação, a ponto de se tornarem conformistas e acomodados, a serviço dos interesses dominantes, ora inconformados e rebeldes. Os "caiados" formam o primeiro grupo; os segundos engrossaram a fileira dos criminosos ou dos capangas e assassinos políticos — uma rebeldia adesista —, ou a dos capoeiras e capadócios[1].

O tráfico, muito ativo durante a primeira metade do século XIX, aumentou a população de cor, tão predominante que levou Kidder, observador muito inteligente, a escrever que a multidão era o negro. E era esse negro e essa mestiçagem que davam ao Rio o seu aspecto peculiar. Rugendas anotou que se havia pouca diferença entre brasileiros e portugueses das classes superiores,

> o mesmo não ocorre nas classes inferiores e só estas podem ser chamadas povo. Nelas nada impede o desenvolvimento do caráter nacional e elas diferenciam do Rio de Janeiro e cercanias das classes inferiores de Portugal ou pelo menos da capital de Portugal; suas atitudes são mais francas e mais desembaraçadas. Tudo no Rio de Janeiro é mais animado, barulhento, variado, livre. Nas partes da cidade habitadas pelo povo, a música, a dança, os fogos de artifício emprestam a cada noite uma atmosfera de festa e se não encontram grande vigor nem muita delicadeza na letra das canções para violão e nas conversas barulhentas dos grupos, observam-se pelo menos bastante espírito e bom senso. O povo das outras cidades marítimas, como Bahia e Pernambuco, parece-se em verdade com o do Rio de Janeiro, mas há menos leveza e graça nos habitantes destas cidades, principalmente no de Pernambuco.

Rugendas volta, páginas adiante, a repetir o mesmo conceito sobre a igualdade dos traços comuns das classes elevadas do Rio e das grandes cidades européias e a diversidade barulhentas das classes inferiores, especialmente a alegria negra.

Os grupos maiores mestiços e negros continuavam seus caminhos próprios, e a sociedade no Rio de Janeiro, como em outras cidades, estava dividida pela porção privilegiada e a multidão mestiça, alegre e descuidada, festiva e deseducada. Uma multidão não inteiramente integrada, que se separa e se aparta do grupo dominante, já agora inteiramente europeizado, ocidentalizado e naturalmente alienado.

### 6. A Personalidade Básica Branca

Para o reforço da personalidade básica do grupo branco contribuiu a emigração européia, especialmente depois de

---

1. Sobre o conceito de caiados veja *Aspirações Nacionais*, 2ª ed., São Paulo, Fulgor, 1965, p. 74.

1850, sempre dominantemente portuguesa. Em 1870 havia, somente no Rio de Janeiro, cerca de 80 000 portugueses, provavelmente originários de Entre o Douro e Minho (Viana, Braga, Porto) e de Trás-os-Montes (Bragança e Vila Real), reanimando aqueles traços característicos.

O fato é que a personalidade básica das classes dominantes fortificava seus traços ao receber, como recebeu, de 1870 a 1874, cerca de 46 828 portugueses; em 1891, 29 630; em 1902, 24 170; em 1913, 64 459, em grande parte demandando o Rio de Janeiro.

Na análise feita por Giorgio Mortara sobre "A População do Brasil e Seu Desenvolvimento dos Últimos 25 Anos", consta que entre os 5 milhões de imigrantes entrados até 1950, as duas maiores correntes foram a italiana (1 560 000) e a portuguesa (1 500 000).

Isto em termos gerais, porque considerando apenas o antigo Distrito Federal, no ano de 1940 dos 380 325 portugueses que residiam no Brasil, 154 662 estavam no Rio; em 1950, havia 336 856 portugueses no Brasil e 133 905 no Rio. A grande maioria mantinha sua nacionalidade: em 1940 havia 25 933 naturalizados e em 1950, 26 595. A tendência dominante da prevalência dos portugueses nos grupos imigratórios continua e em 1962, dos 10 655 estrangeiros entrados com visto permanente, 6 073 eram portugueses, seguidos de 1 640 espanhóis e 829 italianos.

## 7. A Colônia Portuguesa

No Rio, mais que em São Paulo — outro centro populacional lusitano —, o grupo português constituiu uma verdadeira "colônia", que como tal mantém separados seus ideais culturais, e não se integra totalmente na síntese carioca, tal como revelou a baixa naturalização dos seus quadros. Como "colônia" funciona como grupo de pressão na imprensa, na política, na cultura e nos esportes e afeta a personalidade carioca pelo espírito discriminatório, intolerante, ultraconservador e anti-reformista. Individualmente o comportamento do lusitano não é sempre deformado por estas tendências, notando-se que, muitas vezes, a primeira geração nascida aqui torna-se mais carioca que o carioca de várias gerações; socialmente porém alguns destes aspectos negativos tomam forma muito ativas.

A diminuição da cota dos oriundos estrangeiros na população do antigo Distrito Federal, como mostrou Giorgio Mortara, foi na verdade rápida; percentualmente, caiu de

30,81% em 1872, para 29,70% em 1890, 24,75% em 1906, 20,65% em 1920, 12,96% em 1940 e 8,85% em 1950.

Outro aspecto que não pode ser desprezado no exame das características da população carioca é a tendência a uma leve diminuição do grupo branco, acompanhada de um pequeno aumento da proporção do grupo preto e muito pequeno aumento do grupo pardo. A percentagem dos brancos caiu de 71,10% (1 254 353) em 1940, para 69,86% (1 660 834) em 1950, enquanto os pardos passavam de 17,31% (305 433) para 17,50% (415 935) e os pretos de 11,31% (199 523) para 12,30% (292 524).

Deste modo, a tendência observada no período de 1872 a 1940 para o progressivo aumento da população do grupo branco sofreu uma interrupção no decênio de 1940 a 1950. Os pardos e pretos passaram a constituir 29,8% em 1950, quando em 1940 representavam 28,62%. A urbanização do Rio (97,47%), o crescimento da população favelada e outros aspectos das insuficiências e necessidades sociais da cidade-Estado — que não cabe apreciar aqui — tendem a dar novas feições ao caráter carioca.

O aumento da cota da população vinda dos Estados e o crescimento da população natural e residente na cidade é outro aspecto importante. Em 1950, por exemplo, dos 2 377 451 brasileiros do antigo Distrito Federal, 1 223 460 eram nascidos no Rio de Janeiro, 942 812 oriundos de outros Estados (360 324 fluminenses, 191 917 mineiros, 55 746 capixabas, 46 990 paulistas, 45 157 pernambucanos, 44 936 baianos e 27 267 alagoanos). Estes dados confirmavam a mesma tendência observada em 1940. O *Anuário Estatístico do Estado da Guanabara,* de 1961-1962, e os dados divulgados até hoje não revelam os números dos naturais de outros Estados presentes no Rio de Janeiro, segundo os resultados do censo de 1960. Mas quais serão os efeitos e subefeitos desta migração no comportamento carioca atual e futuro?

## 8. A Nacionalização do Brasil

Édison Carneiro anotou, com razão, em seu ensaio sobre "Elementos Novos no Folclore Carioca", que o êxodo das populações para o Rio de Janeiro estava transformando o panorama folclórico carioca. Há hoje colônias e verdadeiras comunidades regionais que monopolizam certos empregos e trabalhos. A cidade está, assim, sob a constante influência de elementos novos.

Há, contudo, alguns traços permanentes observados por cronistas e viajantes ao correr dos séculos. Um deles é a alegria da gente, generalizada entre os negros, observada entre os minhotos. A gravidade, a formalidade e a pouca convivência mais lusitana que carioca, anotada, contudo, nos grupos brancos do senhoriato, foram pouco a pouco se dissolvendo no convívio franco e amplo que distingue o carioca. Não é certamente boêmio, arte de residentes provincianos; ao contrário, extremamente ativo; resume, em si, as virtudes e os defeitos nacionais, pela síntese que operou dos mesmos elementos e dos elementos vindos de todas as partes do Brasil. Não é dono de nada, porque o Rio pertence a todos e o carioca pensa sempre em termos nacionais. Isto está nas suas raízes, vem de 1763.

Por tudo isso, especialmente pela integração e adesão de grupos de todas as regiões brasileiras, o Rio de Janeiro foi capaz de promover, como nenhum outro, a nacionalização do Brasil, chave da nossa cultura atual. Não é surpresa, por isso, que ontem como hoje os mais altos cargos deste Estado ou os dos serviços federais aqui localizados não sejam exercidos por cariocas. A grande maioria dos Prefeitos do antigo Distrito Federal não foi carioca; atualmente, nenhum dos três Senadores pelo Estado da Guanabara é carioca; não é carioca a maioria dos Deputados estaduais e federais, e apenas 11 dos 36 membros do Tribunal de Justiça do Estado são cariocas. No ano de 1965 dos cinco candidatos a Governador somente um é carioca.

Não é de admirar, assim, que muitos tenham servido mais aos seus interesses e aos interesses partidários, que aos interesses da cidade. Um caso curioso de falta de identidade entre o Deputado e o Estado que o elegeu é o do Sr. Adauto Lúcio Cardoso, mineiro de Curvelo, eleito pela cidade do Rio de Janeiro, que levou ao Presidente da República conterrâneos seus, dizendo: "Presidente, cada um tem sua Mecejana; a minha é Curvelo".

O Rio é uma cidade que tem sido traída, sempre traída, como escrevia Ribeyrolles em sua época, apesar de sua grande contribuição nacional.

## 9. A Personalidade Carioca

Um povo nascido de tanta mistura, rebelde aos excessos das autoridades, inconformado com os abusos, venceu pouco a pouco as discriminações da elite, e a tolerância, a sensibilidade nacional, a consciência democrática, o espírito aberto e acessível tornaram-se características do comportamento da maioria. Daí sua vocação para servir de fundo às grandes vitórias das aspirações nacionais realizadas aqui. Por isso mesmo é necessário que se evite no Rio de Janeiro o nascimento do bairrismo, fruto das discriminações anticariocas. Antes que estas cresçam pode-se dizer que o carioca possui aquelas mesmas características que predominam na personalidade brasileira:

1. Uma sensibilidade nacional muito viva.
2. Uma consciência muito alerta da herança histórica.
3. A forma pacífica das relações raciais.
4. A tendência para a solução política de compromisso.
5. A franqueza e acessibilidade que facilitam a adaptação e integração dos oriundos da imigração e de migrações internas.
6. Tradição democrática e liberal.
7. Predominância católica, com forte ascensão espírita e protestante.
8. O terrorismo, de que tem sido vítima primeira e principal, desde Mem de Sá, levou o povo, em sua massa, a ser relativamente insensível às ideologias, lento em revoltar-se e fácil de governar.
9. Ainda assim é talvez dos mais politizados e pela força de sua classe média é possivelmente a população brasileira mais sensível ao reformismo.
10. A indignação moral da classe média tem sido o grande caldo em que têm fermentado as conspirações militares-restauradoras.
11. A população operária ocupada nos estabelecimentos industriais — mais de 140 000 operários — dá novo sentido à conduta política, mais social, mais trabalhista, mais nacionalista que em outras cidades do Brasil.
12. Ao lado do terrorismo, sempre prevaleceu a força circense de desvio político. A própria esquerda é festiva. Só a direita é sinistra. Ninguém escapa, por mais rudimentar que seja, a agir politicamente, mesmo que afete desconhecer qualquer ideologia.
13. No Rio, como em nenhuma outra parte do Brasil, agem poderosamente os maiores grupos de pressão, querendo impor a solução para seus interesses como solução nacional.
14. Aqui, como em São Paulo, as forças de alienação exercem um papel desintegrador do caráter carioca e nacional.

15. As insuficiências do personalismo, a corrupção — arte nobre e não popular —, o irrealismo das elites, deslumbradas sempre pela visão do exótico, a não integralização social, a fraqueza econômica, impedem a vitória sobre a política subdesenvolvida, que tem sido o traço principal da política carioca e refletido poderosamente na política subdesenvolvida nacional.

As suficiências cariocas não têm podido ajudar a libertar o Brasil das insuficiências nacionais, mas têm, sobretudo, nacionalizado os brasileiros.

## 7. O DESTINO NACIONAL DA CIDADE DO RIO DE JANEIRO*

A cidade do Rio de Janeiro comemorou em 1965 o Quarto Centenário de sua fundação. Sua história, nestes quatro séculos, se desenvolveu com um sentido muito positivo. Dia a dia ela firmou sua importância e significação no quadro da vida brasileira, política, econômica e cultural.

Desses quatro séculos, quase três decorreram na época colonial e menos de um e meio durante a vida nacional, no Império e na República. Por isso mesmo a fase colonial é larga e longa, e é preciso dar-lhe atenção, pois ela determina todo o subdesenvolvimento posterior, que caracteriza a nossa história nacional, comandada desta cidade.

* Estudo preparado para o Livro do Ano Barsa, 1966, e reproduzido com permissão da Encyclopedia Britannica Editores Ltda.

## 1. A História da Cidade

A história da cidade do Rio de Janeiro pode ser dividida em dois períodos bem distintos. No primeiro, de 1565, data da fundação, até 1763, data de sua elevação a Vice-reinado, a cidade prepara-se para o papel decisivo que a seguir, como capital, vai representar na vida nacional. Afirmou Capistrano de Abreu que antes da ocupação do Rio de Janeiro pelos franceses houvera aqui um estabelecimento português, pois foi gente dele quem plantou provavelmente as canas-de-açúcar que Pigafetta e Magalhães encontraram em 1519.

As cidades que antecederam o Rio de Janeiro, como Piratininga (São Paulo), Salvador e Olinda, não tiveram tais precedentes. As lutas se limitaram à sujeição e extermínio dos índios, para que a ordem portuguesa se impusesse. Na fundação de todas, o solo se ensangüentou, mas o Rio de Janeiro teve um começo ainda mais cruento, sem contar o sacrifício de seu primeiro Capitão, Estácio de Sá, flechado pelos índios tamoios.

Foi com a vitória no Rio de Janeiro sobre os franceses, que ocuparam e conservaram o porto, que se sujeitou quase todo o Brasil, por obra de Mem de Sá, ao poder português. A consolidação colonial portuguesa no Brasil deve-se, assim, à energia e clarividência de Mem de Sá, fundando a cidade do Rio de Janeiro.

Durante muito tempo a paz imposta foi precária e sofrida. Em 9 de julho de 1565 Anchieta escrevia ao Padre Diogo Mirão, provincial, que "faça encomendar muito a Nosso Senhor, e tenha particular memória dos que residem e ao diante residirão naquela nova povoação oferecida a tantos perigos, da qual se espera haver de nascer muito fruto para glória do Senhor e salvação das almas".

Os frutos para a glória do Brasil não tardariam a amadurecer, e não era difícil prever o destino político do Rio de Janeiro. Também o Padre Quirício Caxa, em carta de 13 de julho de 1565, ao mesmo provincial, referindo-se à nova povoação, dizia que "a coisa em si merece toda ajuda, favor e socorro, porque por ali se abre grande porta para ser o reino de Portugal acrescentado em o temporal e espiritual". O Rio era a grande porta da dissolução da cultura indígena para imposição da portuguesa, de devassamento do interior, de exploração e penetração no Sul, de base nas disputas do Rio da Prata. Era a grande porta para a unidade nacional.

Já antes de ser capital do Vice-reinado, o Rio de Janeiro era escolhido para sede da Divisão Sul do Governo Geral e a hesitação com que se fez e desfez a divisão mostra como ele já atraía a atenção metropolitana.

## 2. A Gente do Rio

O enxerto de gente que a povoou inicialmente, cerca de 200 pessoas, mamelucos e índios de São Vicente, índios do Espírito Santo, portugueses moradores de outras partes, havia de criar, como criou, aquela terra desleixada e remissa de que falava Anchieta, capaz de todas as maldades e tiranias. Gente perdida, degredados, desertores, infiéis, amedrontados de tantos perigos, riscos de cobras, de onças e jaguar, de inimigos, de tormentas de mar e naufrágios, de fomes e doenças.

Com o tempo chegaram novos contingentes humanos, especialmente do Reino os minhotos e da África os negros angolanos, os bantos. Assim como em Pernambuco predominaram os vianeses, os açorianos, a princípio no Maranhão e mais tarde no Rio Grande do Sul, no Rio de Janeiro os minhotos deram o tom dominante "à porção ilustre" deste povo carioca. As entradas de negros cada vez mais maciças deram predominância no Rio de Janeiro à população de cor, formada de negros e mestiços.

A obra impiedosa e anticristã de liquidar os índios continuava sem interrupção. Nóbrega e Anchieta descreveram sem maiores recriminações o processo de terrorismo com que se impôs aos índios a paz cristã. Em 1789, na época do Vice-rei D. Luís de Vasconcelos e Souza, para reprimir hostilidades indígenas, o Sargento-mor Joaquim Xavier Curado, que mais tarde se distinguiu nas lutas contra Artigas (1816-1820) e no comando das forças que obrigaram as tropas portuguesas a abandonar o Rio de Janeiro (1822), recorreu aos "meios só capazes de os aterrar", para os afugentar.

Os moradores portugueses — ainda não eram cidadãos — devassos, de vida irregular, relaxados, constituíam uma minoria insignificante. Os primeiros cronistas, e especialmente os documentos da época, mostram a insegurança da vida no Rio de Janeiro, quer devido ao receio das multidões negras, quer às ameaças de invasão estrangeira. A grande maioria andava armada, apesar das medidas contra o uso das armas, proibido a negros e mulatos.

Quando se pensou, em 1646, em tornar novamente o Rio de Janeiro independente do Governo do Estado do Brasil, Salvador Correia de Sá e Benevides, no seu parecer no Conselho Ultramarino, confessa que "os moradores são um pouco absolutos, inobedientes e revoltosos por natureza, a que favorece muito a falta de superiores que os castiguem, por estar o governador tão longe, na cidade da Bahia; e assim fazem grandes motins em grande prejuízo da Justiça, de que sucede haver mortes e outros casos atrozes, sem castigo". Refere-se, então, ao movimento que houve em São Paulo, Espírito Santo e Rio de Janeiro, no tempo de Luís Barbalho. Para ele, as alterações e desobediências tinham origem em mandar o Rei, uma coisa e os governadores da Bahia outra, "por sinistras e contrárias informações".

A gente do Rio de Janeiro fora sempre assim, meio inquieta, meio rebelde, e afora levantes de índios e quilombos de negros, conhecera nesta sua primeira época muitos tumultos e revoltas. No tumulto de 8 de novembro de 1661, não se conseguiu reduzir os moradores à obediência; Agostinho Barbalho Bezerra, eleito pelos amotinados, governou em lugar de Salvador Correia de Sá e Benevides, embora fosse decapitado Jerônimo Barbalho, chefe dos amotinados, como exemplo das quatorze vezes que já haviam os cariocas incorrido nesses tumultos.

Um povo inconformado e indisciplinado, submetido à oligarquia dos Sá, que tanto abusaram de seu poder, promoveu tantas desordens e sublevações que em 1719 (11 de janeiro) uma ordem régia ao Governador do Rio de Janeiro proibia que se concedesse perdão nas sublevações civis e militares, só permitindo a promessa do mesmo em casos urgentes e graves.

Já se notou que à diferença de origem entre os escravos do Rio de Janeiro e os da Bahia se deve atribuir o espírito mais sossegado e quieto daqueles, que não promoveram nenhuma insurreição, como as que praticaram os malés, hauçás e nagôs na Bahia. Atribuiu-se à procedência banto a maior conformação do escravo do Rio de Janeiro, menos revoltado, mais comunicativo, mais alegre, embora no Quilombo dos Palmares predominasse o grupo banto.

O próprio Conde dos Arcos asseverou ter visto no Campo de Santana cerca de dez mil negros, quando da festa do Rosário, sem que nenhuma desordem a perturbasse. É verdade que estas festas adquiriram caráter oficial e serviram como um instrumento de sujeição dos negros à sociedade dominante. Mas o escravo do Rio de Janeiro foi sem dúvida mais submisso e mais facilmente aceitou a posição que lhe deram.

Durante todo o século XVIII, o Rio de Janeiro se encheu de escravos negros, especialmente de angolas (cerca de 10 000 por ano). A população branca constituía uma minoria insignificante, a porção ilustre do povo, como a chamou Baltazar da Silva Lisboa; a mestiçagem crescia também e começava a ser aceita oficialmente quando feita com o elemento índio, como mostra o decreto de 1755. Mas no Rio de Janeiro ela era de brancos e negros, e esta continuava infeta para os círculos oficiais e para uma minoria insignificante de reinóis. O povo, porém, a praticava cada vez mais, apesar da exigência da limpeza do sangue, originada de sentimentos religiosos antijudaicos, que se convertia no Brasil num meio de assegurar os privilégios da classe dominante, branca e européia.

Quando, em 1763, o Rio de Janeiro se transforma em capital do Vice-reinado e inicia a segunda fase da sua história, as características fundamentais de sua população estão formadas. Os que a conduziram, como os Vice-reis, ou os que a viram, como os viajantes, têm profunda repulsa pelo seu aspecto e não crêem em suas virtudes; e, mais ainda, parecem não crer ser possível que um Estado se desenvolva sob bases humanas tão precárias.

O Marquês de Lavradio, em cuja época ainda se formou um terço de cor, não prezava o povo que dirigia. "Estes povos", escrevia em 1779, "em um País tão dilatado, tão abundante, tão rico, compondo-se a maior parte dos mesmos povos de gente de pior educação, de um caráter o mais libertino, como são negros, mulatos, cabras, mestiços e outras gentes semelhantes, são difíceis de governar e todas as vezes que se tem tentado os reduzir têm sido imensas as desordens e inquietações".

Eram freqüentes e constantes as murmurações do povo, deste povo menor, embora em maioria, a que se juntavam várias vezes os protestos daquela minoria branca, européia, dominantemente minhota. Segundo o Marquês de Lavradio, esta era:

Gente de muita viveza, de um espírito muito inquieto e de pouca ou nenhuma sinceridade, sendo de notar que podendo adiantar-se muito estes povos na sua lavoura ou indústria com o trato daquelas gentes que na sua Província são os mais industriosos e que procuram tirar da terra todas as utilidades que lhe são possíveis, neste ponto em nada têm adiantado os povos, porque logo que aqui chegam não cuidam em nenhuma outra coisa que em se fazerem senhores do comércio, que aqui há, não admitirem filho nenhum da terra a caixeiros, por donde possam algum dia serem negociantes; e pelo que toca à lavoura se mostram tão ignorantes como os mesmos do País; e como aqueles homens abrangem em si tudo o que é comércio, os miseráveis filhos do País lhe são de tal forma subordinados pela dependência que têm deles, que se sujeitam muitas vezes a cometerem alguns excessos, sugeridos por aqueles contra seus naturais sentimentos; porém aqueles mesmos homens, como são gentes sem princípios e quase todos com uns nascimentos muito ordinários, nunca as suas intrigas e inquietações têm tal força, que possa ser dificultoso ou de maior cuidado ao Vice-rei do Estado o reduzir cada um a satisfazer as suas obrigações e a obedecerem ao que se lhes determina.

Os comerciantes não passavam de simples comissários e eles, com o clero relaxado, a Justiça subornável, a força militar indisciplinada, constituem os quadros das classes superiores da sociedade carioca do século XVIII.

O outro Vice-rei que substituiu Lavradio, Luís de Vasconcelos e Souza, na relação para seu sucessor repetia os mesmos conceitos.

Havendo em toda parte muita casta de vadios, que cometem insultos e extravagâncias inauditas, não é de admirar que no Rio de Janeiro, onde o maior número de seus habitantes se compõe de mulatos e negros, se pratiquem todos os dias grandes desordens, que necessitam ser punidas com demonstrações severas que sirvam de exemplo e de estímulo para se coibirem ainda que de nenhum modo se deve esperar que o sejam na sua totalidade.

Os viajantes europeus que por aqui passavam, também viam no Rio de Janeiro um povo de baixa origem e ínfima qualidade. Se os portugueses de posição eram mais afáveis e delicados, como escrevia o autor anônimo do *Journal d'un voyage sur les costes d'Afrique et aux Indes d'Espagne* (1730), aqui vivia "a mais indigna e maldita canalha de que há notícia".

## 3. A Estrutura Social

A estrutura social do Rio de Janeiro compunha-se da nobreza da terra, da mercancia e dos mecânicos, sem incluir os escravos que não contavam como classe, mas como casta. Quando se fazia necessário ouvir o povo, nele se incluíam apenas estes três estados sociais. Vieira Fazenda conta que em 1730, quando o Governador José da Silva Paes se dirigiu à Câmara, procurando saber como nela se costumava *ouvir o povo,* esta respondeu que por meio dos procuradores da nobreza, mercancia e mecânica, eleitos no Senado. Silva Paes ordenou então que se aumentassem os procuradores, sendo quatro pela nobreza, dos principais e mais antigos, dois pela mercancia e dois pelo último estado, ou mecânica. Esta se representava pelos ofícios vários com suas bandeiras.

Ouvir o povo nos negócios públicos não foi incomum, apesar da distinção e do peso menor que se dava aos mais modestos. Mas na Justiça — sempre tão renegada por todos, pelo relaxamento e corrupção de seus membros, também se distinguia. No Regimento que havia de usar o Ouvidor-geral do Rio de Janeiro, em 1647, estabelecia-se a gradação, nos casos de crime, entre escravos e índios, peões brancos livres e pessoas nobres, moços da Câmara Real e fidalgos. Aos primeiros se podiam aplicar todas as penas, exceto a de morte, com a assistência do Capitão-mor e Provedor; para os peões brancos e livres era permitido apelação ou agravo, caso não houvesse conformidade; para os nobres havia apelação e agravo para as penas menores e para as maiores a decisão cabia à Casa da Suplicação.

A estrutura social do Rio de Janeiro no Vice-reinado estava caracterizada por estas três classes, sem contar os escravos. Os pretos e pardos livres participavam do terceiro estado, apesar das inumeráveis barreiras sociais que impediam sua livre circulação, e da arregimentação com que organizavam suas tropas auxiliares a serviço do Rei e da Metrópole. Mas nas fazendas e engenhos viviam os nobres, isto é, a aristocracia rural fluminense, a fonte real do Poder do Estado.

Estas pessoas [escrevia o Conde da Cunha, primeiro Vice-rei] que tinham com que luzir e figurar na cidade e as que a enobreciam estão presentemente dispersas pelos distritos mais remotos e em grandes distâncias umas das outras, sem se tratarem com pessoa alguma, muitas destas casando-se mal e alguns deixando só filhos naturais e pardos que são seus herdeiros; pelo que se vê esta cidade, que pela sua situação e ponto deve ser a cabeça do Brasil, pois é a assistência dos Vice-reis, sem ter quem possa ser vereador, nem servir cargo autorizado, e só habitada por oficiais mecânicos, pescadores, marinheiros, mulatos, pretos boçais e alguns homens de negócios, dos quais muito poucos podem ter este nome; os brancos e os pardos só trajam de capotes, e até que eu aqui cheguei, com chapéus desabados, à imitação dos castelhanos, mas deste uso os desacostumei, ainda que com bastante violência.

A depravação dos costumes, a jogatina, os assassinatos e crimes, a prostituição, o ruído em excesso, a licenciosidade dos frades e clérigos, a ojeriza pelos militares e a aversão ao recrutamento são alguns dos aspectos sociais mais denunciados pelos documentos e cronistas coevos. A falta de liberdade e o receio do poder ilimitado das autoridades metropolitanas, do Santo Ofício, pesavam sobre todas as consciências e a ambivalência oriental-ocidental dominava a vida espiritual do Rio de Janeiro colonial.

O viajante Parny (1773) escreveu que o Rio de Janeiro era um paraíso terrestre, mas faltava "a única coisa que pode valorizar as demais, a liberdade. Tudo aqui está no cativeiro; pode-se entrar mas dificilmente sairá alguém do Rio de Janeiro".

Era realmente tão difícil sair da cidade, que o Conselho Ultramarino, todo-poderoso, era consultado nas licenças para viajar, para regressar ao Reino, ou para levar as filhas a professarem em um dos conventos.

## 4. A Influência Oriental

O caráter oriental arquitetônico do Rio de Janeiro já tem sido observado. Os muxarabiês, as gelosias, os balcões, as sacadas fechadas e sombrias dominavam a arquitetura colonial do Rio de Janeiro até a chegada do Príncipe Regente. E ao seu lado as mulheres embuçadas, sentadas no chão ou sobre esteiras, a multidão negra e mulata mostrava ao visitante, como dirá alguns anos mais tarde Martius, que não era um mundo europeu ocidental o Brasil de então. Aquela vestimenta que surpreendera o Conde da Cunha e merecera sua reprovação, os homens do povo com um poncho ou manto, e os nobres sempre com a espada à ilharga, as longas tranças das senhoras, homens e mulheres com cabelos crescidos, tudo isto dava aos viajantes a sensação de um mundo estranho.

## 5. O Crescimento da Cidade

O Rio de Janeiro crescera muito, comparado às cidades mais antigas, e não fora por obra do Vice-reinado. O longo período do Governo de Gomes Freire de Andrade (1733-1763) representa anos decisivos para o crescimento e consolidação do Rio de Janeiro, como centro de transmissão de comando da vida brasileira. Já um pouco antes, à época das descobertas das minas, quando se abriram os primeiros caminhos do Rio de Janeiro para as Minas (1697-1699), obra de Garcia Rodrigues Paes, filho de Fernão Dias Paes, o Rio de Janeiro começou a florescer e Duguay-Trouin encontra aqui ótimo espólio que pagasse as suas aventuras.

Prosperando com a abertura desses caminhos que davam ao porto do Rio de Janeiro a primazia na saída e nos lucros, a cidade foi-se tornando ainda mais importante quando, com Bobadela, as capitanias de Minas Gerais, São Paulo, Goiás, Mato Grosso, Santa Catarina e o Rio Grande do Sul ficaram subordinadas ao seu governo. O Vice-reinado, para o qual, segundo se escreveu, foi convidado antes de morrer, era o reconhecimento oficial da significação econômica e política que o Rio de Janeiro assumira durante estes anos e que agora se consolidava com o Governo de Bobadela.

Além disso, o Rio de Janeiro se tornara o centro literário mais original da fase colonial, mesmo em relação ao mineiro e ao baiano. Tudo contribuía para elevar o Rio de Janeiro ao Vice-reinado e transformá-lo na sede de transmissão do comando. E as suas contribuições nacionais e externas, nestes longos três séculos?

## 6. As Contribuições Nacionais do Rio de Janeiro

Nesta fase, o Rio ajudou a luta pernambucana contra os holandeses; libertou sozinho Angola com seus recursos, sua gente, seus navios aqui construídos; fez pesadas contribuições para o casamento da Princesa Dona Catarina, irmã del-Rei, com Carlos II, da Inglaterra, cujo dote, de dois milhões de cruzados, além de Bombaim e Tânger, pesou sobre os açúcares do Rio; concorreu ainda para a paz da Holanda, derrotada nos campos de Pernambuco, mas vitoriosa nas disputas diplomáticas européias, pois o Tratado de 1661 exigia quatro milhões de florins, a serem pagos anualmente, em dezesseis anos, à razão de duzentos e cinqüenta mil cruzados por ano, e foi também com o açúcar do Rio de Janeiro que se pagou a dívida portuguesa; ajudou a conquista, a consolidação e formação do Rio Grande do Sul, no esforço de guerra, no abastecimento e, mais tarde, com os casais e as gentes, homens e mulheres, que o povoaram; nas lutas na Colônia do Sacramento, o esforço do Rio de Janeiro não é menor; como também não pode ser esquecida sua contribuição para a reedificação de Lisboa, fatos todos que os documentos mostram com os números exatos.

O Rio de Janeiro favoreceu uma das maiores obras de todas que se pode orgulhar hoje o povo brasileiro: as discriminações raciais, políticas, militares, sociais, religiosas foram pouco a pouco sendo vencidas. Os preconceitos raciais perduravam, mas a miscigenação intensa foi vencendo e impondo a tolerância, a sensibilidade humana, o espírito aberto e acessível; a "Nação infeta", perseguida e repudiada, constituída de judeus sefarditas, ia pouco a pouco se restaurando até o decreto pombalino de 1773 que impediu a distinção entre cristão-velho e novo.

Já não eram mais necessárias as certidões de limpeza de sangue, indispensáveis para a conquista dos cargos e comissões oficiais. E se vencia também os vetos e as exclusões políticas. Ainda em 1709 os oficiais da Câmara do Rio de Janeiro representavam a el-Rei para que "nas eleições que se fizessem de oficiais do Senado da Câmara na cidade do Rio de Janeiro se não elegessem pessoas mecânicas, nem de nação, para haverem de servir nela os cargos de governança e que os Governadores se não intrometessem nas ditas eleições".

Desejava-se que o exercício dos cargos da República não fosse entregue a pessoas indignas, mas aos principais da terra. Esquecia-se, como dizia documento da época, que não se devia desluzir dos homens de negócios e dos plebeus e mais que:

> os homens que neste Reino são jornaleiros, caixeiros, trabalhadores, oficiais e outros semelhantes, em passando à América, de tal sorte se esquecem da sua vileza, que querem ter igualdade às pessoas de maior distinção e o mesmo acontece com seus filhos, netos e descendentes, como também com os sujeitos oriundos do Brasil, aonde seus avós serviram ofícios mecânicos, ou não lograrão nobreza, querendo uns e outros, naturais e forasteiros de inferior condição atropelar a nobreza principal da terra e servirem os cargos honrosos da República e especialmente se chegam a alcançar alguma patente das que os Governadores passam na América de capitães, sargentos-maiores e coronéis de Ordenança ou se sucede formar-se pela Universidade de Coimbra algum filho dos nomeados, ou sejam as cartas de formatura, ficam entendendo que cada um deles é benemérito para o cargo, ou lugar da maior suposição, que haja nesta Capitania.

O direito de poder ser eleito o mais modesto natural da terra (exceto o escravo) e de nenhuma sorte restringir-se à nobreza este direito, representa uma vitória democrática obtida no começo do século XVIII.

Os desmandos dos militares cresceram também com as facilidades que lhes criou o Conde de Bobadela, deles tão necessitado. Mas o Conde da Cunha restringiu seus excessos e Lavradio conta como pôde conter as alteradas jurisdições que por iniciativa sua se atribuía o Tenente-general João Henrique Böhm.

As vitórias políticas e sociais ganhas no Rio de Janeiro não eram poucas. E para enriquecê-las ainda mais, do ponto de vista nacional, é necessário não esquecer que Barbalho foi aqui decapitado por insurgir-se contra excessos das autoridades, e aqui também foi enforcado e esquartejado, pela causa da liberdade nacional, Joaquim José da Silva Xavier, o Tiradentes. São lições exemplares dadas ao povo para mantê-lo na disciplina e na obediência.

## 7. A Herança Colonial

Um período colonial largo e longo, frágil e arcaico, ambivalente nos seus contrastes euro-ocidental e afro-oriental, determinou todo o subdesenvolvimento posterior, que a fase nacional imperial e republicana não pôde vencer, porque não soube ou não quis com ele romper definitivamente. Os atrasos de hoje buscam suas raízes neste desordenado tempo de alienação, de serviços prestados a outros, e não a nós, de submissão, de coisas inacabadas, de regressões, de estruturas arcaicas à sua época, de sofrimentos acumulados, de tensões sociais e raciais pressionando a sensibilidade nacional. O Rio de Janeiro apresenta, como o Brasil em sua história colonial, a mesma monotonia política que caracteriza a história brasileira: elites alienadas, resistências às mudanças, compromissos transitórios. Parte-se sempre do zero histórico, e daí as marchas e contramarchas, e especialmente as regressões, tão comuns na nossa história.

## 8. A Independência

A Independência joga sua ação principal no Rio de Janeiro. Ela não rompe com o passado, nem vence a submissão econômica, antes muda a zona de dominação; é uma modificação das dependências.

Não é por ser sede do movimento que o Rio de Janeiro desempenha o papel principal de construtor da Independência, então a maior aspiração brasileira. Basta lembrar que ao poder do Rio só aderiram unânime e imediatamente São Paulo e Rio Grande do Sul; e para firmá-lo foi necessário sustentar a guerra da Independência, que durou onze meses e exigiu a organização de um exército e de uma esquadra que mantivessem a unidade política e a integridade territorial. As despesas para sustentar tudo isto couberam só ao Rio de Janeiro, como escreveu D. Pedro I, em carta de 17 de junho de 1821 a seu pai D. João VI e, testemunhou mais tarde, na Câmara dos Deputados, José de Resende Costa Filho, degredado e conjurado deputado na legislatura de 1826-1829. "A Província do Rio de Janeiro", disse ele em 12 de julho de 1828, "então ficou só sustentando a grande despesa pela nossa Independência, obrigada a pagar 4 000 homens de tropas em Montevidéu".

## 9. As Transformações Urbanas: A População e as Classes Sociais

Desde a chegada da família real em 1808, o Rio de Janeiro sofreu grandes transformações urbanas e adquiriu aspecto europeu que os novos viajantes observaram. Cidade mais européia que a Bahia e Pernambuco, escreveu Maria Graham no seu *Diário,* tal como escrevera Martius um pouco antes sobre a feição européia que o Rio adquirira com as mudanças e o reforço dos colonos portugueses, dos cientistas, viajantes e comerciantes europeus. No tom da sociedade, escreveu ele, referindo-se a São Paulo, notava-se ainda pouca influência européia. E assim vão observando os demais viajantes.

No capítulo da população não variava o aspecto, pois se a multidão era negra, a mestiçagem continuava sua obra de congraçamento racial e de mistura cultural. Naturalmente, a classe dominante, a camada mais branca reforçava também seus aspectos europeus. "As moças portuguesas e brasileiras (do Rio de Janeiro) são de aspecto decididamente superior às da Bahia; parecem de classe superior", escreveu Maria Graham. Mas a grande maioria continuava a constituir-se de pretos e mulatos, para alguns viajantes uma população abjeta, indecente e ignóbil.

Em cima, o senhoriato rural, em grande parte nobiliaquizado, e no meio uma pequena classe média constituída de professores, médicos, advogados, jornalistas, muitos mestiços de origem modesta, que a mobilidade social permitira subir. Por isso o viajante Victor Jacquemento se surpreendia com as vantagens sociais concedidas aos libertos e mais ainda com as atitudes de igualdade que os brancos suportavam dos pretos e mulatos livres. Os brancos das classes baixas viviam em pé de igualdade com os libertos de sua categoria.

A mestiçagem aumentava sempre e apresentava cada dia novas gradações e novos elementos. A permanência dos batalhões alemães no Rio de Janeiro provocou a mestiçagem afro-germânica, com que se atendia a idéia de Antônio Teles da Silva, amigo de D. Pedro I, de que era da Alemanha donde havemos mister tirar homens e mulheres para nos fazermos gente. Negros de várias etnias continuavam a chegar, e apesar do domínio branco português, havia gente européia variada que promovia a grande mestiçagem, dominante no conjunto da população carioca.

E ainda mais, o escravo do Rio, como escravo urbano, teve oportunidade de exercer uma influência nos costumes, hábitos e no folclore da sociedade em geral que o escravo da fazenda não conseguiu ter. E se não fora a presença desta gente com suas festas e danças, poder-se-ia crer, diz Lavollée, que o Rio de Janeiro era, em 1844, uma cidade européia.

A população da cidade do Rio de Janeiro era, por esta época, de 138 000 habitantes, possuindo a Província 437 500 (240 500 escravos e 197 000 livres) habitantes.

Hermann Burmeister observou que o mais surpreendente era a distinção de cor dentro da sociedade e das diversas camadas da população. "Latifúndios em mãos de gente de cor são caso excepcional. Os proprietários de terras e minas são, na quase totalidade, brancos." Por mais acentuadas que fossem as diferenças entre as várias classes e por menor que fosse a inclinação do branco para entrar em contato mais íntimo com a gente de cor, não se nota no trato cotidiano nenhuma diferença de casta, a não ser entre os homens livres e os escravos, acrescentava o viajante, observando ainda que os livres se tratavam com a maior deferência e que o mulato nunca pensaria em subordinar-se voluntariamente ao branco, nem o branco em menosprezar o mulato.

Foi na sociedade urbana, como a do Rio de Janeiro, que se desenvolveram aquelas várias formas de trabalhadores escravos, o negro de ofício, o negro doméstico, o negro de aluguel e o negro de ganho, que Ribeyrolles descreveu e Édison Carneiro estudou recentemente. Os pardos livres, dizia aquele, formavam "uma classe ativa inteligente que já ocupa seus postos. É um terceiro estado que se anuncia". Mas por isso mesmo que o trabalhador carioca era o negro, que sua população era mais negra e mulata que branca, que a educação infanto-juvenil dependia da ama negra e dos companheiros de cor, escreveu Oscar Canstatt, retomando a velha idéia de Vieira e de Bernardo Pereira de Vasconcelos, que "a Nação brasileira foi educada por negros".

Em face desse domínio, não causa surpresa que tantos observadores anotem que não é o perigo externo que se deve temer, mas o interno, constituído pela população negra submissa, mas capaz de revoltar-se, e pelo exército com apenas alguns regimentos brancos. Aí pelos meados do século passado, quando se travou a entrada dos africanos escravos, era comum o pensamento político de que a estabilidade e a segurança do Brasil estavam ameaçadas pelo predomínio da população negra escrava e mestiça.

## 10. O Rio e a Fabricação Histórica Nacional

O Rio de Janeiro, transformado em Município da Corte, pelo Ato Adicional de 1834, continuou a exercer sua hegemonia política. Com ela se transformava a cidade, bem como as características de sua população. Um centro universal — única Monarquia na América, repleta a princípio de refugiados políticos hispano-americanos e franceses —, o Rio de Janeiro soube ser a capital de que o Brasil precisava, apesar das insuficiências da ação da liderança que conduziu o País. A Independência, a chamada revolução brasileira, fora uma independência frustrada e o salto que se esperava fora em grande parte travado aqui mesmo pela ação dos proprietários de terra fluminense, os grandes senhores de terra, os fazendeiros de café, instrumentos todos de retardamento. Os traços de inquietude, de curiosidade, de debate de sua gente o converteram no grande teatro das manifestações políticas.

A Abdicação é um fruto do patriotismo carioca e as agitações regenciais revelam o espírito conspiratório que desde 1823 nascera e crescera aqui, especialmente nas fileiras das forças armadas e dos liberais. É certo que as punições exemplares de 1824 tinham contado senão com o apoio, pelo menos com o silêncio carioca. E nesta cidade, a 17 de março de 1825, foram enforcados no Largo da Prainha, atual Praça Mauá, João Guilherme Ratclife, João Metrovich e Joaquim da Silva Loureiro, participantes da Confederação do Equador.

A liderança conservadora que do Rio de Janeiro dominava o Brasil era especialmente constituída de fluminenses e mineiros e ajudada ainda pelos baianos.

É certo que o liberalismo brasileiro foi sempre uma forma eficaz e agressiva de conservadorismo social. Daí as passagens fáceis do liberalismo para o conservadorismo, que Sales Torres Homem representa bem. A grande vitória liberal de 1860, popular, entusiasta e ardente que elegeu a chapa inteira na cidade do Rio de Janeiro — Francisco Otaviano, Saldanha Marinho e Martinho de Campos — e parecia anunciar uma revolução —, reduziu-se, ao final, como todas as vitórias populares brasileiras, à manutenção do mesmo espírito rotineiro, que não liberta de nada, que se limita ao imediato e transitório.

Antes desta vitória, a cidade do Rio de Janeiro, muito controlada comercialmente pela colônia portuguesa, manifesta, em setembro de 1848 e em 1856, sentimentos antiportugueses, tal qual os da Revolução Praieira de Pernambuco. Se a cidade do Rio não foi exaltada nas suas manifestações de "patriotismo caboclo", como definia Varnhagen, nunca defendeu o regressismo, embora aqui florescessem também esses espécimes.

Grande foi a contribuição do Rio para a integridade do Império. Na guerra contra Rosas não só forneceu tropas do Exército e da Guarda Nacional, como realizou grandes esforços nos seus arsenais de guerra. Não foi menor, como testemunhou José Maria da Silva Paranhos, nas suas *Cartas ao Amigo Ausente,* o entusiasmo e o apoio da população do Rio de Janeiro às lutas no Sul. Quando a esquadra britânica, a pretexto de liquidar com o tráfico, atentava contra os interesses legítimos do comércio e da navegação, e insultava e ofendia a soberania nacional, invadindo nossos portos, destruindo nossos navios e seus bens, a população do Rio de Janeiro teve sempre consciência da necessidade de apoiar o Governo na sua ação patriótica.

Silva Paranhos, o futuro Visconde do Rio Branco, recriminava naquelas *Cartas* os excessos ingleses e louvava a ação política da população carioca, desde as resistências milanesas que evitavam compras de produtos britânicos, até as manifestações hostis contra casas comerciais e os próprios agentes britânicos.

> A população deve confiar no patriotismo do Governo imperial e não imitar com represálias violentas o vandalismo do cruzeiro inglês. Mas deve aquecer-se ao fogo sagrado da independência e da honra nacional e dispor-se para uma resistência à milanesa, logo que os homens patriotas que lhe devem servir de farol derem sinal de que é chegada a ocasião.

Os insultos e espoliações britânicos continuaram sem cessar, como acontece sempre com as grandes potências, ontem e hoje. Um pouco antes da Guerra do Paraguai, as violências, abusos, insolências do Ministro Christie provocaram em 30 e 31 de dezembro de 1862 grandes manifestações populares de desagrado, que certamente o levaram a aceitar o arbitramento. A revolta da população brasileira simboliza-se não só na reação do povo carioca, como na que Caxias manifesta ao escrever ao Visconde do Rio Branco: "tenho vontade de quebrar a minha espada quando não me pode servir para desafrontar o meu País de um insulto tão atroz".

Na Guerra do Paraguai, como mostrou Walter dos Santos Meyer, saíram do Rio de Janeiro 10% do total mobilizado, só ultrapassado pelo Rio Grande do Sul e Bahia, sem contar o esforço de guerra da mão-de-obra carioca. E coube ao carioca Francisco Otaviano de Almeida Rosa negociar e assinar o Tratado de Aliança Ofensiva e Defensiva entre o Brasil, a Argentina e o Uruguai, de 1865, que uniu os exércitos aliados na luta contra o Paraguai.

Mas este povo fiel e patriótico continuava sua tradição de alegria e jovialidade, de acolhimento e hospitalidade, aberto e acessível aos demais brasileiros, aos estrangeiros, às idéias, às novidades. O futuro Visconde do Rio Branco retrata, em 1851, o juízo que o povo revelava, então, a tal ponto que a Constituição não era mais suspensa. Realmente já em 1850 o Rio de Janeiro sofrera grandes transformações materiais e contava com uma vida social mundana e popular muito mais ativa e alegre. Estes melhoramentos se impulsionam novamente na década de 1870 a 1880, quando politicamente o Rio de Janeiro acolhe e agita as idéias abolicionistas e republicanas.

Com uma imprensa nacional que debatia os grandes problemas públicos e as grandes questões nacionais, possuindo a mais cultivada elite brasileira, o Rio de Janeiro liderou sempre todas as campanhas políticas. O abolicionismo foi uma das aspirações mais profundas do povo e da classe média e contou sempre com o apoio de grandes e esclarecidos líderes, como Joaquim Nabuco, mas com a obstinada objeção dos proprietários rurais e com a indiferença da Igreja. Mas o povo brasileiro, vítima da escravidão, sempre apoiou a campanha da libertação, uma das reformas mais demoradas e retardadas de nossa história.

Na *Cidade do Rio,* José do Patrocínio descreve a animação popular que cercou a aprovação da lei. Foi indescritível o entusiasmo popular, escreveu Benjamim Constant. "O Paço (mesmo as salas) e o largo estavam cheios de gente, e havia grande entusiasmo, foi uma festa grandiosa", escreve a Princesa Isabel a D. Pedro II.

A campanha republicana começou oficialmente nesta cidade com a fundação a 3 de novembro do Clube Republicano e a publicação de um Manifesto e um jornal, *A República,* a 3 de dezembro de 1870. O golpe militar que liquidou com a Monarquia não contou com o apoio popular e o povo desta cidade recebera D. Pedro II à sua chegada, em 22 de agosto de 1888, com ovação sentida que raramente se concede, porque ele era estimado e amado pelas pessoas de todas as classes e opiniões, escreveu uma testemunha insuspeita, o Ministro americano no Rio de Janeiro.

As manifestações populares do Rio de Janeiro e de todo o Império não impediram as conspirações militares, tão usuais e anormalizadoras do processo histórico.

## 11. O Destino Nacional do Rio

Com o fim do Império, um novo reexame da contribuição do Rio de Janeiro à evolução nacional pode ser feito. Já escrevi que foi aqui, nesta cidade, que se viu — viram brasileiros e estrangeiros, a desconformidade das instituições políticas com as realidades nacionais. Uma elite propunha soluções para outro povo, outra Nação. Ontem viam-se na Inglaterra ou na França os modelos políticos; com a República, veio a moda americana, como hoje, depois do golpe de 1964, é comum citar-se como modelares as instituições germânicas. Foi aqui que se fizeram os reajustamentos necessários, em face das divergências e dos radicalismos. Aqui se revelaram as secessões, as restaurações, as marchas e contramarchas, os progressos e os regressos, as derrotas e vitórias do arcaísmo, as vitórias e derrotas do futuro. As ambivalências culturais e políticas, os inconformismos das classes médias, as aspirações populares, o patriotismo caboclo e o radicalismo nacional, as ambições das oligarquias, os desmandos dos grandes interesses econômicos nacionais e estrangeiros, as vicissitudes do espírito civil, a supremacia militar, o envelhecimento das soluções, o aperfeiçoamento e vulgarização do povo; enfim, todas as peripécias da vida moral nacional se produziram e se refletiram no Rio de Janeiro.

Tudo isto tem uma duração maior que o simples período político, porque o tempo imperial não vence os obstáculos ao progresso que a colônia gerou, e deste modo a fragilidade conjuntural continua a exprimir a fortaleza das instituições básicas que se não reformam e não atendem às exigências sociais modernas. O Império é assim, como o é a República até 1930, um tempo perdido em relação ao pouco conseguido. A hipersensibilidade nacional é fruto destes sucessivos insucessos.

As vitórias materiais que os governos Rodrigues Alves e Afonso Pena obtêm no Rio de Janeiro, transformado num centro de irradiação do progresso nacional, não conseguem vencer o fantasma do ressentimento do povo com sua elite, nem ajudam a romper as estruturas coloniais que determinam o subdesenvolvimento. O Rio de Janeiro tornou-se então, como escreveu Pierre Denis, o orgulho de todos os brasileiros.

O ganho industrial no Rio de Janeiro — maior do Braisl até cerca de 1920 — mostra que era possível este esforço em escala nacional. O Rio é então a cidade-modelo, na pujança do seu esforço econômico, na síntese de sua população mestiça nacional, no poder de suas idéias renovadoras. O Rio não foge aos seus deveres nacionais e na Força Expedicionária Brasileira — mais ainda que no Paraguai — o maior contingente, dos 30 000 integrantes, era composto de cariocas (6 000); nas baixas, os cariocas ficaram em terceiro lugar.

## 12. Rio, o "Sonho de uma Nação"

O Rio foi o palco da mais renhida exibição de virtudes e pecados do personalismo nacional; pela sensibilidade muito viva que apurou nas grandes campanhas políticas de que sempre participou, civilista, tenentista, esquerdista e direitista e pelo espírito de conciliação que aqui se desenvolveu — tão dominante como característica quanto o antireformismo — o Rio de Janeiro continuou cabeça, pois foi aqui e não na Bahia, como disse Capistrano de Abreu, que primeiro se realizou o sonho de uma Nação.

Deixou o Rio de ser capital em 1960, mas cinco anos se passaram e a eficácia histórica nacional desta cidade — criadora de fatos históricos — continua imutável, apesar dos efeitos a longo prazo que se podem esperar de Brasília, na fabricação do Brasil interno e sertanejo. A história revela como a cidade do Rio de Janeiro pôde possuir-se de espírito nacional. Ao longo de sua vida ela, como capital, recebeu todos, cuidou de todos, deu destino a todos os que a procuraram. Seu povo, fiel e patriótico, continua sua tradição de alegria e jovialidade, de acolhimento e hospitalidade, aberto e acessível aos demais brasileiros, aos estrangeiros, às idéias, às novidades.

A migração para o Rio tem uma longa história, mas nestes últimos anos, de 1940 a 1960, a cidade recebeu os segundos ganhos migratórios, depois de São Paulo: em 1940, 663, 686, e em 1950, 929, 846 pessoas vindas em sua maioria do Estado do Rio de Janeiro, de Minas Gerais e do Espírito Santo. Em 1950, com 2 377 451 habitantes, apenas 1 223 460 eram cariocas. O Rio de Janeiro foi um pouco de tudo, medida e mistura de tudo, sal do Brasil.

Com o falar mais nacional de todos, considerado pelos lingüistas como padrão culto brasileiro, o carioca, mais que nenhum grupo regional brasileiro, promoveu a nacionalização do Brasil. Aqui os que vinham para morar ou estavam de passagem aprendiam a defender a unidade nacional. A nacionalização da vida brasileira foi a chave da nossa cultura atual.

## 13. Cidade a Serviço da Integração Nacional

O Rio promoveu maior mobilidade, integrou grupos e derrotou o negativismo. Por isso mesmo não é surpresa que a maioria de prefeitos do Distrito Federal não tenha sido carioca, como não o são hoje seus representantes políticos, e os que exercem os mais altos cargos no Estado da Guanabara. Não era carioca, no IV Centenário, o seu Governador (de Vassouras), como não eram cariocas seus três Senadores (um gaúcho, outro mineiro e outro alagoano) e vários Deputados federais são de outros Estados; dos Deputados estaduais, há dois paulistas, um piauiense, dois gaúchos, dois mineiros, quatro baianos, embora predomine uma maioria carioca.

Na Justiça do Estado, seu mais alto Tribunal, formado de 36 desembargadores, apenas onze são cariocas (menos de um terço), nove são mineiros, quatro baianos, dois fluminenses, dois pernambucanos e um alagoano, um paraense, um paranaense, um maranhense, um paulista, um catarinense e um gaúcho.

Nas instituições federais localizadas na cidade, antes e depois da transferência da capital, o carioca nem sempre é presente. Nas culturais, por exemplo, nenhum carioca dirigiu a Biblioteca Nacional, a não ser interinamente; a Universidade Federal localizada no Rio de Janeiro há anos tem um Reitor baiano e das catorze unidades universitárias, apenas cinco têm diretores cariocas; na Academia Brasileira de Letras, dos quarenta membros, apenas três são cariocas.

Um exame estatístico mostra como aqui não foram os cariocas os mais contemplados, pois ainda no ano de 1965 disputaram as eleições vários candidatos a Governador, nenhum deles carioca.

Tem-se dito e repetido que o carioca é boêmio e leviano, o que falta à mais elementar verdade e revela a incapacidade dos observadores. A cidade gerou muitos tipos humanos, na variedade enorme de temperamentos, mas pode-se inicialmente lembrar que os famosos e grandes boêmios do Rio de Janeiro não foram cariocas, como Paula Ney, Guimarães Passos, Emílio de Menezes, Coelho Neto, Bastos Tigre, James Ovale, Rubem Braga. A exceção seria Vinicius de Moraes. Grandes figuras de cariocas foram e são, entre outras, numa amostra exemplificativa moderna: D. Pedro II, o Barão do Rio Branco (boêmio no começo, erudito a seguir), Pandiá Calógeras, Machado de Assis, Lima Barreto, Roquete Pinto, Miguel e Álvaro Osório de Almeida, Alceu Amoroso Lima. Nestes o traço dominante não é a puerilidade.

Castigos exemplares foram infligidos ao povo desta cidade a fim de mantê-lo na disciplina e na obediência e servirem de lição nacional. Aqui foi decapitado Jerônimo Barbalho por insurgir-se contra os excessos de autoridades; aqui foi enforcado e esquartejado, pela causa da liberdade nacional, Joaquim José da Silva Xavier, o Tiradentes; aqui foram enforcados João Guilherme Ratclife, João Metrovich e Joaquim da Silva Loureiro, participantes do Movimento Revolucionário de 1824. Mas o Rio de Janeiro tem sido, também, o bastião indomável das lutas políticas, a cidadela da oposição e da liberdade, desde os tempos mais remotos. Por isso suas campanhas políticas são campanhas nacionais que exprimem aspirações nacionais.

O Rio é uma cidade que tem sido traída, sempre traída. O Deputado alagoano Aurélio Viana, antes de ser Senador pelo Rio de Janeiro — cujo povo soube vencer sua ofensa —, disse na Câmera, no dia 29 de novembro de 1960, a propósito de verbas especiais para o recém-criado Estado da Guanabara, que ele as pleitearia também para seu Estado natal, pois não via diferença substancial entre o povo da Guanabra e o de Alagoas. Bem, todos sabem que não há nenhuma diferença entre o povo carioca e o alagoano, partes da Federação, e que todos os dois, como os demais, prestaram ao País serviços valiosos. Mas não havia necessidade de negar-se o auxílio, alegando tal igualdade e defendendo o direito para seu Estado, que ninguém negava.

Não será, portanto, surpresa que os habitantes da cidade-Estado venham pouco a pouco criando um espírito bairrista que representará um prejuízo cultural para o Brasil. Porque, na verdade, enquanto Brasília não cria um espírito nacional, o Rio de Janeiro precisa continuar a representar o seu papel de criador principal da unidade nacional. A unidade não é um ato oficial; é uma criação *à longue durée,* que não pode sofrer colapso ou rupturas. Nem a cidade do Salvador foi capaz de criar esse espírito, de gozar da força de integração, do poder de síntese que fez do Brasil uma das mais homogêneas nações continentais.

Os desequilíbrios regionais representam uma grave ameaça, mas a herança maior que se deve proteger e que Brasília ainda não exprime, ao passo que o Rio continua a representar, é a unidade nacional. A História, que não é antologia da morte, mas da criatividade, guardará estes momentos de transição criadora, em que o povo do Rio de Janeiro está transmitindo ao de Brasília a função nacionalizadora que lhe coube por três séculos.

Parte II: HISTORIOGRAFIA ESTRANGEIRA
SOBRE O BRASIL

# 1. MARTIUS*

Karl Friedrich Philipp von Martius nasceu em Erlangen, na Baviera, a 17 de abril de 1794. Pertencendo a família tradicionalmente vinculada às ciências naturais, revelou desde estudante na Universidade de Erlangen decidida predileção pela botânica. Transferido para a Universidade de Munique, já em 1814 era adjunto do botânico Schranck, inspetor do Jardim Botânico, e realizava excursões científicas pelos arredores. Foi nomeado adjunto da Academia em outubro de 1816.

Neste ano, o casamento da Arquiduquesa D. Leopoldina da Áustria com D. Pedro I tornou-se decisivo para o futuro do jovem estudioso, que desde então dedicou sua ope-

* Publicado na *Revista de Historia de América,* México, dez. 1956, pp. 431-433.

rosidade ao mundo brasileiro. Para acompanhar a Princesa, depois primeira Imperatriz do Brasil, resolveu a Corte de Viena nomear uma comissão de naturalistas, que devia proceder a um estudo das produções naturais brasileiras. Foram escolhidos sábios de reputação formada, como Johann Christian Mikan, Johann Emmanuel Pohl e Johan von Natterer, e os pintores Thomas Ender e Buchberger. À comissão incorporaram-se, por solicitação do Governo da Baviera, Johan Baptist von Spix e K. F. Ph. von Martius; e, a pedido do Governo da Toscana, Giuseppe Raddi. Martius, que viajou em companhia de Mikan, Ender e Spix, chegou ao Rio de Janeiro a 15 de julho de 1817. Todos empreenderam viagens de pesquisas e publicaram trabalhos científicos, alguns já traduzidos para o português, como os de Pohl, Spix e Martius.

Durante quase dois anos e meio, Spix e Martius percorreram o Centro, o Leste, o Nordeste, a Amazônia, chegando à fronteira do Peru. Nessa viagem de 1400 milhas geográficas, Martius colheu material de 6 500 espécies de plantas, enquanto Spix colecionou 85 espécies de mamíferos, 350 de aves, 130 de anfíbios, 116 e de peixes e 2 700 insetos. De todas as expedições científicas, esta é considerada como a de mais amplos e profícuos resultados. Spix faleceu em 1827, no curso da publicação da *Reise in Brasilien*[1] e Martius sobreviveu-lhe mais de quarenta anos de fecunda atividade científica consagrada ao Brasil. Distinguiu-se desde cedo com seus trabalhos *Genera et species palmarum*[2], *Nova genera et species palmarum*[3], até a monumental *Flora Brasiliensis*, a maior obra que jamais se escreveu sobre as coisas brasileiras. Foi iniciada em 1840, continuada por Eichler e Urban, e concluída em 1906, com 20 733 páginas, 3 811 tábuas, descrevendo 22 767 espécies de plantas e representando 6 246 espécies.

Passados cinqüenta anos, a *Flora Brasiliensis* continua a constituir a maior empresa de seu gênero. É, no campo da botânica sistemática, a expressão clássica do espírito pesquisador do século passado. A publicação foi dirigida por Martius, de 1840 a 1868, sendo impressos 46 fascículos, onde estão classificadas 850 famílias, com mais de 8 000 espécies, e perto de 1 400 figuradas, em 1 071 estampas. A obra toda está contida em 15 v. *in-folio,* em que se reúnem 130 fascí-

1. Munique, 1823-1831.
2. Munique, 1823, 5 v.
3. Munique, 1823-1832.

culos, dos quais 46 dirigidos por Martius[4].

Acerca do valor atual da *Flora*, escreve F. C. Hoehne:

> Tendo levado 66 anos para ser completada, a *Flora Brasiliensis* já podia ser considerada obra antiquada ao aparecer seu último fascículo, em 1906, e, se somarmos a isto os anos de lá para cá, temos que mais 34 são decorridos, o que também dá aos últimos volumes uma idade que bem reclama uma revisão. ... Poderão as monografias expostas na *Flora Brasiliensis* satisfazer as necessidades da botânica? É claro que não, porque não podem mais inspirar confiança. Muitas espécies descritas na obra em apreço também não estão bem distinguidas, porque foram, muitas vezes, baseadas em material escasso e aqueles que elaboraram as diagnoses o fizeram de acordo com as necessidades da época em que viveram e hoje bem diferente é a nossa exigência nesse sentido. Terá, porém, a *Flora Brasiliensis* perdido o seu valor pelo fato de estar antiquada? De modo algum. Ela será sempre necessária, sempre será útil e seu valor bibliográfico e histórico hoje é maior do que foi na época em que apareceu[5].

Vários outros trabalhos botânicos de menor vulto publicou Martius. Na etnografia e lingüística indígenas destacam-se especialmente *Das Naturell, die Krankheit, das Artzthum und die Heilmittel der Uberwohner Brasiliens*[6], considerada por Herbert Baldus a melhor, ou, pelo menos, a mais completa do gênero[7], as *Beiträge zur Ethnographie und Sprachenkunde Amerikas zumal Brasiliens*[8], e a *Glossaria Linguarum Brasiliensis*[9]; nas *Beiträge* sustentava Martius idéias consideradas hoje insustentáveis, mas, ao mesmo tempo, iluminava a tosca divisão dos índios do Brasil

---

4. O principal trabalho brasileiro sobre Martius, do ponto de vista histórico-científico, ainda é o de Rodolfo Garcia, "História das Explorações Científicas" (*Dicionário Histórico e Geográfico Brasileiro*, edição da Revista do Instituto Histórico e Geográfico Brasileiro, Rio de Janeiro, 1922, pp. 856-910). Neste resumo seguiu-se este trabalho (cf. pp. 887-889) e os de José Soares Dutra, *Martius,* Rio de Janeiro, Emiel Edit., 1942, e do Pe. Balduíno Rainho, S. J., *Martius,* São Paulo, Instituto Hans Staden, 1952.

5. F. C. Hoehne, "O primeiro centenário do início da publicação da Flora Brasiliensis de von Martius", *Revista dos Amigos da Flora Brasileira* (São Paulo), v. I, 1940.

6. Munique, 1844. Trad. brasileira: *Natureza, Doença, Medicina e Remédios dos Índios Brasileiros,* tradução de Pirajá da Silva, São Paulo, 1939 (Brasiliana, vol. 154).

7. Herbert Baldus, "A Viagem pelo Brasil de Spix e Martius", *Revista do Arquivo Municipal de São Paulo,* vol. 69, pp. 131-146: cf. p. 136.

8. Leipzig, 1867. As *Beiträge* compõem-se de três estudos: O Passado e o Futuro da Humanidade Americana; O Estudo do Direito entre os Aborígines do Brasil (trad. de Albert Loefgren, *Revista do Instituto Histórico e Geográfico de São Paulo,* vol. IX, 1906, pp. 20-82; nova versão de Amaral Coutinho, São Paulo, 1938); e Uma Sinopse Etnográfica dos Índios do Brasil e das Regiõe Limítrofes.

9. Erlangen, 1963.

em Tupi e Tapuia, apresentada desde o século XVII por Simão de Vasconcelos. Estabelecendo uma nova classificação em grupos, Martius podia ser chamado, segundo sustenta Herbert Baldus, "o fundador da etnografia brasileira, por ter sido o primeiro a dar uma sinopse etnográfica, não somente de uma faixa mais ou menos larga do litoral, como fizeram seus predecessores, mas do Brasil inteiro, considerando condignamente também as tribos até então tratadas como Tapuias, investigando extensivamente, além das línguas, numerosos outros aspectos sociais e culturais, e abrindo, com tudo isso, os alicerces para o estudo científico das populações índias deste vasto País[10].

Martius foi, assim, para o chefe da Seção de Etnografia do Museu Paulista, o primeiro grande sistematizador da etnografia brasileira, apesar das deficiências que hoje se podem notar em sua obra. Para Baldus, ainda, Martius, com Karl von den Steinen e Paul Ehrenreich são os três principais iniciadores da etnologia brasileira do século passado[11]. Martius sustentava, nas *Beiträge*, que os americanos não são selvagens, mas asselvajados e decaídos. Para Baldus, durante os três anos em que Martius percorreu o interior do País, de São Paulo ao Maranhão, subindo o Amazonas, ficou conhecendo índios de numerosas tribos, mas geralmente indivíduos isolados de sua cultura originária e muito influenciados pelo contato com os brancos, ou tribos que sofreram consideravelmente essas mesmas influências. Foram tais índios que serviram de base à formação de determinadas hipóteses do grande botânico. "Apesar de considerar o Brasil etnograficamente um enorme formigueiro, com migrações internas sem cessar Martius fez uma classificação dos índios que marcou época e serviu aos trabalhos de K. von den Steinen e Ehrenreich."

A expedição austríaca e bávara de 1817 foi a mais frutífera de todas as expedições científicas do século XIX, e Martius nela figurou como a estrela mais evidente e mais iluminadora.

A relação da *Viagem* foi feita em três grossos volumes, tendo sido o primeiro publicado em 1823 e o último em 1831[12].

10. *Beiträgen, 1963.*
11. Herbert Baldus, "Etnologia", *Manual Bibliográfico de Estudos Brasileiros,* Rio de Janeiro, 1949, p. 203.
12. *Reise in Brasilien* (Munique, 1823-1831). Tradução brasileira promovida pelo Instituto Histórico e Geográfico Brasileiro, para comemoração do seu centenário. Tradução de Lúcia Furquim Lahmeyer e revisão de B. F. Ramiz Galvão e Basílio Magalhães. Rio de Janeiro, Imprensa Nacional, 1938, 3 v. e um volume de Atlas e Ilustrações.

Para a historiografia, a *Viagem* e seu ensaio "Como se deve escrever a História do Brasil" são as duas mais importantes contribuições.

*A Viagem* contém numerosíssimas observações botânicas, cuja importância, acertos e equívocos foram assinalados pelos competentes. Do ponto de vista psicológico, apesar das censuras levantadas por Herbert Baldus, em relação aos índios, de que Martius era péssimo psicólogo[13], não se deve esquecer que muitas de suas anotações sobre a gente brasileira, suas formas psicológicas, seu comportamento, a posição da mulher, representam as primeiras páginas de um retrato impressionista do povo brasileiro, antes inteiramente alheado das preocupações dos cronistas.

Nos modernos estudos sobre as características nacionais, não se pode deixar de lado o brasileiro do princípio do século XIX visto por Martius, e, de certo modo, aproveitado por Capistrano de Abreu nos seus *Capítulos de História Colonial*[14].

Martius notou que a considerável imigração portuguesa, além da vinda de bom número de ingleses, franceses, holandeses, alemães e italianos, que depois da abertura dos portos (1808) aqui se estabeleceram, imprimiu mudança nas características dos habitantes. Para ele, o estabelecimento da Corte fez acender em todos os brasileiros o sentimento de patriotismo e a "constituição colonial de duzentos anos (na verdade trezentos) deixou impressão forte demais no caráter do brasileiro, para que ele pudesse já agora devotar-se com a mesma energia que induz o europeu aos sérios labores da indústria, da arte e das ciências, que asseguram a força íntima de um Estado". Esse desamor pelo trabalho, tão observado mais tarde por historiadores e sociólogos, ligava-se ao "gosto pela comodidade, pelo luxo, e pelas formas agradáveis da vida exterior, que se espalhou aqui mais rapidamente que o amor pelas artes e pelas ciências". Notava, ainda, a pequena inclinação portuguesa para as ciências e que entre os naturais eram os mulatos os que manifestavam maior capacidade e diligência para as artes mecânicas e extraordinário talento para a pintura. Nas peculiaridades regionais, assinalava que o paulista se distinguia pela sua fidelidade e obediência, e gozava, em todo o Brasil, da fama de grande franqueza, coragem invencível e romântico pendor para afrontar venturas e perigos; com es-

---
13. Herbert Baldus, "A Viagem, etc.", pp. 136, 141.
14. Cf. 4.ª ed., preparada por José Honório Rodrigues, Rio de Janeiro, Sociedade Capistrano de Abreu, 1954.

ses dotes generosos, o caráter paulista adquiria também um traço de impetuosidade nas cóleras e vinganças, de orgulho e inflexibilidade e, por essa razão, era temido pelos vizinhos e o estrangeiro não via no seu modo altivo senão seriedade fria e caráter. O orgulho dos paulistas pode ser descuplado apenas pelo fato de poderem eles gabar-se de que as façanhas de seus antepassados lhes dão direitos sobre a parte nova do mundo, direitos que não tem o colono europeu. Com razão considerava o paulista como o mais forte, saudável e enérgico habitante do Brasil. Aí estava nestes traços psicológicos, o pioneirismo progressista dos bandeirantes. Reparava que o gosto pelo luxo europeu não se desenvolvera tanto entre os paulistas quanto entre baianos e pernambucanos, e que o jogo era menos freqüente em São Paulo. A educação e os costumes eram os da Mãe Pátria, modificados pela influência da literatura francesa, ou inglesa, pelas experiências da vida e pelo conhecimento ou desconhecimento da Europa. As divergências políticas eram maiores na Bahia e em Pernambuco, havendo numa das duas camadas em que se dividia a opinião naquela primeira Província um maior apego a Portugal e à conservação das leis e praxes portuguesas. Estabelece valiosas relações entre a alimentação e a ocupação, com o gênio alegre ou entristecido. Nota, em certos trechos, as preponderâncias portuguesas sobre as brasileiras, as indígenas, especialmente o desamor ao trabalho sistemático e os malefícios do contato dos europeus sobre os índios. Diferenças regionais, de gênio e temperamento, ou de caráter, como melhor se diria hoje, não escapam ao olho clínico de Martius, que escreveu não se encontrar

na população de Belém nem a animação espirituosa do trato desembaraçado do pernambucano, nem a expedita atividade comercial do baiano, prático, sólido, nem a delicadeza insinuante do maranhense, o donaire cavalheiresco do mineiro, nem o gênio afável e franco do paulista. O paraense é homem do hemisfério sul, a quem o ardor do sol equatorial embota a característica vivacidade do temperamento meridional.

A *Viagem* de Martius representa, assim, sob o aspecto humano, uma grande contribuição ao estudo psicossocial da gente brasileira. Foi, sobretudo, a *Viagem* que lhe perpetuou o nome entre os brasileiros, pois a *Flora,* apesar de seu monumental subsídio, era um livro para naturalistas eruditos.

A *Viagem* adquire, com o passar do tempo, maior expressão como fonte histórica de primordial significação. É uma descrição viva do Brasil entre 1817 e 1820. Na bibliografia exótico-brasileira, essa obra ocupa lugar destacado, de difícil comparação.

Na historiografia, é seu programa filosófico-metodológico "Como Cumpre Escrever a História do Brasil", publicado em 1845[15], que mereceu maior atenção dos membros do Instituto Histórico e, mais tarde, de estudiosos de nossa história. Deve-se a Januário da Cunha Barbosa (1780-1846), Secretário do Instituto Histórico e Geográfico Brasileiro, a proposta, a 14 de novembro de 1840, de oferecer cem mil-réis como prêmio a quem apresentasse ao Instituto um plano para se escrever a história antiga e moderna do Brasil, organizado de tal modo que nele se compreendessem as partes política, civil, eclesiástica e literária. O Instituto, considerando excelente a idéia, resolveu acrescentar mais cem mil-réis ao prêmio, que nestas condições foi anunciado. Candidataram-se Henrique Júlio de Wallenstein e Martius. O trabalho de Wallenstein, "Sobre o Melhor Plano de se Escrever a História Antiga e Moderna do Brasil"[16], considerava o mais acertado seguir Tito Lívio, João de Barros e Diogo do Couto, isto é, expor a história em décadas, narrando-se os acontecimentos dentro de períodos certos. Só assim, dizia, seriam os sucessos bem encadeados. O texto deveria conter especialmente a história política, considerada principal. A história civil, eclesiástica e literária deveria ser exposta no final das décadas, em separado, servindo de observação ao texto.

Já o plnao de Martius merece outra consideração. Não se pode dizer precisamente que se tratasse de um programa de metodologia histórica, pois os primeiros seminários de Leopold Ranke e de Georg Waitz foram iniciados pouco depois. Martius não tinha nenhuma formação de historiador, como, por exemplo, seu patrício Heinrich Handelmann (1827-1891), autor da *Geschichte von Brasilien*[17], discípulo de Waitz, por sua vez discípulo de Leopold Ranke. Não havia, assim, nenhum rigor metódico e científico na lição que Martius apresentava aos brasileiros. Era mais o fruto de sua própria experiência no grande centro científico da Alemanha e das valiosas observações que sua *Viagem* permitira colher. Mas contém tantas idéias gerais sobre o problema da história brasileira, que servirá de ponto de parti-

15. *Revista do Instituto Histórico e Geográfico Brasileiro*, t. 6, 1845, pp. 389-411.
16. *Revista do Instituto Histórico e Geográfico Brasileiro*, t. 45, pp. 159-160. Assinado do Rio de Janeiro, 30 set. 1843.
17. Munique, 1860.

*161*

da para vários trabalhos que, mais tarde, serão escritos sob a inspiração do método ali delineado. A força de penetração de Martius, a acuidade de suas observações e de suas idéias gerais sobre a história brasileira vão facilitar aos que o seguiram a delimitação mais exata, a segregação de certos tipos ou de certas seções de nossa história.

Martius é o primeiro a chamar a atenção sobre a importância da contribuição das três raças na história brasileira. É o primeiro a dizer que seria um erro, em face de todos os princípios da historiografia, desprezar as forças dos indígenas e dos negros importados, forças essas que igualmente concorreram com o elemento europeu para o desenvolvimento físico e civil da totalidade da população. Lembra, então, a necessidade de se estudarem os indígenas, seus costumes, seus usos, sua língua; de se ter sempre em conta, ao estudar o papel dos portugueses, que o período de descobrimento e colonização primitiva do Brasil não poderia ser compreendido senão em conexão com as suas façanhas marítimas, comerciais e guerreiras, e jamais ser considerado como fato isolado na história; que o historiador do Brasil jamais deveria perder de vista, na história da colonização e do desenvolvimento civil e legislativo do País, os movimentos do comércio universal de então, incorporando-os mais ou menos extensamente à nossa história.

Apontou, ainda, a necessidade de se estudar a história da legislação e do estado social da Nação portuguesa, para poder mostrar como nela se desenvolveram pouco a pouco instituições municipais tão liberais como as que foram transplantadas para o Brasil, e averiguar quais as causas que concorreram para o seu aperfeiçoamento neste País. Acentuqu o papel dos jesuítas e mostrou ser necessário estudar-se o desenvolvimento das relações eclesiásticas e monacais. Indicou como uma das tarefas de maior interesse mostrar como se estabeleceram e desenvolveram as ciências e artes, como reflexo da vida européia. Sem se esquercer dos menores detalhes, Martius acrescentava que se devia mostrar como viviam os colonos, transportando o leitor para suas casas, tanto na cidade como nos estabelecimentos rurais, fossem eles cidadãos ou escravos. Para evitar o conflito das histórias especiais de cada província, que então se andava propondo, lembrava que melhor seria tratar conjuntamente daquelas porções do País que, por analogia de sua natureza física, pertencessem umas às outras, ou seja, que se fizessem histórias dos grandes grupos regionais. Assim, por exemplo, propunha a convergência da história das possessões de São Paulo, Minas Gerais, Goiás e Mato Grosso; a do Maranhão e Pará; a de Pernambuco com o Ceará, Rio Grande do Norte e Paraíba; a história de Sergipe, Alagoas e Porto Seguro não poderia ser escrita sem a da Bahia. Era, assim, a primeira sugestão de história regional que se fazia no nosso País.

É evidente que se Martius não propôs classificação alguma de épocas ou períodos, suas idéias serviram muito para daí em diante relacionarem-se os fatos, agrupá-los e, portanto, dividi-los sob melhor critério. O parecer do Instituto Histórico que decidiu dos dois planos que concorreram ao prêmio, e de que foi relator Freire Alemão[18], grande naturalista brasileiro, diz que o de Martius é profundamente pensado. Dizia mesmo que era bom demais e que não poderia ser posto em prática naquele momento, mas serviria de modelo para quando fosse realizável. E acrescentava que sua utilidade se manifestava desde logo na direção que deveriam tomar as investigações históricas do Brasil[19].

Diz-se muito que o plano de Martius foi seguido por João Ribeiro, ao preparar o seu *Compêndio de História do Brasil*[20]. Assim disse, por exemplo, o crítico literário brasileiro, de grande nomeada então, Araripe Júnior[21]. Não nos parece que se possa sustentar tal hipótese, exceto na valiosa sugestão da formação étnica regional. Neste sentido já observamos que João Ribeiro, influenciado por Martius, notara em cada um dos núcleos primitivos da Nação um sentimento característico: o da Bahia é o da religião e da tradição; o de Pernambuco é o radicalismo republicano e extremo de todas as revoluções; o de São Paulo (Minas Gerais e Rio de Janeiro) é o liberalismo moderado; o do Amazonas, demasiado indígena, é talvez o da separação, como o é, no extremo sul, demasiado platino. Excluídas as duas últimas não há que negar a capacidade de observar certas feições características, capazes de ajudar a futura e complicada pesquisa das relações de comportamento entre a estrutura e a superestrutura, indispensável a uma periodização[22]. No reconhecimento e pesquisa das diversi-

---

18. "Parecer do Dr. Francisco Freire Alemão, Monsenhor Joaquim da Silveira e Dr. Thomas Gomes dos Santos sobre a Memória... Como se deve escrever a História do Brasil (20 de maio de 1847)", *Revista do Instituto Histórico e Geográfico Brasileiro,* t. 9, p. 279.
19. Estas apreciações sobre o Plano de Martius são reproduzidas de nossa *Teoria da História do Brasil,* 2.ª ed., São Paulo, Companhia Editora Nacional, 1957, v. 1, pp. 160-163.
20. 1.ª ed., Rio de Janeiro, 1900; 15.ª ed., Rio de Janeiro, 1955.
21. Cf. p. 11 da 12.ª ed. do *Compêndio.*
22. José Honório Rodrigues, *Teoria da História do Brasil,* cit., p. 174.

ficações regionais que compõem o nacional, João Ribeiro seguia Martius, que primeiro viu e demonstrou a necessidade de sua investigação. Na verdade, um exame comparativo das fontes da *História* de João Ribeiro poderá revelar sua aproximação com a *História do Brasil* de Heinrich Handelmann na feitura de suas divisões e na inspiração de certas idéias classificadoras na exposição. Capistrano de Abreu, em carta de 1923[23], escrevia a João Lúcio de Azevedo que Handelmann era muito apreciado por João Ribeiro e Oliveira Lima. É mais um testemunho da possível influência de Handelmann sobre João Ribeiro.

De Martius viria mais a grande idéia, inteiramente aproveitada e originalmente exposta, de que a história deve encarar o Brasil como uma federação de províncias.

Martius continua vivo no Brasil e o elogio acadêmico do orador do Instituto Histórico, Joaquim Manuel de Macedo, recitado a 15 de dezembro de 1869, "Martius é nosso pela ciência e pelo amor", é, ainda, expressão do sentimento culto brasileiro. A melhor demonstração consiste na ininterrupta série bibliográfica consagrada à sua figura e ao seu trabalho[24].

23. *Correspondência de Capistrano de Abreu*, edição organizada por José Honório Rodrigues, Rio de Janeiro, Instituto Nacional do Livro, 1954, 2 v., volume II, p. 244.

*24. Pe. Balduíno Rainho, S. J., Martius.* São Paulo, Publicações da Sociedade Hans Staden, 1952; Frederico Sommer, *A Vida do Botânico Martius,* São Paulo, Companhia Editora Melhoramentos, 1955; Ricardo Martins (Guilherme Auler), "Martius e D. Pedro II", *Tribuna de Petrópolis,* 1º jan. 1956, registrando documentos novos existentes no Arquivo da Casa Imperial (Petrópolis). As cartas de Martius ao Mordomo da Casa Imperial, Paulo Barbosa, estão na posse de Américo Jacobina Lacombe, Diretor da Casa de Rui Barbosa.

## 2. SIR CHARLES WEBSTER*

Conheci Sir Charles Webster em 1950, em Londres, num jantar que o Instituto de Pesquisa Histórica, dirigido pelo Prof. J. G. Edwards, me ofereceu, com a presença de Arnold Toynbee, Charles Boxer, Robin Humphreys e E. J. Passant. Trabalhista, admirador de Harold Laski, que dias depois falecia, gordo, alegre, *Sir* Charles Webster preparava os retoques finais do seu livro *A Política Exterior de Palmerston*[1], que durante vinte anos pacientemente pesquisara e estudara. Revelava-se conhecedor profundo da literatura histórica brasileira e portuguesa do período de 1830 a 1841, que julgava de excepcional interesse e não inteiramente examinado na historiografia diplomática do século

* *Diário de Notícias,* 11 abr. 1954.
1. *The Foreign Policy of Palmerston, 1830-1841,* Londres, 1951, 2 v.

XIX. Seus deveres durante a guerra o impediram de prosseguir no trabalho, que completava a obra já escrita sobre a Grã-Bretanha e a Independência da América Latina[2] e sobre a política exterior de Castlereagh[3].

Escrito depois da guerra, desde 1939 ele completara a análise do material coligido e chegara às conclusões sobre o tema. Por toda parte levara seu cuidado investigador, examinando os arquivos públicos e particulares da Inglaterra e os arquivos de Viena e Paris, tendo sido impedido pela guerra de estudar os documentos de Moscou e da Prússia. Numa pesquisa exaustiva e ilimitada baseia-se este estudo, de modo que dificilmente será necessário reescrever-se sobre o assunto.

Webster limitou seu livro à Europa e à Questão Oriental, evitando propositadamente as relações com a América e o Oriente Extremo. Mas não será por isso que o livro perderá o interesse para o leitor brasileiro. Além das questões de interesse geral, como o estudo sobre a personalidade de Palmerston, o Movimento Liberal na Europa e as referências ao comércio de escravos, os quatro capítulos sobre a situação portuguesa nesses anos trágicos de luta entre D. Pedro e D. Miguel pelo trono esclarecem completamente, do ponto de vista dos interesses ingleses, a história portuguesa e a história de D. Pedro I. Os historiadores brasileiros e portugueses, especialmente Oliveria Lima e Maria Amália Vaz de Carvalho, nunca puderam possuir uma imagem tão completa da atitude e dos propósitos dos ingleses e de Palmerston ao apoiar Pedro I. Suas pesquisas, sobretudo a de Oliveira Lima, eram limitadas. Os que vieram depois têm seguido as lições dos dois e nunca ampliaram a investigação e renovaram, em língua portuguesa, o conhecimento da política inglesa incialmente simulada de não intervenção e depois de intromissão aberta e declarada.

Os quatro capítulos: "Não Intervenção em Portugal, 1831-1832" (pp. 237-253), "A Defesa de D. Maria, 1833" (pp. 370-385), "A Quádrupla Aliança, 1934" (pp. 386-410) e "A Conduta de Portugal, 1835-1841" (pp. 479-494) oferecem tanta novidade autêntica, baseada nos documentos do Arquivo Nacional (*Public Records Office*), do Museu Britânico, do Arquivo do Ministério do Exterior da França e da Áustria e nos papéis particulares de Palmerston existentes

---

2. *Britain and the Independence of Latin America, 1812-1830*, Oxford, 1938, 2 v.

2. *The Foreign Policy of Castlereagh, 1812-1822*, Londres, 1931-1947. 2 v.

em Broadlands que modificam e renovam o nosso conhecimento da luta de D. Pedro pela posse do trono para sua filha. Palmerston, como Canning, estava mais preocupado em defender os interesses britânicos do que em proteger o Governo constitucional.

A política de não intevenção em Portugal de 1831 a 1832 tinha este objetivo: sacrifique-se a Constituição de 26 se se conseguir um acordo satisfatório aos interesses britânicos. Webster acredita que aos poucos Palmerston foi-se convencendo que os interesses britânicos na Península estavam associados ao Movimento Liberal. A opinião pública inglesa dava mais atenção à Península que aos problemas italianos, germânicos ou poloneses. A recordação da guerra peninsular e a dramática política de Canning davam um sentido de ligação histórica que estimulava o interesse atual. A doutrina da não intervenção, criada por Talleyrand tendo em vista a Península, começava a ser ligeiramente modificada. Os Estados da Santa Aliança davam dinheiro, armas, ajuda profissional, apoio moral e diplomático. Palmerston sentia que isso lhe permitia fazer o mesmo. Além disso era na Península que os interesses dos acionistas e casas comerciais começaram a intervir abertamente na política, tornando mais sórdida uma luta já cheia de corrupção. Ainda não foi escrito o papel desempenhado pela *Oporto Wine Co.* nestas lutas.

De início a Santa Aliança ficara em situação difícil, pois D. Miguel violara os princípios da legitimidade; depois da revolução de 1830, na França, passou a ver nele o campeão, no Ocidente, do seu sistema, impedindo que as heresias constitucionalistas se propagassem. Palmerston no começo hesitara e se recusara a uma ação conjunta com a França, ligada agora à Grã-Bretanha contra o despotismo da Santa Aliança. Depois, adstrito ainda externamente à política de não intervenção, não punha dificuldades à expedição que D. Pedro I preparava com navios, voluntários e armas inglesas. A pressão da Santa Aliança sobre Palmerston continua; ela desejava que a Espanha ajudasse D. Miguel, mas Palmerston declarou que esta ajuda aberta significaria a assistência da Inglaterra e da França a D. Pedro.

Nos dias negros do seu ataque ao Porto, D. Pedro, para receber a ajuda da Grã-Bretanha e amansar o *coração liberal* de Palmerston, chegou a oferecer a Ilha da Madeira em troca de auxílio financeiro. Aos poucos Palmerston foi procurando uma solução que defendesse os interesses britânicos e evitasse a continuação da luta. D. Maria, Rainha, sem Constituição e com anistia, mostra, segundo Webster, que a política de Palmerston foi mais negativa que positiva, ainda quando D. Pedro estava, em 1833, assediado pelos miguelistas em Lisboa.

Lord Russell aparece mal nestas páginas, julgando D. Pedro governado por uma facção de democratas sem princípios, que não tinham maior amor pela liberade e justiça do que D. Miguel, e defendendo, em 1833, a manutenção deste último. Palmerston, indeciso, estava disposto então a sacrificar D. Pedro e a Constituição caso a Áustria persuadisse a Espanha a agir com ele pela causa de D. Miguel. Que Palmerston não intervinha por princípios ninguém duvide, já que ele argumentava que se Metternich desejava evitar que o liberalismo ganhasse uma vitória em Portugal a Espanha devia abandonar D. Miguel.

Em maio de 1833, na esperança de que D. Pedro vencesse, ele afirmava que a questão em Portugal era uma luta entre a Grã-Bretanha e os poderes orientais. "Derrotar a Santa Aliança na arena que eles escolheram é uma vitória comum". Não foi Palmerston, diz Webster, mas o novo Almirante da esquadra de D. Pedro, Charles Napier, quem transformou a situação. A 28 de julho de 1833, D. Pedro entrava em Lisboa e grande parte dos arquivos de D. Miguel foram capturados por Russell e Hoppner, cheio de provas da ampla cooperação da Santa Aliança com a causa miguelista. Agora Palmerston achava que o princípio da não intervenção devia ter limites práticos.

O Tratado da Quádrupla Aliança, de 1834, tinha por fim a derrota de D. Miguel e a reforma do Governo de D. Pedro, não inteiramente dócil aos interesses britânicos. O grande objetivo de nossa política, dizia Palmerston em 1834, deve ser formar uma Confederação de Estados Livres, como um contrapeso à liga oriental de governos arbitrários. Inglagerra, França, Espanha e Portugal, unidos como agora estão, formam um poder político e moral na Europa que deve pôr Metternich e Nicolau em xeque.

A significação do Tratado no sistema europeu era estabelecer uma quádrupla aliaça entre os Estados constitucionais do Ocidente, que serviria como um contrapeso à Santa Aliança no Oriente. O efeito moral era libertar a Penínsul do absolutismo de D. Carlos e D. Miguel. Liberais de toda parte viram no Tratado uma organização contra o poder autocrático. Seu efeito sobre a luta em Portugal foi decisivo. Com uma singular economia de forças, Palmerston havia defendido os interesses britânicos, preservado o movimento liberal e feito prevalecer a política inglesa na Europa Ocidental.

A conduta posterior de Portugal de 1835 a 1841 não havia de agradar à Inglaterra. O casamento da Rainha foi um primeiro motivo de fricção. A revolução de setembro de 1836, a setembrizada, não provocou modificações materiais nas relações com a Inglaterra, que continuou soberana a interferir na vida política portuguesa, dominada, segundo Webster, por políticos corruptos e emocionais. O atrito mais sério, que se repetiria mais tarde com o Brasil, veio em 1839, quando os ingleses agiram contra o comércio negreiro. O símbolo do domínio britânico era o Tratado de 1810, imposto quando Portugal dependia inteiramente da Grã-Bretanha para sua existência. Todos os partidos almejavam um novo tratado que expressasse relações mais iguais. A Inglaterra despendera, afirma Webster, mais tempo e dinheiro com a abolição do tráfico do que com qualquer outra questão. Não queria Portugal conceder à Inglaterra o direito de examinar seus navios nos mares para impedir o comércio negreiro. Isto era aceitar o controle dos mares, com o qual, acrescenta Webster, eles preservavam sua independência.

Como mais tarde com o Brasil, Palmerston não admitia protestos e ironizava que Portugal poderia declarar guerra, o que facilitaria sua ação. O Visconde do Rio-Branco conta e comenta, nas *Cartas ao Amigo Ausente*[4], os insultos que ele nos dirigiu. Ameaçava tomar Goa ou Macau. Nos fins de 1839, quando a disputa do tráfico estava mais acesa, pensou em se apossar de Goa como represália e para que a Companhia das Índias Orientais tivesse uma base de operações. Foi por isso que um general setembrista chamou a política de Palmerston de infame política, palavras que lhe ficaram atravessadas na garganta. Palmerston nunca perdeu completamente, diz Webster, uma espécie de atitude paternal para com Portugal, sobre cuja história nestes dias tanto influiu. Os Ministros portugueses, mesmo quando fortemente ressentidos com o que consideravam a pressão inglesa, sempre recordam que a Grã-Bretanha foi a maior aliada de Portugal entre todas as nações do mundo. Quando Palmerston deixou o lugar, podia afirmar que apesar de todos os desapontamentos, Portugal avançara nas instituições liberais e na amizade à antiga aliada.

4. José Maria da Silva Paranhos, *Cartas ao Amigo Ausente,* Edição organizada e prefaciada por José Honório Rodrigues, Instituto Rio Branco, 1953.

Nem todos concordarão com as interpretações muito inglesas das relações de Portugal e Inglaterra que o livro de Webser expõe. Todos, porém, hão de achar nele um extraordinário poder de pesquisa e de investigação, uma incansável vontade de encontrar e conhecer a verdade histórica e um domínio absoluto da técnica e do método históricos, uma multidão de novidades, o que tudo somado fazem dele um padrão da historiografia moderna[5].

---

5. Sir Charles Webster faleceu antes de rever as provas de seu livro *The Art and Pratice of Diplomacy*, Londres, 1961.

*170*

## 3. UMA NOVA SÍNTESE SOBRE O IMPÉRIO

Muitos brasileiros já tiveram a oportunidade de conhecer, no Brasil ou nos Estados Unidos, o Professor Clarence H. Haring[1], que durante vários anos lecionou História e Economia da América Latina em Yale e Harvard e foi Chefe do Departamento Latino-Americano da última Universidade. Sua distinção pessoal, seu amplo e largo conhecimento da história do nosso continente, seus estudos monográficos e seus ensaios críticos sobre a política sul-americana deram-lhe uma natural liderança entre os atuais *scholars* norte-americanos que se dedicam aos estudos hispano-americanos e luso-brasileiros. Ao lado de Herbert E. Bol-

---

1. Clarence Henry Haring, nascido em 1885, faleceu em 5 de setembro de 1960 e a nota bibliográfica sobre ele, assinada por A. P. Whitaker aparece na *Hispanic American Historical Review,* ago. 1961, pp. 419-423.

*171*

ton, William R. Shepherd, Percy Alvin Martin e uns poucos outros, Clarence Haring firmou seu nome como um dos mais devotados estimuladores dos estudos históricos sobre a América do Sul.

Seus primeiros trabalhos versaram sobre o Império espanhol nas Américas e durante muito tempo Haring viu mais a América Latina como um conjunto de que uma de suas unidades em particular. Sua tese para obtenção do grau de doutor em filosofia pela Universidade de Oxford, apresentada em 1909, versava sobre os bucaneiros nas Índias Ocidentais no século XVII. Foi escrita sob a direção do Professor Régio de História Moderna de Oxford, C. H. Firth (1857-1936), o grande historiador da revolução puritana, de quem já se disse que "deu mais conselhos e encorajamento aos outros escritores que qualquer outro historiador inglês de sua época", sem distinguir iniciantes e peritos.

A tese trazia tanta novidade e se baseava em tão seguras fontes que no ano seguinte era editada em Londres (*The Buccaneers in the West Indies in the Seventeenth Century*), sendo mais tarde traduzida para o espanhol (*Los Bucaneros de las Indias Occidentales en el Siglo XVII,* Paris, 1939).

Em 1918 publicou seu grande estudo *Trade and Navigation between Spain and the Indies in the Time of Habsburgs* (Cambridge, Man., 1918) mais tarde traduzido para o espanhol (*El Comercio y la Navegación entre España y las Indias,* Paris, 1939).

Seus estudos posteriores continuaram a mesma linha de interesse: a América espanhola colonial. São assim os ensaios publicados na *Hispanic American Historical Review* ("Ledgers of the Royal Treasures in Spanish american in the Sixteenth Century", e "The Genesis of Royal Government in the Spain Indies"), e o penúltimo livro dedicado ao Império espanhol (*The Spanish, Empire in America,* 1947).

Mas o Professor Haring nunca se deixou dominar pelo especialismo erudito que o prendesse ao século XVI ou ao XVII, ou tão-somente ao mundo hispânico da América. Desde 1928 começaram seus trabalhos sobre a América espanhola contemporânea e especialmente sobre a política sul-americana e suas relações com os Estados Unidos, com os artigos na *Hispanic American Historical Review* entre 1919 e 1933 ("Chilean Politcs, 1920-1928", e "The Chilean Revolution of 1931") e os livros *South America Looks at the United States* (1928), *South American Progress* (1934) e *Argentina and the United States* (1941).

Não sei o que terá trazido o Professor Haring para a fileira dos estudiosos estrangeiros que, por toda parte, hoje se dedicam, na Europa e nos Estados Unidos, às coisas brasileiras. O fato é que em 1951 Haring, quase totalmente dedicado à história política contemporânea da América do Sul e às relações internacionais dos Estados Unidos com este continente, escreveu um magnífico exame da volta de Vargas ao poder, publicado na revista *Foreign Affair* (janeiro de 1951). Era uma análise objetiva, isenta e séria da situação brasileira nas vésperas das eleições de outubro de 1950 e das perspectivas que representava a volta de Getúlio Vargas ao poder. Para ele a eleição era uma prova aguda do funcionamento do Governo representativo no Brasil, considerado como o mais importante aliado entre as repúblicas latino-americanas. Depois de acentuar que o Brasil sofreu sempre a falta de genuínos partidos políticos, pois o *two-party system* da época imperial não tinha uma base firme para o apoio ao regime parlamentar, com 80% de analfabetos, declara que as eleições de outubro de 1950 marcavam o começo e não o fim de um período crucial para as instituições representativas no Brasil. As crises de 1954 e 1955 vieram confirmar seu prognóstico de 1951.

O interesse pelo Brasil deve ter crescido muito nestes últimos anos para que o Professor Haring pudesse escrever a síntese magnífica que acaba de publicar sobre o Império do Brasil (*Empire in Brazil. A New World Experiment with Monarchy,* Harvard University Press, 1958).

Trata-se de uma obra curta e rápida, de 171 páginas, dividida em 9 capítulos, o maior com 26 páginas e o menor com 13 páginas, numa muito equilibrada divisão da matéria. O autor começa dizendo que são poucos os livros em inglês sobre história do Brasil e que este pequeno livro — desenvolvimento de 8 conferências feitas em Boston, em novembro de 1955 — é um leve esforço para suprir essa deficiência. Não se trata, acrescenta, de uma contribuição ao conhecimento, no sentido de se basear no exame independente das fontes documentárias. Reflete, isso sim, uma ampla leitura dos melhores trabalhos históricos sobre o Império bragantino, e portanto se baseia nas contribuições dos historiadores brasileiros. Quando as interpretações diferem, o autor apresenta seus próprios julgamentos, baseado no interesse de toda uma vida pela história brasileira e hispano-americana. O livro dirige-se ao público geral e não é um manual escolar.

Quem tiver o bom gosto de ler este livro, iniciantes ou iniciados, verá que é preciso um domínio amplo da bibliografia, uma equilibrada capacidade de reflexão e de julgamento para escrever uma síntese tão integrada dos vários e complexos aspectos do Império.

Antes de qualquer apreciação de fato, é necessário lembrar que na própria historiografia brasileira são raríssimas as sínteses sobre o Império. Afora a obra didática que se dirige a alunos e não ao público em geral, o que possuímos são estudos monográficos, como os de Joaquim Nabuco, Oliveira Lima, Tobias Monteiro e Otávio Tarquínio. As sínteses de Rio-Branco ou de Pandiá Calógeras são gerais e não imperiais, e se a primeira se concentra mais na colônia, embora trate do Império, a segunda se centraliza mais no Império, embora trate da colônia e da República. A verdade é que ambas, uma de 1889 e outra de 1930, estão hoje desatualizadas, em face das grandes revisões fatuais e ideológicas empreendidas ultimamente.

Resta, assim, como única síntese *O Império Brazileiro, 1822-1890* (São Paulo, 1928), de Oliveira Lima, que, como o livro de Haring, não era "fruto de investigação direta e própria da documentação de um período histórico, baseada antes sua exposição... sobre memórias, estudos e papéis alheios, de caráter político".

As duas obras, de Oliveira Lima e Haring, muito se parecem, na elaboração resumida, dirigida ao grande público, no uso das fontes secundárias ao exame da fase imperial. Os trinta anos que medeiam entre uma e outra dão naturalmente maior segurança na apreciação ao norte-americano, que pôde utilizar-se da extensa bibliografia publicada na fase de desenvolvimento dos estudos históricos que se seguiu à Revolução de 1930. Há que salientar ainda — e isso nos parece importante — que o Professor Haring escreveu uma síntese integrada, isto é, sua visão não é uma soma quantitativa de conhecimentos isolados, mas uma escolha qualitativa para um quadro completo. A narração flui natural e cronologicamente e todos os elementos estruturais e superestruturais se equilibram e se conjugam em conexões vitais e íntimas.

A síntese de Oliveira Lima sofria ainda das limitações de uma historiografia que dividia em compartimentos estanques os partidos políticos, o sistema parlamentar, a ordem civil, a política exterior e o Exército, ou a escravidão, as finanças e o desenvolvimento econômico, ou as idéias e a sociedade, e a Igreja, isoladas umas das outras. Já em Haring, ao capítulo inicial sobre a unicidade brasileira e ao relativo à experiência imperial no novo continente, seguem-se outros sobre as experiências com o republicanismo e a menoridade de D. Pedro II, a maturidade do Império, a questão da abolição, a educação, as eleições e a Igreja, as sementes da desafeição, o Exército e a República, a Monarquia repudiada, o balanço do Império.

Além disso, o Professor Haring conta com sua extraordinária leitura da história continental e sobre a dos nossos vizinhos americanos.

Vê-se que ao lado da síntese, inspirada em novos métodos de integração, em que se ligam os fatos e as idéias, na sua seqüência natural e nas suas relações conjeturais e estruturais, Haring compara — uma visão nova e uma nova e importante contribuição para o estudo da história nacional, nessa hora em que procuramos sair de um isolamento continental e entramos numa fase de extroversão da nossa política exterior. Mas não é só esta a contribuição desta síntese, que merece ser traduzida e lida por brasileiros preparados ou despreparados na evolução da nossa vida política e na experiência parlamentar e imperial do século XIX.

É que Haring não foge ao julgamento, que ainda recentemente se queria negar ao historiador, considerado mais um detetive que um juiz. Hoje o clima de opinião mudou. As razões, como disse ainda recentemente Barraclough, não são técnicas — fato, por exemplo, de que no ato de selecionar e apresentar o material o historiador impõe sua escala própria de valores —, mas políticas. Fundamentando-as estão as experiências que vivemos: a perversão da doutrina da razão do Estado; a perseguição totalitária, a extirpação dos judeus, o horror do domínio alemão na Rússia, as câmaras de gás, os campos de concentração, o trabalho escravo. Para tudo isso — antigo ou recente, o historiador contribuiu, pois com sua recusa de julgar ele alimentava o relativismo moral e o indiferentismo; sua ênfase sobre as forças impessoais solaparam nosso senso de responsabilidade pessoal. Tentar escrever história sem julgamento moral é portanto condenável e anti-social, pois a responsabilidade pessoal, a responsabilidade do indivíduo pelos seus atos e decisões é politicamente necessária. Um historiador, disse Toynbee, deve fazer os julgamentos dos atos humanos que ele registra; ele só poderia evitar fazer julgamentos morais se fechasse seus olhos à significação da história. Nem o escritor nem o leitor de uma narrativa histórica podem tomar conhecimento dos atos e dos caracteres da história sem fazer julgamentos morais, desde que é de essência dos atos humanos que eles evoquem julgamentos morais.

Em vários capítulos de sua síntese, o Professor Haring julga, atendendo quer aos apelos que os próprios políticos tanto fazem ao futuro julgamento histórico, quer aos próprios julgamentos que eles mesmos formulam para seus contemporâneoas, antevendo o veredicto da História. O A. julga com discrição e senso os méritos e deméritos, os benefícios e os erros do Império, das suas minorias dirigentes, às quais faltou muitas vezes o senso de responsabilidade moral. Examina as vagarezas e as acelerações do processo histórico imperial, as inexperiências e a falta de disciplina política, a via feliz da submissão do poder militar ao civil, ou a via dolorosa do espírito civil. Relembra que a partir de 1886 até o primeiro Governo civil, praticamente desde a morte de Caxias em 1880 e do influxo da filosofia positivista — filosofia para países subdesenvolvidos ou semicoloniais, pois só na América Latina prosperou — a disciplina militar degenerou. Se as duas mudanças radicais de 1822 e 1889 foram feitas sem sangue, a indisciplina militar de um lado e de outro, o militarismo dos primeiros anos iria conduzir a sanguinárias guerras civis. O Império, diz Haring, tornou possível um longo período de paz e de estabilidade política, durante o qual a Nação se habituou às formas representativas do Governo parlamentar. Mas para a educação política do povo nos caminhos da democracia é evidente que a classe dirigente pouco fez. É discutível se a passagem da Monarquia para a República foi de extrema vantagem para o Brasil. Houve, certamente, um declínio na moralidade pública, crescente corrupção nos serviços públicos e perenes déficits orçamentários. Mas é verdade também que foi a República que lançou a Nação na sua moderna era de empreendimento e expansão econômica, comparado com o lento progresso monárquico. A República, porém, como a Monarquia, não resolveu o grave problema da educação, hoje ainda mais agravado com a inflação universitária e com a defesa estatal, dos privilégios do ensino para os filhos das classes dominantes.

Haring não esquece também de apontar os males da oligarquia que dominou o Brasil até 1930 e de louvar as eleições recentes, que representaram mais genuinamente a vontade popular.

Creio que este livro representa, pela segurança da exposição fatual e pela capacidade de apreciação e julgamento, a melhor síntese sobre o Império, no conjunto das suas realizações e no estado atual dos nossos conhecimentos históricos.

Se o mundo necessita, para lutar suas batalhas temporais e espirituais, de confessores, precisa também de juízes, não somente os dos tribunais, mas dos históricos, que apreciem e julguem o comportamento e as responsabilidades públicas e políticas destas gerações para o conhecimento das que as sucederem.

## 4. PIERRE MONBEIG*

O professor Pierre Monbeig lecionou durante alguns anos na Faculdade de Filosofia da Universidade de São Paulo e publicou vários estudos sobre a geografia brasileira. Devem-lhe os moços que sob sua direção estudaram uma nova orientação metodológica na pesquisa geográfica. Seu trabalho *Pioniers et Planteurs de São Paulo*[1], apresentado na Sorbonne como tese para o doutoramento em Letras, em 1950, representa para os estudos brasileiros um marco de renovação e uma contribuição extraordinária.

Muito bem planejado na sistemática de sua construção, baseado em excelente pesquisa bibliográfica e de campo,

* Resenha crítica publicada na *Bibliografia de História do Brasil*, Ministério das Relações Exteriores, Rio de Janeiro, 1º e 2º semestres de 1952, 1958, pp. 109-111.

1. Fondation Nationale des Sciences Politiques, Paris, 1952, 276 pp.

nutrido de teoria interpretativa, inteiramente despido de qualquer preconceito, *Pioneiros e Fazendeiros de São Paulo* é uma lição de método para geógrafos e historiadores e um banho de otimismo nas forças criadoras da civilização brasileira. O autor sentiu falta de boa documentação cartográfica e estatística e de informações sobre as circulações administrativas, que se transformam dia a dia. O autor acha possível considerar todo o Estado de São Paulo como uma vasta região pioneira: a marcha para o Oeste é, em sua forma atual, uma obra essencialmente paulista. Este movimento pioneiro, com o avanço da fronteira, se inicia, para o autor, entre 1870-1890. Trata-se de estudar nas suas formas geográficas, na atividade econômica, na ação social dos vários grupos, as regiões pioneiras, especialmente os planaltos e florestas do Oeste e Noroeste de São Paulo; o espaço livre conquistado pela vida humana de São Paulo. Este é o quadro geográfico que Monbeig estuda com uma penetração e compreensão incomuns e com uma sabedoria de *scholar*.

Monbeig estuda a princípio as condições naturais, o relevo, o clima, os solos e as paisagens vegetais, depois as condições históricas, o jogo dos fatores econômicos, a psicologia, bandeirante. A uniformidade geográfica caracteriza várias unidades do Brasil central e meridional, onde se desenrola esta história contemporânea da conquista e do povoamento. As diferenças de solo e as nuanças do clima não chegam a separar nitidamente as várias regiões do quadro geográfico. As influências e as conseqüências da intervenção humana modificando radicalmente a hidrologia e deteriorando os solos estão bem caracterizadas. A marcha pioneira se apressa ou se retarda em razão do esgotamento ou fadiga dos solos. Jogo complexo de motivos locais, naturais e sociais e das condições internacionais, técnicas, econômicas e políticas, a marcha pioneira contemporânea teve seu principal impulso na cultura e no destino do café, sujeito às vacilações internacionais. Por isso a marcha para o Oeste contemporânea não pode explicar-se por circunstâncias estritamente locais, mas como um episódio da expansão capitalista. Para esclarecer estes motivos, o autor estuda as relações entre as crises econômicas e as fases de prosperidade de uma parte e o desenvolvimento da frente pioneira, dando naturalmente destaque aos problemas do café e do algodão, sobretudo o primeiro. Os interesses capitalistas e estrangeiros e as repercussões das crises no mundo pioneiro estão estudados com muita penetração. O livro 3.º é a história do pioneirismo, indispensável à compreensão do mundo pioneiro atual. Estudam-se rapidamente os papéis dos precursores, indígenas e mineiros e, finalmente, os pioneiros do movimento de 1880 a 1949, subdividido em várias etapas, e tendo sempre em vista a situação cafeeira, o algodão, as culturas de abastecimento, a imigração estrangeira e interna, os caminhos e as vias férreas, o desbravamento da terra, os loteamentos, a exploração da floresta, as fazendas, as plantações, as pastagens, as cidades, o estado sanitário, os capitais estrangeiros e sua influência na economia pioneira.

A tese de Pierre Monbeig debate na geografia brasileira a grande doutrina da fronteira em movimento e da criação social e histórica que ela desencadeia e que Turner iniciou com tanto proveito na história norte-americana. Os historiadores e geógrafos brasileiros não aplicaram ainda adequada e profundamente este conceito no exame de certos problemas históricos e geográficos. Pierre Monbeig, à luz deste critério, examina a fronteira em movimento em São Paulo na época contemporânea, o mundo pioneiro, sua estrutura geográfica, suas bases econômicas, seus grupos sociais, sua psicologia coletiva, trazendo uma contribuição impressionante pela claridade da exposição, pelo rigor das observações, pela seriedade da investigação, pelo mundo novo que revela em conjunto. É um dos maiores livros que se tem escrito ultimamente sobre o Brasil atual, pela ciência em que se baseia e pela fé que nele palpita no futuro do País. Se alguns pequenos equívocos e imperfeitas citações bibliográficas são compensadas pelas ilustrações, a falta de índice revela deficiência maior.

## 1. *Le Brésil*[2]

O Professor Pierre Monbeig, a quem devem os estudos geográficos brasileiros uma contribuição muito importante e séria, não somente pelo volume de seus estudos, mas pela extraordinária riqueza de sua pesquisa e pela inteligência de suas valiosas observações, publicou interessante volume sobre o Brasil. A introdução trata da originalidade do Brasil, onde a estrutura social, as instituições políticas, a prática do catolicismo e a influência de seu clero, as mentalidades e modos de pensar trazem as marcas profundas de sua

---

2. Paris, Presses Universitaires de France, 1954, 126 pp. Esta nota foi publicada como resenha crítica na *Bibliografia de História do Brasil*, cit., 1.º e 2.º semestres de 1953 e 1954, Rio de Janeiro, 1962, pp. 137-139.

tradição ibérica e latina. Pode-se, então, dizer velho País latino, com a condição de tornar claro: país de colonização portuguesa, isto é, aquela de um povo maleável e possuindo uma larga experiência colonial. Mais ainda, acrescenta, com a condição de ajuntar que se o passado é português e mediterrâneo, o presente é americano. No fim do período das duas guerras mundiais e especialmente no curso da Segunda Guerra, o Brasil parece ter adquirido pele nova, procurando rejeitar sua velha túnica de cores da Europa pelos hábitos novos da América. Por isso oferece grandes contrastes na paisagem urbana, na economia, na sociedade e na psicologia dos seus habitantes.

Retoma o autor a moderna tese francesa da luta entre o Brasil novo e o Brasil arcaico. Para Monbeig, que tanto estudou os progressistas pioneiros paulistas, em obra recente, é fácil sumariar neste pequeno e valioso livro a nova conquista do solo e a expansão do povoamento, particularmente em São Paulo. Neste Brasil novo, obra do século XX, a realidade brasileira é o principal centro de interesse.

Não se rejeita a Europa, mas voltam-se todos, escritores, pensadores, músicos e artistas para o próprio Brasil. Monbeig está consciente das dificuldades do Brasil atual com seu efetivo insuficiente de adultos e com as tarefas impostas por um forte contingente de jovens. Da imaturidade juvenil de sua população e do choque entre a modernidade desta gente e o Brasil arcaico e rural resultam as imaturidades políticas.

Lembra Monbeig que 55% da população do Ceará têm menos de 20 anos. Trata das migrações interiores, do êxodo rural e da industrialização em contraste com o sertão, do problema negro e da mistura racial. No Brasil novo há melhor produtividade, melhor alimentação, melhor salário, nível de vida mais alto, tendo mais da Europa e dos Estados Unidos que do passado colonial. Preferiríamos dizer que tem mais de Estados Unidos do que do passado colonial, pois a americanização do Brasil, no sentido cultural, é fato de nossos dias.

Certas características psicológicas estão bem fixadas pelo autor, que acentua o gosto pelo jogo de loteria e a paixão pela especulação, traços já observados por outros estudiosos e significativos da tentação de enriquecimento rápido e do desamor ao trabalho sistemático. Revela o autor ao mundo francês o desenvolvimento econômico do Brasil, mostrando, por exemplo, que de 826 estabelecimentos industriais em 1889, passamos em 1920 a 13 587, com 275 512 operários, e que em 1948 tínhamos atingido um total de 1 031 577 trabalhadores industriais.

Mostra os investimentos americanos, que de 1929 a 1950 passaram de 194 a 664 milhões de dólares, e deduz que as influências que se exercem no Brasil são múltiplas e contraditórias e que o Brasil procura fora as inspirações e não os modelos a copiar. "O desejo de reformar as estruturas sociais é muito poderoso, a tomada de consciência das possibilidades geográficas e a herança histórica muito fortes, a sensibilidade nacional muito viva, para que as contribuições exteriores ajam diretamente, sem passar por um processo de abrasileiramento", conclui Monbeig.

## 5. CHARLES R. BOXER

### 1. Salvador Correia de Sá e Benevides*

Charles R. Boxer, *Camões Professor* do King's College da Universidade de Londres, substituto de Edgar Prestage, que tantos serviços prestou à cultura portuguesa, com vários e substanciosos trabalhos históricos, já era um nome conhecido nos meios eruditos da Europa antes de publicar sua monumental obra sobre Salvador Correia de Sá e Benevides[1]. Dedicando-se ao estudo do Oriente nos séculos XVI e XVII, logo teve de aprofundar suas pesquisas so-

---

\* Publicado na *Bibliografia de História do Brasil*, cit., 1º e 2º semestres de 1952, Rio de Janeiro, 1958, pp. 93-95.

1. *Salvador de Sá and Struggle for Brazil and Angola, 1612-1686*. Londres, The Athlone Press, 1952, XVI, 444 pp.

bre a expansão portuguesa, que marca o início das relações modernas entre o Ocidente e o Oriente. Sua vasta bibliografia sobre a história portuguesa e holandesa no Extremo Oriente no século XVI e especialmente XVII era cimentada num amplo e fluente domínio das línguas portuguesa, holandesa e japonesa (afora o francês, o espanhol e o inglês) e no conhecimento do chinês. Conhecido e apreciado nos meios eruditos, com obra editada em Macau, em Tóquio, em Lisboa, em Londres, foi escolhido por Edgar Prestage para substituí-lo na cadeira Camões do King's College. A grande contribuição que já prestara ao esclarecimento da expansão portuguesa no Oriente era seu título de reconhecimento universitário. Charles Boxer ainda não voltara suas vistas para o Brasil, mas era de supor que, de um momento para outro, o grande estudioso inglês fosse conquistado pelo outro mundo criado pelo vigor português dos Quinhentos. Os contatos contínuos e freqüentes entre o Brasil e o Extremo Oriente haviam de desafiar sua inteligência e capacidade de investigação. A mesma curiosa e infatigável motivação que o levara a conhecer e esclarecer o mundo português do Extremo Oriente acabaria seduzindo-o a querer compreender e investigar a criação portuguesa da América.

O namoro começou em 1930, quando editou o *Jornal de Maarten H. Tromp*[2], que lutou em 1639 contra Antônio de Oquendo, e se estimula nos ensaios sobre os "Fidalgos no Extremo Oriente"[3], onde estuda o Governador de Macau (1718-1719) Antônio de Albuquerque Coelho, filho o Capitão-geral do Estado do Maranhão, que governara antes o mesmo Estado (1690-1701). Mas foram talvez as disputas entre o poder marítimo português e holandês no Extremo Oriente, na África e no Brasil que o trouxeram, com todo seu devotado amor ao estudo, para a nossa história. Já em 1949 publicava Charles R. Boxer sua monografia sobre *Salvador Correia de Sá e Benevides and the Reconquest of Angola in 1648*[4] e um artigo no *Diário de Notícias*[5] de Macau, sob o título "O Restaurador de Angola em 1648 consultado para Capitão-geral em Macau em 1645", revelando novidades desconhecidas, baseado em documentação inédita. Em 1951, dois estudos mostravam que Boxer se aproximava em profundidade e investigação no exame do Brasil dos Setecentos. "The Naval and Colonial Papers of Dom

---

2. Cambridge, 1930.
3. *Fidalgos in the Far East, 1550-1700,* Haia, 1948.
4. Separata da *Hispanic American Historical Review,* v. 28, n.º 4.
5. Publicado em 15 ago. 1948 e em separata.

Antônio de Ataíde"[6] e *English Shipping in the Brazil Trade, 1640-65*[7] traziam subsídios esclarecedores e inéditos sobre as lutas no Brasil do século XVII.

A sua grande obra, presente de um erudito que segue na melhor linha a tradição de Robert Southey, ao Brasil, apareceu em 1952, depois de uma viagem de conhecimento e consulta. É realmente admirável que em torno de Salvador Correia de Sá e Benevides, cuja biografia completa estamos todos os estudiosos portugueses e brasileiros conhecendo por este livro, possa Charles R. Boxer traçar um quadro tão perfeito, na sua estrutura econômica, social, política e administrativa do Brasil no século XVII. A biografia foi um motivo ou um pretexto para que o erudito inglês revelasse tão universal conhecimento do Brasil. Manejando, como já frisamos, com natural fluência o português, dominando o holandês, não se lhe oferecia nenhum obstáculo instrumental para conhecer com ampliação as fontes e ensaiar um tão amplo quadro da vida brasileira no século XVII. Reconhecendo a importância do século XVII, quando se consolida o controle da costa pelos portugueses, são expulsos os holandeses, surgem as primeiras manifestações do sentimento nacional, dão-se os passos decisivos na exploração do interior, Boxer acentua a importância que a Colônia assume para a Metrópole e fixa Salvador como a figura simbólica desta época, porque nenhuma outra personifica tão claramente a dependência mútua entre Portugal, Brasil e Angola naquela época. Advertido contra os perigos da biografia, que pode desrespeitar a continuidade histórica, suspendendo-a intencional e intempestivamente, Boxer nunca esqueceu o prólogo, o coro, os episódios, as vozes que formam a cena total indispensável à compreensão recriadora do curso histórico. Só o prólogo, escrito mais para leitores ingleses, é necessariamente uma compilação de trabalhos secundários, mas ainda assim magnífica pela felicidade e correção do esboço.

Todos os demais capítulos representam o resultado exato e seguro da moderna investigação histórica: o conhecimento e uso das fontes primárias, o domínio da bibliografia mais recente, em várias línguas, a condensação de toda a pesquisa já realizada, a lucidez da interpretação, a força da composição narrativa tornam este livro singular e único na moderna historiografia sobre o Brasil. Pode-se dizer sem receio de exagerar que este trabalho, cujos senões e equívo-

6. *Harvard Library Bulletin*, V, n.º 1, 1951. v.
7. Separata do *The Mariner's Mirror*, v. 37, n.º 6, jul. 1951.

cos são raros, é um dos maiores livros escritos em 1952 sobre a história do Brasil e uma das maiores contribuições que o conhecimento do Brasil deve a um europeu. Os apêndices sobre a ascendência, lugar de nascimento e família de Salvador, o esboço cronológico e a lista dos Governadores da Bahia (1558-1658) e do Rio de Janeiro (1565-1665), as ilustrações, os mapas e o índice ajudam a leitura e consulta.

## 2. Os Holandeses no Brasil[8]

Nestes últimos anos, especialmente, depois das comemorações do terceiro centenário da Restauração Pernambucana, em 1954, processou-se verdadeira renovação dos estudos sobre os holandeses no Brasil. Estudiosos da maior categoria, pela autoridade universal de suas pesquisas e conhecimentos, reanimaram uma bibliografia que foi sempre das mais extensas e poderosas da historiografia brasileira ou ao Brasil dedicada.

A série biográfica de José Antônio Gonçalves de Melo, um esforço admirável pela profundidade das fontes, pela correção dos métodos e pela novidade do conhecimento; a tese de doutoramento de W. J. van Hoboken, do Arquivo Municipal de Amsterdã, sobre o Almirante Witte De Witth[9]; e a obra esperada do Professor Charles R. Boxer sobre os holandeses no Brasil[10] representam um jorro de luz em muitas das obscuridades do domínio holandês no Brasil.

O Professor Charles Boxer, herdeiro espiritual de Robert Southey e Edgar Prestage, dedica-se com a mesma paixão, a mesma competência, a mesma erudição e energia aos estudos luso-brasileiros, que lhe devem uma soma enorme de trabalhos de universal repercussão. Sua extensa bibliografia sobre os portugueses, holandeses e ingleses no Oriente se enriqueceu, nestes últimos anos, de valiosas monografias sobre o Brasil do século XVII do qual é o autor uma das maiores sumidades mundiais. Em 1952 publica Boxer um livro sobre Salvador de Sá[11] que foi laureado com o Prê-

---

8. Publicado na *Tribuna dos Livros,* suplemento da *Tribuna da Imprensa,* 18-19 maio, 1957.
9. *Witte De Witth in Brazilië (1648-1649),* Amsterdam, 1955.
10. *The Dutch in Brazil, 1624-1654,* Clarendon Press, Oxford University Press, 1957. Tradução brasileira, Companhia Editora Nacional, São Paulo, 1961.
11. *Salvador de Sá and the Struggle for Brazil and Angola,* Londres, 1952.

mio Robert Southey, dado pelo Governo brasileiro, em virtude do acordo cultural anglo-brasileiro. Há poucos estudiosos no mundo tão bem preparados para tarefa como essa de ajustar o acontecimento do domínio holandês no Brasil num painel universal.

Conhecendo as principais línguas e dominando a bibliografia, o Professor Charles Boxer possui como raros os instrumentos indispensáveis do trabalho histórico seiscentista. No prefácio de *The Dutch in Brazil,* de que aqui nos ocuparemos, diz que escreveu o livro porque não havia tratamento adequado, em inglês, desse episódio colonial. Os incompletos artigos de Edmundson haviam sido escritos há mais de cinqüenta anos, e cento e trinta anos contava a obra de Southey. Havia, é verdade, a obra alemã de H. Wätjen, há muito esgotada e que dificilmente seria reimpressa. Ainda assim, diz ele, Wätjen fez pouco uso das fontes portuguesas (não brasileiras) e ao menos uma fonte holandesa muito importante foi publicada depois de escrito seu livro, o Diário de Hendrik Haecx. Além disso, ele se concentrara, compreensivelmente, sobre o Governo de João Maurício de Nassau e seu esboço dos últimos dez anos é em muitos aspectos superficial e inexato, embora seja definitivo o estudo das condições econômicas e financeiras. Os que desejam informar-se nesses aspectos devem procurar Wätjen, pois ele não pretendeu suplantá-lo, mas complementá-lo.

Boxer declara ter tentado rever com novos olhos a documentação e combinar, em grau maior do que foi possível a Wätjen, os estudos holandeses e portugueses. Seu livro dirige-se aos interessados nos caminhos laterais ou inéditos da história colonial e pode também apelar para os que buscam os temas mais simples dos conflitos raciais (!) e religiosos, ou da influência do poder marítimo na luta colonial.

O livro divide-se em sete capítulos realmente bem equilibrados. O primeiro, "The Opening Moves, 1621-1629", compreende desde a formação da Companhia Ocidental até a decisão, depois do fracasso do ataque à Bahia, de renovar o assalto ao Brasil. O segundo, "The Struggle for Pernambuco, 1630-1636", resume o comércio açucareiro de Pernambuco, a expedição conquistadora, as lutas contra a invasão, a capitania, as guerrilhas, até a resolução de nomear Governador João Maurício. O terceiro, "The Conquest of Johan Maurits, 1637-1641", e o quarto, "A Humanist Prince in the New World, 1637-1644", estudam a obra política, administrativa, social, econômica e cultural do Príncipe João Maurício. O quinto, "The War of Divine

Liberty, 1645-1648", reconstitui a guerra da restauração até a primeira batalha de Guararapes. O sexto, "The Sea dominates Brazil, 1649-1654", examina a constituição da Companhia Geral do Comércio do Brasil, a segunda batalha de Guararapes, as discórdias nos Países Baixos, a vida no Recife assediada, o rompimento da primeira guerra anglo-holandesa e suas conseqüências estratégicas e a capitulação de Taborda. O sétimo, "Diplomatic Epilogue, 1655-1669", trata das negociações diplomáticas, matéria de pouco e inadequado tratamento até a publicação da nossa *Historiografia e Bibliografia do Domínio Holandês*[12]. Dos quatro apêndices que completam o livro, o primeiro ("Personalia") traça pequenas biografias das mais destacadas figuras holandesas e luso-brasileiras, e o quarto discute criticamente os instrumentos do trabalho, as fontes manuscritas e os livros holandeses e luso-brasileiros.

O poder de síntese evidencia-se pelo equilíbrio da divisão da matéria: 32 páginas para o primeiro capítulo; 34 para o segundo; 44 para o terceiro; 46 para o quarto; 44 para o quinto; 41 para o sexto; 12 para o sétimo; 17 para o primeiro Apêndice e 10 para o quarto Apêndice. Um exame mais detalhado revela que 96 páginas foram dedicadas a João Maurício de Nassau (1637-1644) e 85 páginas à fase de 1645 a 1654, com o que fugiu realmente o autor à crítica que fizera a Wätjen de extremar-se na figura do Conde de Nassau, sem dar maior tratamento aos dez últimos anos. Aqui não se nota isso, pois se João Maurício merece maior exame, a fase posterior teve assistência igual, e mais ainda, um capítulo novo, de grande interesse, de excelente feitura, nunca antes escrito, mas apenas esboçado na introdução e bibliografia que o autor desta nota escreveu no livro acima referido.

Uma primeira observação poderia ocorrer aos estudiosos desse episódio, caso não tivesse o autor fixado os limites de seu exame em 1624-1654: a falta dos precedentes, dos antecedentes da formação da Companhia das Índias Ocidentais em 1621. Não há nada sobre os anos de 1575 a 1621, sobre o que escreveu o Professor Engel Sluiter, da Universidade da Califórnia, um estudo magnífico que apresentou ao Congresso de História, realizado no Recife, em 1954. É verdade também que o autor não se limitou a 1654, na fase final, pois ampliou seu estudo até o tratado de 1661.

De modo geral pode dizer-se que para levantar um quadro sintético tão seguro, tão competente, tão erudito, é pre-

12. Rio de Janeiro, Instituto Nacional do Livro, 1949.

ciso que o autor domine como domina as fontes gerais de informação. Verá o leitor que livros portugueses, brasileiros, holandeses, espanhóis, ingleses, alemães das melhores autoridades estão sempre presentes na construção desta magnífica síntese. Não falta também o controle de manuscritos publicados e muitos inéditos, colhidos nos próprios arquivos pessoalmente ou com o auxílio de fiéis colaboradores, prontos a satisfazer a curiosidade do grande mestre inglês.

Notar-se-á que muitas vezes corrige o autor, sem alardes, autores nacionais apanhados em enganos de citações ou informação, mas é verdade que às vezes confia em autores cuja obra não tem maior autoridade[13], outras vezes desfaz equívocos já desfeitos, como o da lenda do Almirante Pater, por Alfredo de Carvalho; ou, ainda, estabelece a data de 1649 para a elaboração do "Papel Forte", geralmente aceita como 1648; na nota bibliográfica, excelente sob todos os títulos, informa o autor que o Diário de H. Haecx foi traduzido para o português e publicado nos *Anais* da Biblioteca do Rio de Janeiro, mas se esquece de dizer que Laet foi traduzido por José Higino e nos mesmos *Anais* publicado; que Moerbeeck, *Lyst,* Barleus e Nieuhof também foram traduzidos por outros autores.

Todos seus capítulos são pequenas obras-primas pela capacidade descritiva e pela apreciação crítica, mas distinguem-se claramente os dois estudos sobre Nassau, pela generosa e equilibrada visão, indiferente às discriminações ou aos excessos luso-brasileiros e portugueses; o capítulo sobre a "guerra da liberdade divina", título tirado do cronista Frei Manuel Calado, onde a narração flui correntemente, apesar das referências às batalhas e aos homens que as lutaram, desde que o Brasil holandês esteve sempre em guerra, salvo alguns meses; e, finalmente, o último capítulo sobre as Negociações Diplomáticas, pela visão universal que inunda o livro, mostrando que esse pequeno episódio da colônia portuguesa da América se desenrolou no quadro internacional dos negócios humanos, que é um só desde a europeização do mundo, no fim do século XV.

Se Boxer não superou Wätjen na resenha econômica da colônia, não esqueceu esse aspecto, como não se deslembrou de nos falar da história social e cultural, a primeira das quais já havia sido também tão minuciosamente caracterizada por José Antônio Gonçalves de Melo. Os trechos finais da "Guerra da Liberdade Divina" e do "Mar Domina o Brasil", onde se estudam com grande poder de argu-

---

13. Vide sua obra, nota p. 140.

mentação crítica os dias futuros da primeira e segunda batalhas de Guararapes em face do poder naval holandês merecem realmente, pelo seu valor sugestivo, quase épico, uma primazia nas páginas da historiografia sobre os holandeses no Brasil.

A exata avaliação da fortaleza do poder naval holandês, diante do qual um punhado de luso-brasileiros, sem armas, nem indústria bélica, decidiu correr todos os riscos, torna mais clara a dramaticidade da crise que se inicia em 1648, decresce com a ruptura da guerra anglo-holandesa de 1652-1654 e da crise báltica (divertindo os navios de guerra para a Suécia em luta com a Dinamarca, 1655) e finalmente se excede para as bandas de Portugal em 1657, quando o poder naval holandês, livre daquelas perturbações, começa a impor suas condições de paz, que são aceitas em 1661, com enormes prejuízos para o Brasil.

A guerra anglo-holandesa de 1652-1654 não cortou as relações entre as Províncias Unidas e o Brasil holandês, como tem sido afirmado, escreve o autor, mas ajudou a resolver a inação estratégica do Brasil, de que se aproveitou o Governo português, enviando a Armada de dezessete navios, que, em 20 de dezembro de 1657, alarmou os defensores e praticamente decidiu a questão. O autor, sem desmerecer o crédito de Fernandes Vieira nem os aplausos a Vidal de Negreiros, destaca o papel decisivo da Armada e considera Francisco Barreto o principal arquiteto da vitória, dissentindo, assim, das opiniões mais correntes de nossa historiografia. O colapso da colôniaa (26 de janeiro) praticamente coincidiu com a conclusão do Tratado de Westminster (5 de abril), que pôs fim à guerra anglo-holandesa e com o Tratado anglo-português (10 de julho).

A política de valentia defendia por Antônio de Sousa de Macedo, só podia ser representada na colônia; na Metrópole seria impossível jogar contra ingleses, holandeses e espanhóis, os dois primeiros os maiores poderes navais de então, se excetuarmos a França. O autor estuda, também, os erros estratégicos que fizeram os Países Baixos perderem essa batalha, propondo mais um *se* da história. Se os Países Baixos Unidos, em 1645-1650, se tivessem decidido a bloquear o Tejo e atacar a Bahia, não haveria poder que nos ajudasse: nem a Espanha, que abandonava seus súditos do Brabante ao poder herético, nem a Inglaterra, perturbada com as conseqüências da guerra civil, nem a França, convulsionada com a Fronda, nem a Suécia, profundamente absorvida na Alemanha. Foi Amsterdam que dificultou a ação unida naquela época, opondo-se à intransigência calvinista da

Zelândia, e quando se decidiu, em 1657, era tarde, pois encontrou a oposição da Inglaterra e da França, poderes navais que tinham seus próprios desígnios em Portugal e não o queriam ver esmagado em benefício da Espanha e das Províncias Unidas.

Por tudo isso não concorda o autor com a afirmação exagerada de Prestage, de que as intrigas e maquinações da diplomacia portuguesa impediram uma ação drástica contra D. João IV. A Holanda dependia de Amsterdam e todas as demais províncias da Holanda (Amsterdam possuía 4/9 partes das ações da Companhia das Índicas Ocidentais, enquanto a Zelândia apenas possuía 2/9 e as demais 1/9).

Que influência ideológica terão representado o judaísmo de Amsterdam e o calvinismo da Zelândia no retardamento da decisão e nas conseqüências da perda da colônia atlântica? Não discute o autor este problema, limitando-se a relembrar, na base do estudo de Violet Barbour[14], que as grandes casas mercantis de Amsterdam preferiam um império comercial e rápidos proveitos às incertas e distantes vantagens da colonização.

Os trabalhos anteriores de Wätjen e Gonçalves de Melo se notabilizaram pela especialização na história econômica e social e não pela síntese geral.

Só o profundo domínio e o controle da bibliografia universal permitiram ao Professor Charles Boxer apresentar numa visão internacional uma sítese tão clara e atualizada, uma tão lúcida apreciação crítica, que situa seu livro como o melhor estudo que possuímos hoje, em qualquer língua, sobre a aventura do Império holandês no Atlântico Sul. O autor esperava que o leitor especialista, casual ou crítico encontrasse no seu estudo "alguma coisa velha, alguma coisa nova, alguma coisa estranha". Em Jacarta (Batávia) começou a vitória (1619) e no Recife (1654) a derrota de um Império que viu seu término com a Segunda Guerra Mundial. As coisas velhas, novas e estranhas se unem neste ensaio, modelar pela capacidade crítica, pela concentração sintética, pela universalidade da apreciação, pela claridade e limpidez da narrativa[15].

14. *Capitalism in the Seventeenth Century,* Baltimore, 1950.
15. A atividade do Professor Charles Boxer é extraordinária, na quantidade e qualidade. Os estudiosos brasileiros terão muito proveito em conhecer as seguintes obras: *Four Centuries of Portuguese Expansion, 1415-1825: A Succint Survey,* Johannesburg, 1961 (série de conferências pronunciadas na University of Witwatersrand, de Johannesburg, em 1960); *The Colour Question in the Portuguese Empire, 1415-1825,* Londres, 1961 (conferência pronunciada na Academia Britânica, sustentando a existên-

## 3. Some Notes on Portuguese Historiography[16]

O Professor Charles R. Boxer comenta o artigo anônimo do *Times Literary Supplement* sobre a presente geração de escritores portugueses (*Portugal's Present Generation,* 29 de agosto de 1952, p. 38), na parte relativa aos historiadores. Relembra os nomes esquecidos e comenta as obras não citadas como as dos Padres Francisco Rodrigues, Serafim Leite, de Josef Wicki (*Documenta Indica,* 2 v. 1949-1950, em continuação), Antônio da Silva Rego (*Documentação para a História das Missões do Padroado Português do Oriente,* Índia, 10 vols., Lisboa, 1947-1953, em continuação); as coleções, como a *História de Portugal* editada sob a direção do Professor Damião Peres, a *História da Literatura Portuguesa Ilustrada,* de A. Forjaz Sampaio, e a *História da Expansão Portuguesa no Mundo.*

O autor recorda que sendo Portugal o País cuja história seja talvez a mais entrelaçada com a história da Igreja, o esquecimento de Fortunato de Almeida (*História da Igreja de Portugal,* 8 v., Coimbra, 1910-1926; *História de Portugal,* 6 v., Coimbra, 1922-1929) é falta grave. Portugal, diz o autor, repetindo frase de Edgar Prestage, deve seu lugar na história do Mundo a quatro realizações: as viagens ultramarinas de descobertas, a dominação dos mares orientais no século XVI, o empreendimento missionário universal e a colonização do Brasil. A todos estes quatro pontos se dedica especialmente sua historiografia, que conta, para estes trabalhos, afora os já citados, com Magalhães Godinho, Virgínia Rau, Carlos da Silva Tarouca, S. J., Magalhães Basto, Jaime Cortesão, Frazão de Vasconcelos, Eduardo Brazão, Melo Matos.

Boxer considera, também, as debilidades da historiografia portuguesa, apontando-as na seguinte lista: 1. Prolixidade; 2. Gosto pelos "discursos" e "conferências"; 3.

---

cia de preconceito de cor no Império Português); *The Golden Age of Brazil, 1695-1750. Growing Pains of a Colonial Society,* Berkeley, 1962 (tradução brasileira, *A Idade do Ouro do Brasil,* São Paulo, 1963); *A Note on Portuguese Missionary Methods in the East, 16th Centuries,* separata do *The Ceylon Historical Journal,* 1965; *Portuguese Society in the Tropics. The Municipal Councils of Goa, Macao, Bahia and Luanda, 1510-1800,* Madison (Wisconsin), 1965 (estudo comparativo das câmaras municipais destas cidades de três continentes); *The Dutch Seaborne, Empire, 1600-1800,* Londres, 1965 (um exame crítico da expansão ultramarina holandesa).

16. Sep. de *History,* fev.-jun. 1954, s. 1., s. ed., 13 pp. Nota publicada em *Bibliografia de História do Brasil,* cit., 1º e 2º sem. de 1953-54, 1962, pp. 121-122.

Ilustrações consideradas antes do texto (apelo aos olhos, antes que aos ouvidos); 4. A não consulta de trabalhos estrangeiros importantes; 5. Falta de índices adequados (e muitas vezes ausência total de índices); 6. Falta de mapas adequados; 7. Censura do Governo.

Censura também o autor a atitude ultranacionalista de certos trabalhos históricos portugueses e o rigor da censura portuguesa, que suprimiu a obra esquerdista de Antônio Sérgio, *História de Portugal* (1941), que apesar de todas as suas faltas, de apresentar preconceitos e exageros, contém idéias estimulantes e originais. Louva a ajuda governamental à publicação de obras custosas, acentuando que os principais trabalhos entre 1940 e 1953 têm recebido ajuda direta ou indireta do governo. Critica o número de trabalhos superficiais e ineptos, que nunca mereceriam o benefício do contribuinte português. Louva, finalmente, o espírito de cooperação que começa a existir na historiografia portuguesa, sinal de sua futura animação.

## 6. PAROISSIEN, AGENTE DE CARLOTA JOAQUINA*

Na época agitada do estabelecimento da Corte no Rio de Janeiro, Carlota Joaquina tramou, como todos sabem, a aceitação de sua Regência no Rio da Prata. Era o Brasil, então, a sede da Monarquia portuguesa e do comércio para as colônias espanholas separadas da Metrópole e ainda não organizadas como Nação. No Rio estava um trono europeu e nele se instalara toda a vida diplomática da América do Sul e o centro das operações do comércio inglês, decidido a recuperar nesta parte do Atlântico o que perdera na Europa e na América do Norte. Esta história está contada em suas linhas gerais e particulares por historiadores como Oliveira Lima, Pandiá Calógeras e Tobias Monteiro. Em

* Publicado no *Diário de Notícias,* Rio de Janeiro, 1? maio 1954.

livro recente, *Liberation of South America* (Londres, 1952), o Prof. Robin A. Humphreys, da Universidade de Londres, revela-nos uma grande novidade ao contar-nos a carreira aventurosa de James Paroissien, envolvido nos acontecimentos como agente e espião de Carlota Joaquina e por ela enviado a Buenos Aires em 1808.

Até hoje conhecia-se apenas a figura de José Presas, catalão a serviço da Princesa, cujas *Memórias,* publicadas em Bordéus em 1830 e traduzidas em 1940 por Magalhães Júnior, não merecem a confiança de todos os historiadores. Os depoimentos sobre Paroissien encontram-se entre seus papéis, pela primeira vez agora examinados e resumidos por Humphreys e nas peças do Arquivo do Foreign Office, especialmente nos relatórios de Lord Strangford, Ministro inglês no Rio de Janeiro, a George Canning.

O único estudioso brasileiro que se referiu a Paroissien foi Rodolfo Garcia, em pequena nota à *História Geral* de Varnhagen. Na Argentina suas aventuras são conhecidas em minúcias desde a publicação pelo Museu Mitre dos *Documentos del Archivo de Belgrano* (Buenos Aires, 1913-17, 7 v.).

James Paroissien, descendente de família huguenote, originária da Normandia, naturalizado inglês, ao ter notícia da invasão de Buenos Aires em junho de 1806 e de sua captura como parte do Império britânico, embarcou a 9 de novembro desse mesmo ano em direção àquela cidade. Retomada Buenos Aires aos ingleses, desembarcou em Montevidéu a 28 de fevereiro de 1807, onde permaneceu alguns meses e fez amizade com John Mawe, autor da *Viagem ao Interior do Brasil,* publicada em 1812. A 11 de setembro, acompanhado de Mawe e de outros comerciantes e aventureiros ingleses, deixou Montevidéu na barca portuguesa "Vencedor" e chegou à Ilha de Santa Catarina a 29 do mesmo mês. Num breve e substancioso capítulo, intitulado "Comércio e Política no Brasil, 1807-1808", Humphreys nos conta, a partir deste momento, as inumeráveis e curiosas aventuras de Paroissien.

Canning e toda a política externa inglesa viam na Ilha de Santa Catarina um centro conveniente de contrabando de fazendas destinadas às colônias espanholas. Este foi sempre o objetivo da política inglesa: abrir ao seu comércio as imensas regiões da América. As invasões do Rio da Prata não foram senão um episódio na ruptura dos monopólios estatais. Depois do fracasso de 1806, outras expedições foram planejadas em 1807 e 1808, em Buenos Aires e no México. Expulsos de Buenos Aires, os ingleses não mais entreteriam o ideal de conquista; agora não queriam que o comércio inglês fosse afastado dos portos americanos. O Brasil, sede de um Governo imperial, era o centro ideal da irradiação comercial. Os navios britânicos com a guerra napoleônica, estavam excluídos da Europa em geral e de Lisboa, privados do porto de Buenos Aires e ameaçados pelo *Non Importation Act* e pelo embargo americano da perda do comércio com os Estados Unidos. O Brasil era a terra da esperança e da promessa, onde Cairu defendia a liberdade de comércio e D. João, com o ato de 28 de janeiro, dava à Inglaterra e praticamente só a ela aquela liberdade.

Chegado ao Rio a 15 de janeiro de 1808, pouco antes da Corte, Paroissien pôde sentir os efeitos e as transformações repentinas que a hégira real provocou no plano político, econômico e comercial. A baía ficou repleta de navios ingleses, os armazéns superlotados de meradorias, vendidas 50% abaixo do custo pela excessiva concorrência. Só no mês de agosto havia cerca de 150 a 200 navios ingleses no porto. O contrabando ultrapassava tudo que a Colônia conhecera e não seria muito adivinho quem previsse a exasperação do nacionalismo revoltado diante dos privilégios de que gozavam os ingleses. Basta dizer que o valor das mercadorias chegadas ao Rio entre julho e dezembro de 1808 excedeu de 788 000 libras esterlinas, subindo o total daquele ano a 2 380 000 libras, cifra jamais alcançada até 1818.

No período que permaneceu no Brasil, de setembro de 1807 a novembro de 1808, Paroissien observa e anota esta atividade, contando-nos interessantes particularidades da vida brasileira. Não foi ele próprio feliz nos seus negócios com café em Magé; médico, exerceu a medicina sem grande lucro; foi leiloeiro. Finalmente, estabelecido em Santa Cruz, fabricava manteiga para o Príncipe Regente, praticava a botânica, colecionava insetos e borboletas, excursionava, recebia visitas de D. João e de D. Pedro, "a fine promising boy". Não amou o Brasil e suas impressões dos brasileiros e portugueses nunca foram favoráveis. Considerava-os ociosos e preguiçosos e sempre sonhava com Buenos Aires, pois julgava os espanhóis um meio termo entre portugueses e ingleses. Nunca abandonou a esperança de voltar, que renasceu forte quando, em agosto de 1808, se soube no Rio dos movimentos em Espanha contra o domínio de Napoleão e da paz assinada em julho pela Inglaterra e Espanha.

Paroissien seguiu então como agente secreto político de Carlota Joaquina — eis a principal novidade, que se une às valiosas informações econômicas que resumimos. Jovem, impressionante pela aparência, ligeiramente ingênuo, Parois-

*199*

sien envolvia-se na trama da política platina juntamente com Carlota Joaquina, o Almirante Sidney Smith e um político de meia-idade exilado de Buenos Aires, Saturnino Rodrigues Peña, que conhecera em Montevidéu e ao qual se ligara. Foi em companhia de Paroissien que Rodrigues Peña conheceu o Almirante Smith, em 19 de maio de 1808, o qual o recebeu "como um irmão recebe outro", nas suas próprias palavras. Daí em diante os encontros foram freqüentes e Smith envolvia os dois no plano que forjara com Carlota Joaquina, sem a audiência do Ministro Strangford. Os objetivos, os projetos, as iniciativas são conhecidos, bem como a decidida oposição de Strangford. Os manifestos enviados a Buenos Aires propunham a escolha da Princesa como Regente para garantir aos legítimos soberanos seus direitos ao trono, quando mais tarde eles fossem libertados das garras napoleônicas. "Penso", dizia Paroissien a seu pai, revelando suas simpatias republicanas, "que a oferta será rejeitada pelos espanhóis, que estão mais inclinados a adotar a forma republicana de governo do que a tirania monárquica, especialmente nas mãos portuguesas".

Foi exatamente pelos meados de outubro, quando Carlota Joaquina decidiu partir, com ou sem o apoio de D. João, acompanhada ou não de Sir Sidney Smith, e quando Strangford enviou a Canning um longo relatório contra as intervenções políticas do almirante inglês, é que Rodrigues Peña e Paroissien entram na história secreta do plano de conquista de Buenos Aires. Belgrano e seus amigos julgavam uma etapa oportuna para a futura independência da Argentina o estabelecimento de uma monarquia constitucional. Rodrigues Peña participou, no Rio, desta opinião.

Numa carta de Strangford a Canning, de 2 de julho de 1809, lê-se toda a história do projeto de Carlota Joaquina e da participação de Paroissien.

Imediatamente depois da formação do projeto sustentado pela Princesa de seguir em pessoa ao Rio da Prata, decidiu Sua Alteza, de acordo com Sir Sidney Smith, enviar um agente confidencial às colônias espanholas com o propósito de preparar o espírito dos habitantes a favor de sua Alteza Real e dispô-los a recebê-la com vivacidade e alegria. A pessoa escolhida foi Paroissien, "originário da Inglaterra e médico de profissão, que foi recomendado à Princesa e a Smith por Rodrigues Peña".

Este, "conhecido agente confidencial do Partido Republicano nas colônias espanholas, tinha sido regenerado dos seus princípios revolucionários por persuasão de Sir Sidney Smith e induzido a esposar a causa e a entrar nos planos da Princesa. Ele se obrigara, a pedido do Almirante, a fornecer a Paroissien carta de apresentação a todas as pessoas que, nas Colônias, pudessem favorecer os desígnios da Princesa". Estas pessoas são os companheiros de Rodrigues Peña, "os republicanos de Montevidéu e

Buenos Aires, a quem ele esperava persuadir da absoluta necessidade das medidas recomendadas por Sir Sidney Smith".

Acredita Humphreys que a informação de Strangford não fosse inteiramente correta. Rodrigues Peña teria apoiado as pretensões de Carlota Joaquina devido às persuasões de Sidney Smith, mas se aderira à causa da Monarquia não se convertera à Monarquia absoluta que Carlota Joaquina representava. Ele não abjurara seus princípios revolucionários, ao menos no que dizia respeito à independência do seu País. As cartas e manifestos de Rodrigues Peña fazem crer que seu republicanismo fora abandonado pelo menos momentaneamente, até chegar-se à Independência. As opiniões conhecidas de Rodrigues Peña, as declarações republicanas de Paroissien e a suspeita de Presas e depois da própria Carlota fazem desconfiar que nunca a República deixou de ser seu princípio ideológico: Carlota servia-se deles e eles dela.

É certo que cinco ou seis dias antes da partida Rodrigues Peña lia a Paroissien uma das cartas secretas onde se afirmava que seu propósito era preservar a integridade da América espanhola, ameaçada pelas intrigas da França, declarando Carlota Joaquina Regente das Américas. Paroissien embarcou na manhã de 5 de novembro. No mesmo navio seguia Julia de Miguel, que levava uma carta da Princesa dirigida ao Vice-rei Liniers, datada de 1? de novembro e denunciando Paroissien como portador de documentos "cheios de princípios revolucionários, subversivos à presente ordem monárquica e tendente ao estabelecimento de uma república fantástica e visionária".

Que teria modificado tão extraordinariamente a conduta de Carlota Joaquina? Presas, que Rodrigues Peña ajudara e recomendara a Sidney Smith, tornara-se secretário da Princesa e lhe informara que Paroissien levava papéis favoráveis à independência da América espanhola. Conta Strangford que Presas, banido de Buenos Aires e depois de Montevidéu por forjicação, convencera a Princesa que Rodrigues Peña representara um duplo papel e Paroissien estava de fato encarregado de promover a República. Denunciando-o às autoridades espanholas, ela prestava um grande serviço na preservação da Monarquia espanhola, fornecia uma prova do perigo real representado pelos republicanos e mostrava a necessidade urgente de ser investida nas funções de Regente. Chegado a 17 e preso a 19 de novembro de 1808, Paroissien viu-se abandonado por Smith, que sobre ele escreveu ao Vice-rei dizendo desconhecê-lo e nada ter com os seus propósitos revolucionários. Ele e Carlota Joaquina ficaram indiferentes ao destino de Paroissien, cujas simpatias libertadoras e republicanas são confirmadas pela sua carreira futura.

Libertado a 11 de junho de 1810, logo após a Revolução de Maio, que promoveu a Independência da Argentina, começa sua extraordinária carreira, participando da libertação do Chile, com San Martín e O'Higgins e da libertação do Peru. Brigadeiro-general do exército do Peru, em 1821, segue para a Europa como agente diplomático para promover o reconhecimento da Independência peruana. A história de sua carreira, contada agora neste livro cujas revelações se incorporam ao conhecimento de nossa história, baseia-se em pesquisas realizadas por Humphreys no Arquivo do Ministério das Relações Exteriores, da Guerra, do Almirantado, no Arquivo Nacional (*Public Records*) e nos papéis de Paroissien existentes em Essex, nos jornais da época, na bibliografia especializada sul-americana. Mais uma vez o Prof. Humphreys demonstra sua cuidadosa capacidade de investigação, seu completo conhecimento da literatura histórica e uma simpática e inteligente compreensão da política sul-americana do princípio do século passado. *A Libertação da América do Sul* é um livro modelar, que guia o estudioso e interpreta os primeiros passos da independência sul-americana[1].

---

1. Robin A. Humphreys, Professor de História da América Latina da Universidade de Londres, escreveu vários e excelentes estudos sobre esse assunto, nos quais dedica capítulos especiais ao Brasil. São eles: *The Evolution of Modern Latin America,* Oxford, 1946; *The Study of Latin American History,* Londres, 1948 (aula inaugural da Universidade); *Latin America. A Selective Guide to Publications in English,* Royal Institute of International Affairs, 1949, grandemente ampliado em *Latin American History. A Guide to the Literature in English,* Oxford, 1958 (um excelente guia bibliográfico da literatura inglesa sobre a América Latina). Com Gerard S. Graham, Professor de História do Império da Universidade de Londres, editou *The Navy and South America, 1807-1823. Correspondence of the Commanders-in-chief on the South American Station,* Navy Records Society, 1962. (Correspondência dos chefes da esquadra inglesa da estação do Rio de Janeiro, na fase da Independência.) Sua última publicação, *Tradition and Revolt in Latin America,* Londres, 1963, é uma conferência interpretativa da oposição conservadora e rebelde na América Latina.

Parte III: A HISTÓRIA É UMA QUESTÃO
DE CONSCIÊNCIA

# 1. A HISTORIOGRAFIA ALEMÃ*

Heinrich von Srbik, sábio austríaco, Professor da Universidade de Viena, legou ao mundo, ao falecer em 1952, uma das obras mais importantes do pós-guerra. Seu livro *Espírito e História do Humanismo Alemão*[1] foi acolhido na Europa e nos Estados Unidos como a mais limpa e autêntica expressão do humanismo europeu.

Srbik era uma das mais renomadas figuras intelectuais da Áustria e conhecido e considerado expositor no campo da ciência histórica alemã. Em dois grossos volumes, conta a história da historiografia alemã desde a Idade Média e do Humanismo até o fim do III Reich. Mas ao mesmo tempo que conta o suceder da historiografia alemã, seus guias e

* Publicado no *Diário de Notícias*, Rio de Janeiro, 12 abr. 1953.
1. *Geist und Geschichte vom Deutschen Humanismus bis zur Gegenwart*. Munique, 1950-1951, 2 v.

principais obras, em consonância com os grandes períodos vitais do pensamento germânico e europeu, estende-se sobre as questões fundamentais da vida européia, constituindo uma história do espírito do mundo ocidental. O professor austríaco trata de Freising, Spengler e Meinecke, estuda as fases mais recentes e valoriza, na grande árvore da cultura germânica, não só no ramo austríaco, a parte católica, como examina a produção suíça e báltica.

O trabalho tem um duplo aspecto: fala como um resultado científico para o mundo científico especializado e dirige-se também a todos aqueles "que não perderam a fé na força permanente do espírito alemão de aumentar, alargar e aprofundar o conhecimento para si mesmos e para o mundo em conjunto com os outros povos culturais".

O último capítulo desta obra, realizada no auge de uma longa vida de estudos, é um verdadeiro testamento em que transparecem as idéias e convicções mais íntimas de Srbik. Ele reconhece, no exemplo de Goethe e Ranke, o primado do espírito na história. Não dispúnhamos até hoje senão das obras de Fueter e Thompson sobre o desenvolvimento da historiografia universal e das contribuições nacionais de um Halphen, de um Shotwell. Existiam trabalhos monográficos sobre historiadores individualmente e sobre uma época da historiografia como o de Meinecke (*O Historicismo e sua Gênese*), mas não havia uma exposição sobre o suceder da historiografia alemã, à qual se deve uma das mais marcantes e originais criações do espírito alemão na época moderna.

O modo por que o espírito alemão concebeu e compreendeu o passado histórico foi não só uma contribuição decisiva na construção do mundo ocidental e da moderna vida humana, como lhe emprestou um cunho especial e aprofundou sua diferenciação dos demais povos. Só um sábio de grande e extensa experiência e com uma assentada idéia do mundo se atreveria à difícil tarefa de fazer um balanço do caminho seguido pela sua própria ciência.

O 1º volume dedica-se ao estudo da historiografia desde a Idade Média até o limiar da época Bismarck. Mas é naturalmente o 2º volume que mais nos interessa, pela atualidade da matéria. Conduzidos pela mão de mestre de Srbik, percorremos a região do espírito alemão e europeu que para muitos de nós se tornou agora uma vivência íntima e imediata.

O livro é um monumento que retrata e sintetiza toda a época áurea da ciência histórica alemã; o tempo de Niebuhr e Ranke verdadeiramente já passou, mas ainda luzem nesta parte da estrada estrelas de primeira grandeza, antes de tudo e bem acima Jacob Burckhardt, que, para Srbik está ao lado de Ranke como líder e guia, também para o presente. Mommsen e Eduard Meyer, Dilthey, Troeltsch e Meinecke, Lamprecht e Max Weber, Marx, Nietzsche e Spengler — que dramática série criadora do espírito alemão que, em parte, tem resplendor universal.

Todos nós sofremos hoje, na própria carne, a prova prática das teses e antíteses geradas pela cultura alemã. Em Srbik este processo encontra um grande e digno intérprete. Comte e Taine, Huizinga, Toynbee e Ortega y Gasset são trazidos à discussão, na tentativa de mostrar que a ciência histórica alemã não perde o estreito contato com os motivos orientadores das historiografias nacionais.

Pela primeira vez, Srbik corrige a injustiça generalizada em relação à historiografia *Gross-deutsch* e católica, e valoriza sem distinção Goerres e Doellinger, Janssen e Pastor, Frantz e Klopp, assim como reconhece e descreve as tendências históricas dos *Kleindeutschen* e protestantes. Um Adolfo von Harnack responde, do lado católico, a um Albert Ehrhard. E Srbik tem a forte convicção de que exatamente a pesquisa histórica eclesiástica foi uma segura ponte entre os católicos e a cristandade evangélica, podendo abrir caminho a uma *Una Sancta*.

Srbik escreveu com o sangue do seu coração o capítulo que faltava até agora sobre a historiografia alemã da Áustria. Este epílogo sobre o passado reino dos Habsburgos, seu ser e sua tragédia, sobre sua função alemã e européia, eleva-se a uma altura monumental e está em relação com o penoso balanço a que está ligado o nome de Srbik de toda a concepção histórica alemã.

Numa última parte encontra-se finalmente o ponto de vista crítico de Srbik sobre a compreensão histórica pan-alemã (*Gesamt-Deutsch*) e sobre o passado recente, seu desvio racial dogmático e seu materialismo do sangue. A concepção nacional-socialista da história, sua crítica e as idéias históricas de Srbik merecem um relato à parte. O *Espírito e a História do Humanismo Alemão* é o testamento de Srbik e o balanço crítico do pensamento alemão, de seu modo de atacar as questões antigas e modernas, de se impregnar com idéias do presente e do jogo das diversas tendências.

Esta obra tão viva é um dos testemunhos mais importantes da nossa cultura espiritual e um exame monumental do humanismo europeu.

## 2. A HISTÓRIA E SRBIK*

No *Espírito e História do Humanismo Alemão até o Presente*[1] (*Geist und Geschiche vom Deustschen Humanismus bis zur Gegenwart*) Heinrich Ritter von Srbik acentua, com razão, que uma história da historiografia exige, talvez ainda mais do que a história de outros testemunhos da cultura espiritual, um esclarecimento da posição do autor. Srbik, nas primeiras páginas de sua monumental obra, traça um quadro da historiografia alemã e de suas novas tarefas. Suas idéias históricas não aparecem somente nos exames e críticas das várias teses expostas, mas especialmente neste quadro esquemático sintético, escrito com a cabeça fria, mas com o coração pulsando pelas suas

---
\* Publicado no *Diário de Notícias*, Rio de Janeiro, 26 abr. 1953.
1. *Geist und Geschichte vom Deutschen Humanismus bis zur Gegenwart*.

crenças espiritualistas. Estas se manifestam especialmente na palavra final da obra, quando o autor faz um apelo à volta à "eternidade do homem pelo restabelecimento de Deus". Só por meio desta volta, segundo sua crença, pode crescer a nossa esperança de cura espiritual.

Lembrando uma frase de Goethe, o autor começa advertindo que a história é sempre reescrita sob impulso do presente. "O ser vive como história" e está disposto pela sua natureza para a história. A própria possibilidade da história como ciência vem primeiro da historicidade do ser e, segundo, da maneira histórica do espírito humano. As fontes do erro provêm das paixões, da parcialidade e dos efeitos da vida prática, frutos do desejo de formação do futuro ou do espírito da comunidade a que pertence o historiador.

No próprio historiador se cruzam passado e presente e este "não pode ser desnaturalizado como um pedaço do passado". Nele atua não apenas o que é especial do seu eu psicologicamente condicionado, mas está também sujeito à tradição e à cultura do seu tempo, de modo que a história poderia ser definida como a forma espiritual pela qual uma cultura se dá conta do seu passado. Uma reconstrução acabada do que foi, uma reprodução do passado sob a base de um conhecimento absoluto do que foi não é pois possível, porquanto o que existiu objetivamente é transmitido subjetivamente por meio de homens e de seu sentimento da vida e está unido à vida e ao tempo do historiador. A tarefa deste só pode ser um conhecimento e transmissão parcial do passado, uma "criação refletida num espelho". Ele está condicionado também pelos grandes acontecimentos históricos que exercem seu efeito no espírito dos vivos e na consciência dos povos, ou então na consciência de uma parte do povo.

Por isso mesmo que todo conhecimento histórico é determinado pela própria experiência do historiador e o homem está condicionado, como ser biológico, espiritual e social, pelas correntes espirituais do seu tempo, e porque a tradição influencia sua criação, a problemática da história é sempre nova de acordo com a visão de quem a contempla. Os métodos de pesquisa também se aperfeiçoam e refinam e novas questões surgem em face mesmo desses aperfeiçoamentos. Deste modo pode-se falar de uma fenomenologia da consciência histórica, não só porque uma história feita procura dirigir a visão do passado, segundo seus fins, mas porque, antes de tudo, o espírito da época do historiador e sua individualidade fazem aparecer-lhe aos olhos o que foi sob luz diversa, de modo que nenhuma síntese ou interpretação é inteiramente válida. Goethe não diz no *Fausto:* "O que chamais espírito da época é, no fundo, o próprio espírito dos senhores, que se reflete na época?" E depois é preciso considerar que nos acontecimentos históricos há fatores elementares, como clima, solo, condições econômicas, e fatores culturais, como a força da tradição, os costumes, os fatores ético-religiosos, o estádio adiantado das artes e ciências que exercem influência sobre o todo e sobre cada homem em particular. Srbik não se esquece de apontar também os fatores irracionais que agem sobre o psiquismo. Na realidade ele é sempre ou quase sempre eclético e suas opiniões se afirmam especialmente no capítulo inicial e na recapitulação e visão de conjunto do último capítulo do 2.° volume, onde se estudam o futuro da ciência histórica e as tarefas do humanismo alemão.

Só em artigo à parte se poderá mostrar as idéias fundamentais de Srbik, professor da Universidade de Grazel, Czernowitz, Viena, Bonn, Munique, Colônia e Berlim e presidente da Academia de Ciências de Viena, de 1939 a 1949. Ele foi sempre um professor, com exceção dos anos de 1929 a 30, em que foi Ministro da Educação da Áustria. Srbik é autor de uma biografia de Metternich, o estadista e o homem (1925, 2 v.), e de uma obra sobre a Unidade Alemã (1935-42, 4 v.), cujo tema central é o malogro da Confederação estabelecida pelo Congresso de Viena de 1815, em unificar as forças políticas do mundo germânico, e o doloroso processo que levou à separação dos domínios dos Habsburgos e à formação de uma nova política alemã, sob a direção da Prússia.

Srbik escreve como austríaco, cujo interesse e sentimento abrangem a Áustria e a Alemanha, atendo-se à vida política e à cultura alemã como um todo. Seu ideal era a unificação dos povos de cultura germânica e sua tragédia foi considerar a ascensão de Hitler como a realização de seu velho sonho. Um pecado e um sentimento de culpa de que procurou libertar-se neste livro, no capítulo sobre a concepção nacional-socialista da história, ao afirmar que esta não estava em nenhuma relação fundamental profunda e espiritual com o curso dos muitos séculos da evolução alemã. O nacional-socialismo voltou-se contra a tradição cultural alemã e os valores pessoais da época de Goethe. Ele buscou na biologia, no darwinismo, na doutrina racial, no mito do sangue, na moral senhoril, no culto da forma, a concepção de um líder, de um partido, de uma ditadura. Mas nunca existiu, diz ele, um direito preferencial das raças nórdicas ao gênio e ao predomínio ético, nem assemelhação entre nórdicos e indo-germânicos, nem primado cultural criador de uma certa raça nobre.

A história não pode esquecer os incomensuráveis valores culturais que a Europa deve à Ásia e a ininterrupta troca cultural entre os povos do Ocidente. Srbik, historiador austríaco, partidário da unificação da comunidade germânica, legou ao mundo um nobre e digno testamento das suas idéias, que a tempestade do mundo misturou com a violência trágica da conquista de Hitler.

Teve um ideal cujos efeitos práticos foram maculados por um déspota não esclarecido. Legou também um balanço sério, crítico e cuidadoso da contribuição alemã à cultura européia.

## 3. "A HISTÓRIA É UMA QUESTÃO DE CONSCIÊNCIA"*

O Humanismo europeu recebeu, com a nova obra do Professor Heinrich Ritter von Srbik, *Espírito e História do Humanismo Alemão até o Presente* (*Geist und Geschichte vom Deustchen Humanismus bis zur Gegenwart*), a que já nos referimos, um alento inesperado e extraordinário. O estudo e o conhecimento do homem hão de encontrar sempre no cultivo da história a sua mais importante fonte. O humanismo moderno convertido por alguns pensadores como Croce e Meinecke no historicismo — que fascistas e nazistas tanto combateram — gerou um relativismo de valores e aprofundou a crise da consciência européia. Não havia de ser com a imaginação criadora e a concepção intuitiva que se chegaria ao caminho da verdade histórica.

* Publicado no *Diário de Notícias,* Rio de Janeiro, 10 maio 1953.

A ciência histórica atualmente já não pode mais satisfazer-se com um simples empirismo crítico, em face de sucessivos alargamentos de métodos e de pesquisa e do aparecimento de novos campos de trabalho que estão em progressiva relação com as ciências vizinhas, tanto as de direção cultural, como as naturalistas. Um alto valor, surgido mais recentemente, está, sem dúvida, no terreno da política, da constituição, da administração, da economia, da vida social, da religião, da moral, da história da arte e da ciência. Nossa opinião histórica nesse sentido tornou-se cada vez mais profunda e mais madura, mas o novo aprofundamento e alargamento no fatual não é a última e mais alta palavra numa ciência que diz com o empírico, mas não com o experimental.

Srbik relembra aquelas palavras de Ranke a um jovem historiador: "Devemos notar que a história é uma questão de consciência". Sim, a história é a clara certidão da verdade, na frase clássica de Fernão Lopes, o primeiro dos historiadores modernos. "Não entendais que certificamos coisas, salvo de muitos aprovada e por escrituras vestidas de fé", dizia o grande mestre português, neste claro e limpo verbo, que antecede Ranke, o mestre alemão, renovador total da historiografia contemporânea. É uma questão de consciência buscar a verdade e afastar a falsidade.

As conseqüências éticas que essa palavra de verdade implica, continua Srbik, são a frieza e a incondicionalidade do esforço pela mais rigorosa verdade, o sentimento da responsabilidade, a renúncia a tudo que não é verdadeiro, a busca exasperada e a coragem de saber e verificar os próprios erros no seu próprio passado. O historiador não deve ser apenas um pesquisador, mas integralmente um homem, ligado à compreensão do presente e dele participando sem se deixar subjugar pela vida fluente.

Para Srbik o historicismo atingiu finalmente a uma auto-análise "historizante", seguiu o pensamento histórico em sua evolução e chegou, na história da ciência histórica, à relatividade condicionada pelo tempo dos acontecimentos históricos; na Alemanha, antes de tudo, pela redescoberta do irracionalismo de um Vico e de um Herder, mas também na vida cultural dos ingleses, franceses e americanos. Mas os sinais inequívocos de uma crise do historicismo no século XX deixam-nos conhecer igualmente um retorno salvador aos valores transcendentes à ordem objetiva e a uma mais alta unidade do poder e dos costumes. Aqui funda-se uma das grandes esperanças da nova época das ciências culturais alemãs. O positivismo no sentido da limitação aos fatos já não basta às nossas necessidades espirituais. Tarefas mais elevadas da ciência histórica devem ser procuradas e encaradas.

Daí o apelo para uma revisão do quadro histórico alemão, a fim de apurar-se e medir-se quais foram os valores e desvalores do passado, trazidos pelas mutações políticas e costumeiras, filosóficas, éticas e religiosas originadas de nossas concepções do mundo.

A história trata do homem. Toda história é dinâmica, toda história liga o regular, o típico e especial, o geral e o particular, o indivíduo e a comunidade, liberdade e necessidade, bênçãos e descaminhos de pessoas e povos, numa infindável multiplicidade, em luta e oposição, em continuidade e dialética. Os povos são resultados dos sucessos históricos, construtores dos Estados e de novo influenciados pelo Estado. Só através de um Estado que traga em si uma vontade de valores morais superindividuais poderá ser conseguida a unidade das culturas diferenciadas de nossa época. E como nenhum povo constitui um organismo próprio formado isoladamente, mas está sempre ligado aos outros povos pelo sangue, pelas trocas espirituais e pela vida em comum, a história tem que ser vista como história universal e a nacional necessita do horizonte internacional. A autoconsciência nacional deve ser emparelhada ao autoconhecimento nacional e ao sentimento da responsabilidade mundial. Como não é possível a pesquisa total das causas dos fatos — parede exterior dos mistérios da história, onde se ocultam os motivos íntimos e psicológicos — é inteiramente impossível a profecia do futuro.

Esta a concepção de Srbik. É uma concepção histórica universal e nacional, não nacionalista, em que se fundem o Empirismo e a Metafísica, a coisa e a idéia numa unidade do que é vivo, no real-espiritual de Ranke, e que encara cada época como o imediato da eternidade e em cada época se verá as tendências morais em seu conjunto e as maneiras essenciais que dão impulso à idéia e são por sua vez influenciadas por ela. Ela vê ciclos culturais no círculo cultural próprio, seu nascimento, amadurecimento, velhice e passamento, e também o próprio povo submetido à lei de todo ser. Ela ajudará a preparar, acrescenta Srbik, pela reconquista dos grandes e nobres valores do espírito alemão e da consciência moral alemã, a nova e verdadeira exaltação do homem alemão. Como historiadores precisamos, para esta tarefa, também de filosofia. Assim se chegará a uma história combativa, que conduzirá à luta não no espírito do "direito ou não direito de meu povo" contra outros povos, mas como uma luta pela mais alta formação do ser espiritual e moral desse povo e da humanidade.

Finalmente, deve-se combater a timidez de uma história universal e da possibilidade de uma historiografia universal, dando às grandes separações, como as de Antiguidade, Idade Média e Moderna, o sentido de categorias tipológicas.

Nem todos aceitariam as idéias cíclicas de Srbik, influenciadas talvez por Spengler. Nem todos aceitariam, depois da exposição de Troeltsch, substituir a idéia de períodos, de tão extraordinários resultados práticos, pela tese das categorias típicas. Ainda assim elas provocam o debate e o reexame do problema. E então vem sua palavra final:

> A nossa nobre e bela ciência só pode atuar como educadora por uma contribuição poderosa aos esforços pela verdade em cada povo e na soma dos povos. Ela pode, pelo conhecimento do passado, ajudar a conduzir o presente na base do que foi organicamente. A experiência mostra quão raramente é pouco a consideração *historiae vitae magistra* vale na vida. Seguimos muito mais a bela frase de Burckhardt de que não se trata de mostrar a inteligência da história para uma ou outra vez, mas para sempre. A judicatura da história de modo algum pode ser atribuída a um único historiador, mas à ciência histórica, como conjunto. Também o entusiasmo que, segundo Goethe, é o melhor que tiramos da história, não é na realidade o melhor. Se pudermos abranger a totalidade da vida, como se quis uma vez na filosofia clássica, se pudermos pelo aprofundamento da filosofia aproximar-nos do segredo da história, veremos que devemos ter a certeza de que em nossa ciência há muitas habitações e existem e existirão muitos estilos de vida dos moradores e que é possível e deve-se atingir uma unidade fundamental da casa e do espírito.

O mundo chegou a uma época de transição. A Europa e o Ocidente não constituirão mais a balança política da terra. Durante séculos, o sistema estatal europeu lutou pela hegemonia e predomínio de um sobre o outro. Em 1900, parecia que iria surgir um sistema de Estados mundiais. O ano de 1945 marcou a última tentativa de uma hegemonia européia e a divisão do sistema estatal em duas potências mundiais. A Terra, como um todo, entrou num novo destino.

## 4. BURCKHARDT*

Burckhardt está vivo e age sobre os homens com a força de suas idéias, com o gênio de sua compreensão, com a atilada visão de suas profecias. O espírito humanista que procura renascer na esperança de libertar o mundo das mãos desesperadas de negociantes, militares e déspotas, vê no gênio de Burckhardt não um caminho que ele nunca propôs, mas uma reação contra o sentido do lucro e do poder que dominam a sociedade moderna.

Ainda recentemente, Werner Kaegi terminava o segundo volume de sua monumental biografia do pensador[1], e o filósofo Karl Löwith, da Universidade de Heidelberg, escrevia na revista *Der Monat*[2] um estudo

---

* Publicado no *Diário de Notícias*, Rio de Janeiro, 29 mar. 1953.
1. *Jacob Burckhardt. Eine Biographie*, Basiléia, 1951.
2. Setembro, 1952.

sobre a renúncia filosófica à filosofia da História empreendida pelo Mestre da *Civilização da Renascença*. Na Alemanha quase destruída pela guerra o pensamento de Burckhardt parece uma brisa que refresca as cabeças aquecidas pelas paixões políticas e partidárias.

Werner Kaegi estuda no segundo volume da biografia de Burckhardt os anos de formação, que decorrem entre 1839 e 1846. Em 1839, ele dirige-se a Berlim, para estudar história com Ranke. Queria fazer sua própria vida e fugir às injunções da família, no sentido de seguir a carreira eclesiástica ou política. Insatisfeito com a teologia ortodoxa que lhe era ensinada, e insurgindo-se contra a carreira política útil e segura que lhe queriam dar, pois, desde 1666, de cada dois burgomestres de Basiléia um era invariavelmente um Burckhardt, ele procura a Alemanha, onde, durante quatro anos, estuda história com Ranke, Boeckh, Droysen e Grimm, une-se a Franz Kugier, o historiador da arte, e entusiasma-se romanticamente com a Alemanha, meio poética, meio revolucionária. Desagradam-lhe os pintores pré-rafaelitas, como Cornelius e Overbeck, com sua arte cristã, descobre Rubens e amadurece suas idéias políticas. Este aprendizado é definitivo para a formação de Burckhardt. De volta à Basiléia, dirige o *Jornal da Basiléia* (*Basler Zeitung*), de tendência conservadora, durante 18 meses. Logo a seguir começa a lecionar história na Universidade.

Convidado a substituir Ranke na cátedra de Berlim, Burckhardt recusa sem hesitação. Ele não desejava que Berlim e a fama literária o afastassem do estudo, do ensino e da sua obra. Ele não desejava também que a Igreja ou o Estado interferissem em sua obra. É então que escreve as *Reflexões sobre a História,* segundo Kaegi o mais notável livro de história do século XIX.

A facilidade com que escreveu e trabalhou nunca o conduziram à superficialidade. Concentrado, original, contemplativo, Burckhardt foi um renovador extraordinário da história. A biografia escrita por Werner Kaegi é um retrato minucioso que ilumina de repente toda a formação do historiador. O próprio Burckhardt reconhece que seus primeiros anos de estudo teológico — seu pai foi pastor — foram um preparativo especial para a carreira. Aprende-se a conhecer a profunda individualidade de toda a vida espiritual, a irracionalidade das últimas profundezas da vida, as tarefas altamente complicadas da interpretação psicológica e o jogo mútuo entre o espírito das massas, as instituições e os indivíduos. Isso permite uma outra focalização, diferente daqueles que começam com a história econômica e política. Daí seu poder de penetração, sua capacidade de compreendedr o enigma e a psicologia de uma época, que se completavam com a poesia e a fantasia. "O que eu construo historicamente não é só o resultado da crítica e da especulação, mas da fantasia, que quer completar as falhas da intuição. A História é para mim e será sempre na sua maior parte Poesia; ela é para mim uma série de belas composições pictóricas", dirá ele em carta a Karl Fresenius, por volta de 1842. E acrescenta: "Todo meu estudo da História é tão bom quanto minha ocupação com a arte e vem de uma enorme sede de contemplação".

Sim, Burckhardt era um contemplativo, que rejeitava qualquer pretensão de idéias histórico-universais, mas que acreditava na continuidade histórica, isto é, naquele esforço consciente de conservar e renovar nossa herança, em lugar de simplesmente receber aquilo que nos foi legado.

Löwith, no estudo a que nos referimos acima, procura expor suas idéias políticas e a força de suas intuições, nascidas do conhecimento histórico e do poder de compreensão psicológica.

Burckhardt fez prognoses que merecem ser conhecidas hoje. Possivelmente, disse ele em 1872, ainda teremos algumas décadas suportáveis até que a Europa, depois de uma série de terríveis guerras e revoluções, se consolide numa espécie de *Imperium Romanum,* centralizado através de um despotismo militar-econômico, ao qual estarão subordinados os liberais democratas e os proletários, porque este magnífico século (o século XX) está fadado para tudo, menos para a verdadeira democracia. Em lugar de uma democracia liberal virá o Estado totalitário, regido por *terribles simplificateurs,* que se derramarão pela Europa dominando com absoluta brutalidade e intensamente despreocupados da liberdade e da soberania popular, e que desprezarão o direito.

Tenho um pressentimento que antecipadamente pode parecer uma tolice, mas do qual não me livro: que o Estado militar deve ser um grande fabricante. Aquelas aglomerações de homens nas grandes oficinas não abandonarão eternamente sua cobiça e suas necessidades; uma massa determinada e vigiada que iniciará e terminará diariamente em uniforme e a toque de caixa, eis o que virá logicamente. Longas subordinações voluntárias a um único *Führer* e a usurpadores estão à vista. As pessoas não acreditam mais em princípios, mas provavelmente acreditarão periodicamente em salvadores. Sob esta base a autoridade levantará de novo a cabeça no alegre século XX e será uma cabeça terrível.

Burckhardt estava firmemente convencido de que o novo, o grande e o libertador só podia aparecer em oposição ao poder, à riqueza e aos negócios. No sentido do lucro e do poder sem medidas estava o germe dos despotismos e das ditaduras que o século XX veria com freqüência.

Na história, o equilíbrio entre a felicidade e a infelicidade não era mantido pelo plano providencial, mas pela independência do lucro e pela tentativa de valorizar lucros e perdas.

E nem sempre foi possível manter o equilíbrio. Foi uma felicidade, por exemplo, que os gregos vencessem os persas e Roma a Cartago: uma infelicidade que Atenas subjugasse Esparta e que César fosse assassinado, antes que pudesse assegurar ao Império Romano uma forma adequada. Foi uma felicidade que a Europa se defendesse do Islã.

A gritaria pelo poder e pelo dinheiro que caracteriza a democracia moderna conduziria não à liberdade pessoal e à responsabilidade, mas a um novo despotismo. Ele temia que o socialismo nacionalista originasse uma máquina estatal superdesenvolvida, da qual qualquer demagogo audacioso facilmente se apoderaria. Burckhardt quis, ao estudar a Época de Constantino, adquirir uma medida para o julgamento dos fatos presentes. Aquilo que havia acontecido nos séculos III e IV, quando o mundo antigo se desmoronou, podia acontecer de novo. Uma modificação radical no pensamento e no coração dos homens era indispensável. Burckhardt evadiu-se para a Itália, numa solidão estóico-epicurista, para melhor perceber e contar, na Época de Constantino, os perigos que ameaçavam o mundo do século XIX.

## 5. HENRI PIRENNE*

Poucos historiadores no começo do século XX terão influenciado o estudo da história como Henri Pirenne (1869-1935), considerado como um dos maiores Mestres que a historiografia possui. Nascido em Verviers, centro da tradicional indústria de linho na Bélgica, Pirenne sempre ligou uma extraordinária importância aos fatos econômicos na compreensão da história humana. Foi discípulo de Godofried Kurth, que tendo sido dos primeiros alunos dos seminários alemães, onde apreenderam Bernheim, Monod, Droysen e Handelmann, foi o introdutor, na Bélgica, da metodologia histórica, inaugurando, em Liège, o primeiro seminário prático. Ali se ensinou pela primeira vez na Bélgica, diz Pirenne, o criticismo histórico.

* Publicado em *O Jornal*, Rio de Janeiro, 24 jul. 1952.

Entre os grandes professores que influenciaram sua formação apontam-se W. Aradt, de Leipzig, G. Schmoller e H. Bresslau, de Berlim. Professor em Liège e em Gand, Pirenne foi sempre um mestre profundamente interessado no estudo da Idade Média e de sua transformação na Época Moderna. Exerceu todas as atividades de um historiador completo: preparou bibliografias, editou documentos, pesquisou e escreveu incansavelmente. Foi o maior historiador de língua francesa desde a Primeira Guerra Mundial, dirá Henri Hauser. Mas o que dirá Huizinga, que com ele forma a dupla mais perfeita de historiadores da primeira metade do século XX?

Huizinga fez o necrológio de Pirenne na Sociedade de Literatura Holandesa de Leide, e, dada a inacessibilidade do escrito e a dificuldade da língua, não é fácil seu conhecimento. A pequena notícia foi impressa pela primeira vez em 1935 nas Atas e Notícias daquela Sociedade, depois incluída na obra de Huizinga *Mijn Weg tot Historie,* traduzida para o alemão como *Mein Weg zur Geschichte.*

O que Huizinga teve em vista foi, sobretudo, a significação da obra de Pirenne. Para ele, o historiador belga domina toda uma época da ciência histórica, não talvez como o maior de todos, mas como o mais perfeito e completo dos seus representantes, como a figura central e a mais viva de todas. O professor acadêmico, o pesquisador, o historiador, o organizador científico, e homem público que existiram em Pirenne com igual e inteiro desenvolvimento, contribuíram para estabelecer uma personalidade marcante de incomum frescura, iniciativa, permanência, força de trabalho e capacidade de influir à distância.

Huzinga descreve seu primeiro encontro com Pirenne em 1908. Ele o procurara em Gand para ouvir algumas lições do seu curso prático, mas seu intuito principal era conhecê-lo. O seminário de metodologia de Pirenne tinha ultrapassado as fronteiras da Bélgica e novas vocações para ali acorriam, da Holanda, como Huizinga, da França e da Alemanha. Acolhido com grande cordialidade, desde aí começou uma amizade entre os dois que nunca foi prejudicada.

Pirenne, que antes dos 50 anos completou 25 de atividade profissional, era jovial e cheio de vida; embora houvesse sido um professor de corpo e alma, com um êxito raramente alcançado, foi, porém, a menos professoral das figuras. Em 1895 apareceu sua *Bibliografia da História da Bélgica,* resultado de anos de exercício metodológico, redigida com uma técnica que dificilmente se encontra em qualquer outra bibliografia histórica geral. Pirenne, como Fruin, o maior mestre da historiografia holandesa, não se considerava amesquinhado ante a humildade da tarefa. E dotou, assim, a Bélgica do seu melhor instrumento de trabalho histórico.

A função de Pirenne como um renovador da ciência histórica na Bélgica repousa em não pequena parte do seu contato com o método alemão. Em Godofried Kurth encontrou um professor que introduziu pela primeira vez na Bélgica a prática dos exercícios históricos, à moda dos seminários alemães. E, em seguida, foi para a Alemanha, estudando em Berlim e Leipzig, e para Paris, estudando com Monod, que introduziu na França a metodologia alemã, e com A. Giry, o grande mestre de diplomática da *École des Chartes*.

A vida das cidades na Idade Média já o preocupava desde 1893, quando começou a publicar artigos na *Revue Historique* em 1910 a 1927 saíam *Les anciennes democraties des Pays Bas* e *Les Villes du Moyen Age,* que difundiam por toda parte a sua concepção dessa época.

Pirenne foi dos primeiros a investigar, na prática do trabalho histórico, a influência do fator econômico, do comércio e da indústria. Sabendo-se que ele era de uma família de industriais e que cresceu no meio provincial da indústria têxtil, verifica-se que trazia de casa a compreensão para o fator industrial. Preparado teoricamente nos seminários de tipo alemão, treinado no exercício prático da paleografia e da bibliografia, Pirenne era um espírito extraordinariamente aberto e amplo, que se dirigia para o concreto e o real. Assim pôde tornar-se o mais claro e mais vigoroso dos intérpretes histórico-econômicos, sem cair no unilateralismo e no esquematismo do materialismo histórico. Considerava-o como uma hipótese de trabalho, que sabia procurar e balançar no quadro geral dos motivos condicionadores do sucesso histórico. Deu-nos como grande contribuição a representação esquemática do feudalismo ao capitalismo e atrasou a fase inicial do capitalismo para o século XII, especialmente no seu *The Stage of Social History of Capitalism,* impresso na *American Historical Review* e no *Bulletin de l'Academie Royale de Belgique* (1914).

Os fatos econômicos eram para Pirenne *"les faits"*. Dava apenas valor limitado às idéias como fatores efetivos. Para entrever o assunto de uma maneira mais concreta era indispensável examinar "dans les faits plutôt que dans les idées". Seu realismo robusto, pouco dado à especulação filosófica ou simplesmente teórica, e sua falta de ceticismo

— Pirenne era católico — não o impediram de chegar ao relativismo de que "il y a en somme plusieurs verités pour une même chose". Isto valia como uma afirmação de historicismo relativista.

Se alguém foi historiador cem por cento esse alguém foi Pirenne. Todo seu pensamento era histórico, isto é, encontrava na relação entre passado e presente a garantia da compreensão. Ele pensava em termos de História e tudo que escreveu foi História. Mas o essencial foi seu grande talento para a composição, dando-nos um quadro vivo e colorido, vigoroso e convincente, como só nos poderia transmitir uma pintura bem realizada. Esse dom se desenvolve na sua nunca suficientemente louvada *Histoire de Belgique*. Uma parte aparece em 1894, na terceira parte da *História Geral* de Lavisse e Rambaud, e parece-lhe um estudo preliminar. Os volumes vão aparecendo irregularmente: o 5º, por exemplo, em 1920, e o 1º em 1932. Entre o 1º e o 7º está toda uma vida, e que vida, para o País e para o Homem! Como trabalho de historiografia cientificamente fundamentada para um público geral a *História da Bélgica* permanece inexcedida.

Não existe provavelmente nenhum País que tenha recebido das mãos de um só homem uma tão completa representação de uma história geral. Ele deu à Bélgica uma história que ainda nos períodos de evidente obscuridade fala dela como um todo vivo. Pode-se dizer, sem exagero, que a Bélgica, sem a História escrita por Pirenne, seria hoje, do ponto de vista político e nacional, menos do que é. O Prêmio Emílio Franqui, que lhe foi concedido em 1933, o reconhece: "ayant apporté à la science une contribution importante, dont la valeur a augmenté le prestige international de la Belgique".

Já anteriormente a posição de Pirenne se tinha tornado única no mundo histórico fora da Bélgica e as distinções e honrarias lhe vinham de toda parte. Seus dons de organizador e líder dos trabalhos científicos trouxeram-lhe uma série de presidências. Mais importante era a função de secretário da Comissão Real de História que desempenhou até à morte.

Em 1922, tinha tentado dar uma nova visão da passagem do Mundo Antigo para o início da Idade Média e sua tese baseava-se, de novo, num momento econômico. Essa interpretação recebeu aprovações e contradições. O fim da Antiguidade e o começo da Idade Média verifica-se, segundo Pirenne, com a invasão do Islã no Mediterrâneo. No Congresso de Oslo suas idéias foram longamente discutidas e Pirenne decidiu escrever um livro, *Mahomet et Charlemagne,* para mostrar que sem aquele este não existiria. Estava de novo na Alta Idade Média e, seu coração, preso à pesquisa histórica, terminava sua carreira onde a começara. Foi o último trecho dessa vida excepcionalmente rica e produtiva.

## 6. HUIZINGA*

A significação da obra de Johan Huizinga (1872-1945) é tão grande que ele domina uma época da historiografia como uma de suas figuras centrais. Se não é o maior, o mais perfeito, o mais completo, é certamente, o mais original nos métodos, no pensamento, nos caminhos escolhidos. A história das idéias e da cultura tem especialmente em Huizinga e Bernard Groethuysen as mais autênticas expressões do seu cultivo, pelo arejamento incomum, pela iniciativa, vigor e efeitos duradouros. É o encontro de sua obra, o forte sentimento histórico, o gosto literário, aquela capacidade de pôr-nos em contato com as próprias coisas, dando-lhes vida, que o tornam um dos maiores historiadores deste meio século. Quem não saboreou Huizinga fará melhor em não

* Publicado em *O Jornal,* Rio de Janeiro, 3 abr. 1952.

dizê-lo muito alto. É uma lástima não conhecê-lo, disse uma vez Ortega y Gasset ao poeta Augusto Frederico Schmidt, em Buenos Aires.

Huizinga teve sua obra traduzida nas principais línguas e o reconhecimento universal da sua apurada contribuição à História. São quatro as obras traduzidas em espanhol e mais conhecidas do público brasileiro: *Entre las Sombras de la Mañana*[1], *Homo ludens*[2], *El Otoño de la Edad Media*[3], e *Sobre el Estado Actual de la Ciencia Histórica*[4]. *El Concepto de la Historia*[5] é uma coletânea de ensaios, extraídos de livros e revistas, tal como *Im Bann der Geschichte*[6]. Suas *Obras Completas* estão sendo agora editadas na Holanda.

Mas pouco se conhece aqui de sua vida e de sua formação. As biografias escritas por seus amigos e discípulos C. T. Valkenburg, Jan Romein e Werner Kaegi, escritas em holandês e alemão, reúnem excelentes dados e transmitem-nos a impressão bem viva dos que conviveram com o Mestre. Jan Romein, por exemplo, professor de Teoria da História da Universidade de Amsterdã, foi seu discípulo em 1915, e durante trinta anos manteve com ele a mais estreita relação. Em 1950, quando o conheci na Holanda, dizia-me que, ainda hoje, quando defrontava um grande problema costumava perguntar-se: Que acharia disso Huizinga? Tão profunda fora a impressão que este lhe deixara. O motivo dessa influência tão intensa vinha da visão de um contato íntimo entre a vida e a sabedoria. Huizinga demonstrava em aula o que viria a escrever mais tarde: o conhecimento histórico que não encontra sua tábua de harmonia e sua medida num espírito pessoal e numa meta de vida, é morto e sem valor.

A publicação de um fragmento de sua autobiografia permite-nos compreender melhor a formação do espírito de Huizinga. Em *Mein Weg zur Geschichte*[7] editado também em holandês *Mijn Weg tot Historie,* declara não querer cair no gênero da autobiografia e das recordações e que não deseja afastar-se do título: *Meu Caminho para a História.* As lições da professora primária, as leituras escolares, os livros infantis de Verne e os contos de Andersen, neles re-

---

1. Madrid, 1936.
2. México, 1943. [Trad. bras. *Hono ludens,* São Paulo, Perspectiva, 1980, 2.ª ed.]
3. Madrid, 1946.
4. Chile, 1935.
5. México, 1946.
6. Basiléia, 1943.
7. Basiléia, 1947.

pousa o esqueleto do meu conhecimento histórico, diz ele. Entre 12 e 18 anos sua orientação não o encaminhou para a história e sim para os estudos lingüísticos, especialmente para as línguas semíticas, cujo cultivo seu pai desaconselhou. Começou a estudar, na Universidade de Groningen, letras neerlandesas e sua bagagem literária era bem modesta: alguma coisa de Shakespeare, alguma coisa de literatura alemã, Schiller, Goethe, Heine, alguma coisa lírica e dos franceses quase nada. O curso de letras neerlandesas significava, antes de tudo, história com relação à Antiguidade. Seu mestre é P. J. Blok, o grande historiador da *História do Povo Holandês* (1927), cujas lições sobre longos períodos da história geral e pátria ouvia com prazer, mas sem que o impressionassem fortemente e de modo permanente. Não era bom estudante, declara, pois sua cabeça estava cheia de sonhos, fantasia e sentimentos. Lia Remy de Gourmont, Pierre Louys, Poe, Stevenson e Rossetti. Não foi aprovado *cum laude* e, em outubro de 1895, seguiu para Leide, onde se dedicou ao estudo comparado das línguas. Em 1897 começou a preparar-se para o lugar de professor de Harlem, escolhendo como tema de pesquisa a dramaturgia oriental, tese extremamente difícil para um jovem licenciado em letras neerlandesas e não em história. No ano seguinte era nomeado, sob o patrocínio de Blok, Professor de História do colégio da Universidade de Harlem. Devia ensinar a rapazes de 15 anos nos 3.º, 4.º e 5.º anos, o que não lhe era muito agradável. Continuava interessado em lingüística e nos estudos orientais e já lhe despertara o gosto musical, apreciando Bach e Schubert, e menos Mozart, Beethoven e Brahms.

Foi aos poucos, por influência e sob o amparo de Blok, que começou a amar a história. Em 1905 escreve e publica um estudo sobre as origens de Harlem e de um salto alcança a cátedra universitária, por indicação de Blok, apesar da oposição de grande parte da Faculdade de Groningen, que o conhecia como estudioso do sânscrito. Nomeado em 1905 professor catedrático, sua aula inaugural versa sobre "O Elemento Estético na Apresentação Histórica" e revela suas origens literárias. Da cátedra de Groningen passa para a de Leide, onde estava Blok e lá permanece de 1915 a 1925. Quando este faleceu, em 1929, suas relações haviam esfriado, devido a radicais diferenças de pontos de vista. Nos dez anos de professorado em Groningen pouco escreveu. A oração inaugural de Leide, "Os Ideais da Vida Histórica", é um dos seus ensaios mais originais e importantes.

É agora que começa o seu verdadeiro caminho para a história. Cada ano escolhia um tema limitado e tinha o cuidado de não repeti-lo antes de seis ou sete anos. A Universidade, nos Países Baixos, como na Alemanha ou nos Estados Unidos, permite a oferta de cursos preferenciais e optativos os mais variados, em cada período letivo.

Um pesquisador *pur sang* nunca fui, diz ele, modestamente. Não se encontra sob meu nome nenhuma publicação importante de fontes, pois as "Fontes do Direito da Cidade de Harlem" não podem valer como tal. Confessa, entretanto, que a pesquisa nos arquivos lhe dava a sensação de um contato direto com o passado e que os seus dois melhores trabalhos, segundo a sua opinião, foram feitos à base de material inédito e desconhecido: a "História da Universidade de Groningen" e a "Vida e Obra de Jan Veth", seu grande amigo de mais de vinte e cinco anos.

O *Outono da Idade Média,* considerado justamente como sua obra-prima, pela renovação dos métodos e conceitos, apareceu em 1919, depois de doze anos de trabalho e meditação e provocou, em toda a Europa, uma acolhida extraordinária. Poucos livros terão modificado tão estruturalmente o nosso conhecimento da Idade Média como este. Huizinga conta como começou a pensar nele. Por volta de 1907, passeando uma tarde de domingo ao longo do Darmsterdien, ou em suas proximidades, veio-lhe a idéia de que a Alta Idade Média não devia ser vista como um anúncio do que viria após, mas como um definhamento. Esta idéia, se se pode falar em pensamento, estava ligada, antes de tudo, à arte de Van Eyck e seus contemporâneos, que então ocupavam muito o seu espírito. Exatamente nesses anos a velha arte holandesa foi considerada por Gevaert e Volz como um Renascimento do Norte. Em 1909, conversou com Blok sobre seu plano de trabalho e proferiu uma conferência sobre culturas borgúndias. Começara a ler os historiadores borguinhões e franceses, sobretudo Chastellain e Froissart, em 1911. Então o livro ficou de lado, até que pôde retomá-lo em 1915, já em Leide, em condições inteiramente diferentes.

Num interessante estudo sobre Hanotaux, Huizinga narra que o conheceu para tratar da tradução do *Outono.* Hanotaux disse-lhe que ele mesmo deveria fazer a tradução, oferecendo-se para conseguir-lhe um francês que fizesse a correção do texto. A pessoa era tão estranha à Idade Média que uma vez, depois de um grande debate, lhe disse: "Eh bien, maintenant c'est du français, mais je ne le comprend pas". Feita a tradução, Huizinga enviava os trechos e Hantaux os revia.

Nunca escolheu como tarefa especial de pesquisa uma determinada época, País ou assunto. Daí se segue que nunca teve uma série de temas para trabalhos futuros, quer para seus alunos, quer para si mesmo. "Sempre passei de um tema para outro sem plano preconcebido".

Seu grande predileto foi Burckhardt. Nunca aceitou Freud e Bergson e foi contra Sorel, o pai espiritual de todas as ditaduras contemporâneas. Foi antifascista e antiditatorial e se revoltava contra aqueles que respondiam aos protestos contra a iniqüidade, a coação das consciências, a opressão e a violência, com o argumento que as ruas estavam mais limpas e os trens corriam nos horários. Foi um grande teórico e pensador da história, como mostram seus trabalhos e conferências reunidos em *El Estado Actual de la Ciencia Histórica* e no *El Concepto de la Historia*. Poucas vezes alguém debateu com tanta sabedoria, engenho, originalidade e elegância os mais sérios fundamentos da ciência histórica.

As palavras finais do *Meu Caminho para a História* são ainda uma prova de sua modéstia:

> Nunca fui um tonel de ciência e muito menos um daqueles trabalhadores heróicos de que necessita a ciência. Trabalhava durante um período curto, quase que exclusivamente nas horas matutinas, mas rápida e regularmente. Fora do trabalho que tinha em mão pouco lia — demasiado pouco, há muito que o digo, quando me volto e vejo as perturbadoras falhas de minha leitura.
>
> Se devo me atribuir um merecimento para explicar o sucesso do meu trabalho, eu o chamarei o resultado de uma busca feliz e de uma certa observação. Recebi, para usar a expressão do nosso velho Windersheimer, apenas uma pequena centelha, que de vez em quando quis arder.

A centelha se apagou na noite de 1? de fevereiro de 1945 e realmente quem ainda não o conhece não possui uma das melhores fontes de enriquecimento intelectual.

## 7. MEINECKE E A RAZÃO DE ESTADO*

Acaba de aparecer, em inglês, a tradução do magistral livro de Friedrich Meinecke *A Idéia da Razão de Estado na História Moderna*[1], em que se discute esse conceito como norma de ação política e lei motora do Estado, que diz ao homem de governo o que ele deve fazer para conservar o Estado vigoroso e forte. Todo Estado, em qualquer momento, possui uma linha de ação, uma razão ideal, e o estadista que age praticamente ou o historiador que se limita ao passado devem descobri-la. O homem de Estado quer conseguir certos fins e realizar certos valores. Quais são eles e qual a sua proveniência, eis o problema político e histórico.

\* Publicado em *O Jornal,* Rio de Janeiro, 17 jul. 1957.
1. A edição inglesa saiu com o título *Machiavellism,* Londres, 1957. A 1.ª edição alemã, sob o título *Die Idee der Staatsräson in der neueren Geschichte,* é de 1923. Há uma tradução italiana: *L'idea della ragione di Stato nella storia moderna,* Florença, 1942.

233

Entre o instinto de poder e o agir segundo uma responsabilidade moral, surgiu uma ponte que é a Razão de Estado, a consideração do que é oportuno, útil, salutar, e do que o Estado deve fazer para conseguir, em certas circunstâncias, o fim de sua própria existência.

Acontece, porém, que o estadista é um homem de carne e osso, no qual vive um instinto muito pessoal de domínio e de poder. Por isso a Razão de Estado é sempre uma norma de ação dúplice, que atende aos fins políticos e aos pessoais. Daí a luta entre a realidade e a idealidade, entre o bem comum e o pessoal. Procurar distinguir aquilo que realmente é necessário ao Estado e o que constitui ambição pessoal, eis uma tarefa bastante difícil.

É necessário, também, distinguir entre os motivos pessoais de vingança, rivalidade e dureza e a necessidade do Estado. É preciso recompor a ação, examinar aquela turva zona intermediária entre o instinto de mando e a real necessidade do Estado. A Razão de Estado pode adquirir um conteúdo ético quando abraça os bens morais e espirituais da Nação. Ela é sempre invocada quando há calor humano e nunca quando sopra uma fresca temperatura marítima.

O útil para o Estado confunde-se com o útil pessoal, o necessário do dominador e, por isso, é sempre perigoso inventar um instrumento utilitário sem justificação ética. A Razão de Estado pode, então, degenerar em simples técnica política e, historicamente, quando assim nascida, transformar-se em ditadura, despotismo, nepotismo, esclarecidos ou não.

A origem da Razão de Estado tem sempre duas fontes: o instinto pessoal de poder do dominador e a necessidade do povo subordinado, que se deixa dominar para receber, em troca, compensações e que, com seus próprios instintos latentes de poder e de vida, alimenta o dominador.

O tratamento histórico do problema, que Meinecke tentou com tanto êxito, começando com Maquiavel, estudando os adversários deste na França, a difusão de suas idéias na Itália e na Alemanha, a doutrina de Richelieu, de Naudé, a época do absolutismo maduro com Grotius, Hobbes, Spinoza, Puffendorf e Frederico, o Grande, para acabar na Alemanha moderna, não se atém a nenhuma norma moralizadora. A pesquisa histórica não busca as leis e as normas positivas de ação política; ela persegue e busca o valor da verdade, e só isto.

O poder é elemento essencial do Estado que, sem ele, não pode tutelar o direito e proteger a comunidade popular. Todas as sociedades necessitavam do poder para se desenvolver sem distúrbios e sujeitar a besta humana. O poder em si não é um mal, como afirmou Burckhardt, mas é semelhante às forças elementares da natureza e independente do bem e do mal. Portanto, quem o possui está sempre na tentação de abusar e ultrapassar os confins da moral e do direito. Não se pode mais falar na linguagem espíritual de Hegel, de que toda a moral de Estado é sempre a mais perfeita. Sondar a Razão de Estado e compreender a consciência do estadista, eis o problema central, que só se consegue através do homem concreto, que existiu imediatamente, e do Estado em seu conteúdo histórico.

Historicamente, o conteúdo da Razão de Estado pode mudar, mas a forma de ação se repete, incessantemente. São intemporais e universais o egoísmo político, o instinto de poder e de conservação e variáveis, momentâneos e individuais os interesses concretos do Estado que surgem de sua própria estrutura e da sua posição em face dos outros Estados. A doutrina da Razão de Estado é, assim, para Meinecke, a chave da história e, em geral, da ciência política.

A História tem feito mais uso da doutrina da Razão de Estado que a própria Ciência Política, método de pesquisar o Estado melhor, o Estado ideal, e não o concreto e individual. O político não se preocupa com o Estado melhor e mais perfeito, mas com os Estados que conheceu em seu tempo, como realidades concretas. A pesquisa e a experiência históricas são melhor lição que a doutrina política. Mais aprenderiam, pois, no Brasil, os que se dedicassem ao estudo da evolução política do nosso Estado concreto do que ao estudo da teoria do Estado e do direito constitucional em abstrato.

O estudo da Razão de Estado leva ao problema das relações entre a política e a moral e à constatação dos liames que unem a história e a política. Nele predominam os homens de ação e os sistemas políticos de Carlos V, Richelieu, Cromwell, Frederico, o Grande, Napoleão e Bismarck. E pode-se perguntar de que forças se utilizou tantas vezes a Razão de Estado e por que, nos últimos séculos, adquiriu no Ocidente tão extraordinária fluidez e força plástica, enquanto, em outras épocas, foi responsável pela estagnação política.

A Razão de Estado possibilitou uma administração organizada racionalmente, colaborou na formação do espírito moderno, favoreceu o utilitarismo e a racionalização do homem moderno. Mas, ainda assim, ela ultrapassou sempre os limites do direito e refreou o homem. Do Maquiavelismo ao Nacional Socialismo, sinistro desenvolvimento de uma idéia, expôs-se o homem ao perigo de se ver privado da sua mais íntima humanidade e de transformar-se numa máquina sem alma e sem consciência.

O estudo concretamente histórico desta idéia política é o único instrumento que possuímos para libertar-nos de seus efeitos e abusos devastadores na consciência humana. Mas há que distinguir entre a Razão de Estado necessária e inelutável nas crises sociais e econômicas e a tendência unilateral, violenta e perigosa de, em seu nome, assenhorear-se um homem da consciência dos outros e da sociedade.

## 8. DEWEY E A HISTÓRIA*

John Dewey foi o mais legítimo e autêntico guia do pensamento norte-americano. Nunca ninguém se identificou tanto com seu próprio País como Dewey com os Estados Unidos, e em nenhuma outra parte do mundo seria possível o nascimento de tal sistema. Uma crença absoluta e sistemática no Presente, na educação popular, uma exaltada valorização da sociologia, uma naturalização das ciências sociais, uma constante atitude positivista e antimetafísica, uma extremada fé na possibilidade de transformação da conduta humana caracterizam o instrumentalismo de Dewey. Nunca uma expressão encheu-se tanto de conceitos os mais variados, como esta: a conduta humana. Por ela se explicam as mais distintas ciências sociais, porque realmente o

* Publicado em *O Jornal,* Rio de Janeiro, 3 jul. 1952.

mestre do chamado behaviorismo não foi J. B. Watson, mas John Dewey.

O pensador norte-americano vê todos os problemas das ciências sociais — denominação que agrupa principalmente a economia política, a política, a sociologia, a antropologia cultural e a psicologia — sob o aspecto da conduta. Consulte-se o tratado de sociologia de Park e Burgess, ou a antropologia cultural de Clark Wissler, e se verá que uma ou outra disciplina têm por fim estudar a conduta humana. Nunca a palavra conduta ou comportamento (*behavior*) teve um significado tão amplo e simbólico. A preocupação é estudar a conduta humana, para aperfeiçoá-la, transformá-la ou melhor educá-la.

E como, para Dewey, toda educação é um processo de adaptação, emocional e intelectual, do homem para com a natureza e os outros homens, o que se tenta é o "inteligent control of human behavior", ou o "inteligent control of the social process". Logo as ciências sociais "naturalizadas", pois trata-se de adaptar a conduta humana à natureza, estão agrupadas sob uma bandeira, a da salvação social.

Se todos os fenômenos sociais são problemas de conduta, a tática desta coligação de ciências para a campanha da conquista da felicidade no presente deve basear-se na psicologia, psicologia social, também naturalmente "naturalizada", isto é, baseada no método experimental e tendo por fim estudar a natureza humana. Se todos os fenômenos psíquicos se reduzem ao esquema de estímulo e reação e as duas coisas juntas dão como resultado a formação de costumes e hábitos, então o homem é um animal de hábitos e sua salvação está na psicologia naturalista e experimental.

O domínio do presente, a fuga ao passado, a atividade como norma de aprendizagem leva até o cristão mais devoto, como disse Huizinga, a repudiar, no fundo do seu coração, quando se acha nos Estados Unidos, uma palavra do Evangelho: para ele foi Marta e não Maria quem elegeu a melhor parte da vida. Contemplação, meditação, repouso, tradição, os valores da cultura clássica, nada disso vale nada. O golfo que separa o europeu do norte-americano segundo Dewey nunca foi tão profundo como na distinção daquele entre a pouquidade do presente e a eternidade do passado. Quem se obstina em crer que o passado da humanidade não encerra nenhum valor para a vida deve renegar a sua própria vida. O espírito nunca criou nada sem transcender o presente, e poucos povos estariam dispostos a vencer a eternidade pelo prato de lentilhas da prosperidade e da técnica americanas.

Os próprios americanos hão de reconsidear estes problemas e repudiar ou reintegrar em grande parte Dewey, talvez expressão da estrutura econômica americana no auge do capitalismo mais desenfreado. A psicologia da *Gestalt* e a interpretação culturalista da vida espiritual correntes alemãs hão de contrabalançar, no campo das ciências do homem, as insuficiências do instrumentalismo de Dewey.

Porque, afinal, Dewey tentou aplicar às ciências sociais princípios das ciências naturais, querendo submetê-las aos cânones da exatidão e da generalidade. Não custou pouco àquelas defenderem-se e livrarem-se destas intenções. As ciências da História constituíram-se metodologicamente. Afinal, para dizer como Ortega y Gasset, reconhecia-se que o homem não tinha só natureza, tinha história e com a razão histórica podia-se compreendê-lo na sua inteireza, perceber os seus valores e fins. O homem não é só uma coisa, feita para sempre, mas está sempre fazendo a sua história. E com suas virtudes e vícios cardeais, cujo conhecimento há dois mil anos foi um dos instrumentos mais poderosos para a compreensão psicológica, ele fabrica as variações mais estranhas da história humana.

Pois isto que era conhecido e adquirido por volta de 1910, Dewey desconhece nos seus longos 92 anos. Seu pequeno trabalho sobre a filosofia alemã não ultrapassa Hegel. Ele desconhece Dilthey, Rickert, Windelband e não compreende o historicismo alemão. Para ele, a América é muito nova para prender-se a motivos históricos, a filosofias ligadas às tradições. Uma filosofia americana da história deve ser uma filosofia para o futuro.

O empirismo radical e o psicologismo experimental não podem compreender que a história é a única razão experimentada na sua forma concreta e vívida. O abandono da tradição clássica, o predomínio do tecnicismo sobre a humanidade, a perda do senso histórico são as conseqüências deste estado de espírito. Que se pode esperar de uma doutrina que indaga o direito de existir a uma disciplina que não tem utilidade prática? Por influência de Dewey a história passaria a prestar um serviço auxiliar à sociologia e uma geração de iconoclastas tentou conspurcá-la sob o nome de *New History*. J. H. Robinson foi o arauto e encontrou em H. Barnes o divulgdor mais afoito. A *New History* só quer descobrir, no desenvolvimento da História, a teodicéia do progresso ou o espelho do presente. Era também uma tentativa de basear a história nos fatos biológicos, psicológicos e sociológicos. A História deve considerar, de um ponto de vista genético, a natureza e a conduta do homem, e este é o seu único serviço social.

É certo que existem uma ciência e uma produção históricas nos Estados Unidos que pouco diferem, apesar da *New History*, das européias. Mas Robinson e Barnes foram levados a sério e em certos grupos a influência de Dewey se fez sentir poderosamente. Na Europa, Hauser, na primeira oportunidade, escreveria que o trabalho de Barnes não passava de um borrão de nomes e títulos, um conjunto de erros, omissões e faltas, uma mistura de conceitos mal assimilados.

Dewey discutiu problemas da história em vários de seus estudos, mas foi especialmente em *The Logic: The Theory of Inquiry* que ele tratou desta disciplina. A novidade principal estaria em afirmar que a história deve cuidar do humano e do não humano, compreendendo todo traço e vestígio de tudo que o homem fez ou pensou desde que apareceu na terra (Cap. XII).

Se aí se vê, por um lado, a indistinção entre história natural e humana, por outro lado ela nos mostra que a natureza, em Dewey, se transforma em história, como já observara Santayana. E por isso pretende Eugenio Imaz filiá-lo, também, ao historicismo. Se a vida é experiência e atuação, como quer Dewey, inclusive nas suas aplicações pedagógicas, e como o homem só sabe o que pode fazer sabendo o que já fez, então o conceito experiência está carregado de conceito histórico. O homem animal de hábitos de Dewey não é o homem encharcado de porção do passado, que se transmite continuamente de geração a geração?

Neste sentido Dewey seria historicista, sem o saber. Mas sua incompreensão da autonomia da história, de sua irredutibilidade à ciência natural e do seu caráter de ciência do espírito, a força que dá ao atual sobre o tradicional, à técnica sobre o humanismo, à sociologia sobre a história não mostram, por outro lado, seu anti-historicismo? Dewey nunca compreendeu que o primeiro passo do conhecimento histórico é a reconstrução ideal e não a observação empírica.

## 9. SANTAYANA E A HISTÓRIA*

George Santayana, nascido em Madrid em 1863 e educado na América, por muitos anos professor de Filosofia em Harvard, escreveu numerosos e variados trabalhos. Foi poeta, novelista e crítico literário, observador social, biógrafo, autobiógrafo e filósofo.

Ao completar 88 anos, publicou sua última obra, *Dominations and Powers* (Constable, 1951), reflexões sobre a liberdade, sociedade e Governo. Era mais o testamento de sua carreira de pensador que reflexões de teoria política. O livro vinha sendo meditado há 30 anos, mas fora escrito durante a guerra de 1939-45 e nos seis subseqüentes anos do pós-guerra, quando o autor vivia em Roma, em retiro monástico. Santayana amava o paradoxo e quase todas as suas

\* Publicado no *O Jornal,* Rio de Janeiro, 22 jan. 1953.

*241*

obras são sempre uma mistura de retórica e metafísica, de poesia e filosofia, de luz e sombra. Naturalista, olhava a psique e a vontade humanas como produtos emergentes da própria natureza.

Mas não é este último livro, publicado quase um ano antes de sua morte, que nos interessa aqui. É o 5º volume da *Vida da Razão* (*The Life of Reason, Reason in Science*), em que ele expõe sua magra e paradoxal filosofia da história. A história é a memória assistida e registrada e, por isso mesmo, ela não é uma disciplina científica. A própria memória é um rumor interno. Santayana reconhece que embora a memória seja a base de todo o conhecimento histórico, ela só é história quando é apoiada e corrigida pela evidência. Para ser sistematicamente acreditada, ela precisa ser confirmada, isto é, deve referir-se a algum acontecimento na natureza, naquele mundo comum no espaço e no tempo, ao qual as outras memórias e percepções também se referem. Portanto, ao tornar-se história a memória torna-se uma porção da ciência natural.

Depois destas meditações que revelam toda sua integral subordinação ao naturalismo, numa época em que a filosofia alemã tentava libertar as disciplinas humanas da ciência natural, ele paradoxalmente assevera que não há história sem arquivos e documentos, embora um homem numa posição privilegiada possa compor interessantes ensaios sobre a civilização e pessoas de sua época.

Novamente confunde Santayana história e memórias, esquecido que história não é um agregado de dados e fatos, mas construção, ou, como dizia seu compatriota Ortega y Gasset, descrição de realidades. "A história é um sistema de experiências humanas, que formam uma cadeia inexorável e única."

Mas Santayana diverte-se oferecendo reflexões, às vezes perspicazes, outras vezes surpreendentes e freqüentes críticas. A história, diz ele, precisa ser reescrita porque é escrita erroneamente. Ora, a história é reescrita — e o sabemos não só os que a investigamos e a praticamos, mas pensadores e filósofos como Cassirer — porque descobrimos novos documentos e porque cada geração propõe problemas e perguntas novas ditadas pelos interesses intelectuais, sociais e morais do presente. Além disso, Santayana se esquece, com toda a sua admiração pelas ciências naturais e o seu respeito pela matemática, disciplina que nunca enfrenta o perigo da coragem das afirmações de conseqüência social e quase sempre se aliena e se desassocia dos interesses gerais, que a dama elegante e volúvel não é só a história, mas a física moderna, com suas teorias da luz e do som. Não houve um físico que declarou acreditar na teoria corpuscular nas segundas, quartas e sextas-feiras e na teoria ondular nas terças, quintas-feiras e sábados? A variabilidade de opiniões não é propriedade da história, mas sorte comum a todas as ciências.

As idéias de Santayana são ainda as de um positivista e evolucionista. A investigação histórica é a ciência natural do passado, escreverá ele, confundindo história e ciências físico-matemáticas, ciências sociais-humanas e ciências naturais. A história trabalha, acrescenta ele, com a desvantagem de ser incapaz de apelar para a experiência. A investigação histórica tem por fim fixar a ordem e o caráter dos acontecimentos, através dos tempos em todos os espaços, tarefa sobre-humana, de impossível realização. E ainda que fosse possível, pergunta, que vantagem existiria em conhecer-se estas coisas, se há fatos que é melhor desconhecer que conhecer? Não há ceticismo mais fraco, nem dúvida mais destrutiva, sobre as desvantagens de uma disciplina humana, criada e propagada pelo espírito grego e pela civilização ocidental. Nem Nietzsche desacreditou tanto da história.

Santayana fala em princípios e leis que governam a evolução social, para ele leis físicas, pois os termos históricos são unidades retóricas sem coesão dinâmica. Às vezes, seus argumentos são desconexos, cheios de nuanças e sutilezas, obscuros e ingênuos. Colombo, por exemplo, descobriu a América para que George Washington pudesse existir e, assim, algum dia, o futebol e a Igreja da Inglaterra pudessem prevalecer? Ou para que os índios convertidos da América do Sul pudessem consolar São Pedro da defecção dos britânicos e germânicos?

A história, diz Santayana, como uma disciplina que pesquisa a verdade dos acontecimentos, não é possível. O que pode existir é uma moral crítica do passado e isso se chama ou pode chamar-se filosofia da história. O que leva o historiador à reconstrução da vida moral, tal como existe no passado, é que ele encontra naquela vida uma ilustração de suas idéias, ou mesmo um estímulo necessário na definição de suas idéias. Neste caso, a história tem como função a poesia épica ou dramática. Nenhuma das três partes de que se compõe o trabalho histórico — a investigação, a teoria e a narrativa — atinge a finalidade ideal. A investigação é meramente útil, pois seu ideal intrínseco — conhecer o detalhe de tudo — não é racional. A teoria histórica é uma falsificação das causas, já que não há causas senão mecânicas. Finalmente, o romance histórico transforma-se em epopéia e tragédia quando a imaginação moral se desliga de todos os fatos históricos passados.

A história é, então, um campo imperfeito para o exercício da razão: é uma disciplina provisória, cuja função é fornecer materiais à política e à poesia, pois estas artes necessitam dominar os acontecimentos passados, para dominar a situação e os ideais presentes. Um bom livro de história é aquele que ajuda o estadista a formular e executar seu plano ou o poeta trágico a conhecer o que é mais glorioso do destino humano. Seu naturalismo e positivismo impossibilitaram sua compreensão histórica e nos seus solilóquios, férteis e obscuros, a história se reduz à mais simples função: auxiliar material da política e da poesia.

Santayana denunciou a história como forjando "a ilusão sábia de viver de novo a vida dos mortos". O malogro desta tese está na confusão entre o processo natural, em que o passado morre ao ser substituído pelo presente, e o processo histórico, em que o passado, tanto quanto é conhecido historicamente, sobrevive no presente. Spengler percebeu, lembra com razão Collingwood, a diferença entre a matemática moderna e a dos gregos, sabendo que cada uma delas é uma função de sua própria idade histórica; corretamente argüiu, então, que se houvesse aquela falsa identidade entre o processo natural e o histórico, a matemática grega teria morrido e seria para nós não só estranha como ininteligível. Mas, na verdade, não só nós compreendemos facilmente a matemática grega, como ela é atualmente o fundamento da nossa. Não é o passado morto de um pensamento matemático uma vez entretido por pessoas cujos nomes e datas nós conhecemos, é o passado vivo dos nossos próprios problemas matemáticos atuais, um passado que nós ainda usamos como uma posse atual. Pois o passado histórico, ao contrário do natural, é um passado vivo, conservado vivo pelo ato de nosso próprio pensamento histórico; a mudança histórica de uma maneira de pensar a outra não é a morte da primeira, mas a sobrevivência integrada num novo contexto, envolvendo o desenvolvimento e a crítica de suas próprias idéias.

Santayana, como muitos outros, era primeiro identificando coisas diferentes e depois censura a história por não ser aquilo que ele falsamente pensava que ela devesse ser. Santayana foi uma torre de Babel, ao contrário de Ortega y Gasset e de Croce, dois filósofos latinos amados e respeitados no mundo germânico e dois historicistas.

## 10. GUERRA E PAZ NA HISTÓRIA*

Uma idéia ampla e generalizada parece influir poderosamente nas grandes correntes da interpretação histórica. A história se faz em processos rítmicos e os ciclos de nascimento, progresso e decadência se sucedem inexoravelmente. Assim pensou Spengler e deste modo conta a história das civilizações o Professor Arnold Toynbee. A idéia ainda não encontrou quem demonstre sua incontaminação das influências naturalísticas ou biológicas, como o fez, em relação à teoria das gerações, o filósofo espanhol Julian Marias.

A sucessão de ciclos certos por que passam todas as sociedades é uma idéia fixa, especialmente no campo da filosofia da história. Durante muito tempo pensou-se que o suceder histórico estaria dominado por leis naturais do mes-

* Publicado no *O Jornal*, Rio de Janeiro, 8 maio 1952.

*245*

mo modo que os movimentos dos astros ou os processos químicos. Os ciclos das quatro monarquias históricas, tão a gosto do nosso Vieira; da época divina, heróica e humana, de Vico; da fase teológica, metafísica e positiva, de Comte; do feudalismo, capitalismo e socialismo, de Marx, sucedem-se qualitativamente em toda a história universal. Eles repetem-se e são inevitáveis. Servem de incentivo à ação, para que se atinja um período mais elevado, fim último da história universal.

Este último período superior e talvez perfeito é o ideal supremo e faz lembrar o Reino do Espírito Santo, de Joaquim de Floris. A civilização ocidental, que é a última época para Spengler, está em decadência, está a morrer, se algum novo ingrediente não vier a salvá-lo. Para Toynbee, coexistem sociedades diferentes, tipos de civilizações que também se sucedem, como para os marxistas o feudalismo da Abissínia pode coexistir com o capitalismo norte-americano e com o socialismo soviético. Nenhuma dessas interpretações liberta-se totalmente do pensamento naturalista e do materialismo do século XIX, mesmo quando seu autor é católico ou simpático ao catolicismo, como Toynbee. Afinal, elas são realmente expressões superestruturais, para empregar a própria linguagem marxista, da estrutura social econômica do século passado.

Seus autores possuem talvez um vasto conhecimento histórico, mas preocupam-se demais em arrumá-lo em quadros bem elaborados, onde os fatos possam ser ordenados. Esquecem-se que a vida histórica é muito mais criadora e não se satisfaz, na sua eterna elaboração, em fixar-se em esboços pré-organizados. Collingwood, no seu magnífico estudo *The Idea of History* faz uma excelente crítica de todas estas tentativas, que muitas vezes têm apaixonado os homens, levando-os a novas e desconhecidas conquistas materiais ou morais.

Deste modo, o pensamento de que a história é dominada por ciclos regulares, que se sucedem inexoravelmente, não é novo. A idéia de que o ciclo de paz e guerra se sucede regularmente foi ultimamente relembrada pelo Professor G. N. Clark, da Universidade de Oxford, uma das mais autorizadas vozes da historiografia atual, numa conferência lida na Universidade de Londres sobre *The Cycle of War and Peace in Modern History*[1]. Clark admite que há recorrência e regularidades no curso da história. Todos os dias a população de Londres reproduz seu ciclo de movimento de casa

---

1. Cambridge University Press, 1949.

para o trabalho e vice-versa; todo ano mudam as estações; os economistas admitem os ciclos de depressão e crescimento. Devemos aceitar a existência de ciclos naturais na vida humana e perguntar se as alternativas de guerra e paz se enquadram também num esquema cíclico de recorrência.

Cita Clark a sentença do cronista veneziano Luigi da Porto, que assim expunha o ciclo natural de paz e guerra: "A paz faz a riqueza, a riqueza traz o orgulho, o orgulho provoca o rancor, o rancor faz a guerra, a guerra traz a pobreza, a pobreza conduz à humildade, a humildade traz a paz, que, como já se disse, traz riqueza e assim caminham os negócios humanos". Ao lado de Luigi da Porto, Clark recorda Miguel de Aitzinga, um historiador austríaco que acreditava nas exatas repetições cronológicas, com acontecimentos similares ocorrendo em intervalos iguais de tempo.

É lógico que os pensamentos cíclicos do século XIX a que nos referimos se afastam inteiramente de qualquer intervenção sobrenatural, já que o determinante é o econômico ou o natural, geográfico e físico. Mas em ambos o caminho da história, a sucessão de guerra e paz, ou a sucessão de fases sociais mais avançadas, independem ou quase independem da decisão humana, da própria história. É uma super ou sub-história, em que o homem é quase um mero participante.

Que outra coisa são, senão reproduções dessas doutrinas dos séculos XVI e XVII, representadas por Luigi da Porto e Miguel de Aitzinga, as concepções atuais de que a guerra e a paz funcionam de acordo com a riqueza e o empobrecimento econômico? A verdade é que nenhuma guerra se assemelha a outra, assim como nenhuma revolução se compara a outra. O único igual é a forma de conduta e ação agressiva e violenta, mas não o seu conteúdo substancial e concreto (razões e fins), que é sempre diferente. A história não concorda com tais generalizações, quase sempre tão eivadas de inexatidões que ficam invalidados os argumentos. A pobreza nem sempre conduz à paz, nem a riqueza à guerra, e hoje conhecemos as guerras não declaradas e os distúrbios de épocas pacíficas.

As causas da guerra mudam com as mudanças da vida histórica. Para compreender suas causas é preciso conhecer os fins conscientes dos líderes e seus motivos inconscientes, esquadrinhar o pensamento e o caráter dos que conduziram tantos homens à guerra. É necessário avaliar a responsabilidade dos estadistas e o papel hoje tão importante dos elementos irracionais da natureza humana. Afinal, a guerra é um incidente e não um processo uniforme e necessário, rítmico, cíclico e fatal, no qual os homens são meros espectadores estóicos.

## 11. O CONCEITO DA "GRANDE FRONTEIRA" DE WALTER PRESCOTT WEBB*

O início, desenvolvimento e significação do mundo moderno têm inspirado as mais variadas e amplas interpretações e tentativas de compreensão histórica visando a delimitar um período histórico e pesquisar os motivos de sua formação, as forças do seu processo e as razões de seu declínio. Foi, provavelmente, inspirado pela observação de Adam Smith de que a descoberta da América e da passagem para as Índias Orientais pelo Cabo da Boa Esperança eram os dois maiores acontecimentos da história da humanidade, que Karl Marx sustentou que o comércio e o mer-

---

* Publicado primeiramente em inglês: "Webb's Great Frontier and the Interpretation of Modern history", *in The New World Looks at its History,* Edited by Archibald R. Lewis and Thomas F. McGann. Austin, University of Texas Press, 1963, pp. 155-164.

*249*

cado mundiais haviam inaugurado, no século XVI, a biografia do capitalismo, um produto novo, resultado da dissolução da forma feudal da sociedade e as novas forças de produção[1]. A verdade é que desde então, diz John Nef, a distinção entre as civilizações moderna e contemporânea e as mais antigas baseia-se na noção de capitalismo[2]. O capitalismo passou, assim, a ser apontado como o principal fato diferenciador do mundo medieval e moderno.

Estudos posteriores, desenvolvendo a tese marxista ou a ela reagindo, vieram ainda mais focalizar o tema central da formação do capitalismo (grande comércio e navegação, grandes capitais, libertação do juro, formação da Bolsa e dos bancos, revolução dos preços) e suas repercussões políticas, sociais e religiosas (Reforma, desenvolvimento da idéia de nacionalidade, elaboração da idéia democrática, secularização da política, transformação das relações internacionais entre o Oriente e o Ocidente e o novo homem). A revolução econômica que acompanha a geográfica expande os limites da Cristandade e marca o início da europeização do mundo, a cujo fim assistimos agora com a mudança da preponderância européia para a não européia, como observou o Professor Barraclough[3].

Para explicar o começo e o fim desse período histórico desde Marx até nossos dias, vários fatores têm sido procurados, uns isoladamente, outros em conjunto. Algumas teorias nascem dos fatos; outras partem dos fatos para as generalizações. Algumas consideram os fatos como complexos; outras consideram apenas os fatos simples. Marx oferece-nos uma parte da verdade e o mesmo faz Max Weber, quando formula, como antítese, a possibilidade de reação dos fatores espirituais. Os estudos de E. Hamilton, os de F. Braudel, J. Renouard e P. Chaunu, que continuam os de H. Pirenne, H. Hauser e H. Sée, bem como os de Sombart, Brentano, Troeltsch e Tawney, resultados de extensas pesquisas, oferecem-nos dados inestimáveis para a compreensão dos motivos da abertura da "Grande Fronteira" e de suas repercussões econômicas, sociais e políticas.

A tese do Professor Walter Prescott Webb[4] vem acrescentar mais uma explicação sobre o período que decorre entre 1500 e 1900. Não nos mostra apenas a fixação das fron-

---

1. Karl Marx, *A Contribution to the Critique of Political Economy*, Chicago, Sh. Kerr & Co., 1904, p. 267.
2. John Nef, "Essence de la Civilisation Industrielle", *Éventail de l'Histoire Vivante,* Paris, Collin, 1953, I. p. 62.
3. "History, Morals and Politics", *International Afrairs,* v. 34, n? 1, jan. 1958, p. 11.
4. *The Great Frontier,* Boston, Texas Edition, 1952.

teiras históricas de um período, mas representa uma tentativa de descobrir a estrutura de uma época histórica, com suas transformações e nexos efetivos, suas tendências dominantes e antagônicas, seus valores e fins, suas tensões e sofrimentos, suas limitações e beleza. Sua significação reside, a meu ver, nesta contribuição nova à compreensão do mundo moderno como fato e à fixação dos seus limites, como período. Isolou-se Webb de todas as explicações anteriores e não quis, voluntária ou involuntariamente, conhecer as linhas tradicionais da bibliografia histórica européia sobre a formação do mundo moderno. A literatura de que se serviu é mais norte-americana que anglo-americana; dos estudos sobre a formação do capitalismo conhece especialmente os de Earl J. Hamilton. Parece também que o conceito do "capitalismo" como um período da história econômica lhe repugna, pois não vemos conexão entre seu conceito e este, que tanto tem prevalecido na bibliografia histórica deste último século. Apesar de originar-se de uma observação fatual da história norte-americana e de basear-se em informação bibliográfica restrita, a tese de Webb não se isola, não se confina nos limites do quadro histórico norte-americano: ela se amplia e expande até chegar à abstração de uma teoria geral do período histórico de 1500 a 1900, constituindo-se num quadro geral da história do mundo moderno.

Vista deste ângulo, devemos saudá-la e aplaudi-la, pois tenta exprimir uma parte da verdade histórica universal. Depois que os Estados Unidos alcançaram o Poder Mundial e se transformaram num dos gigantes do mundo contemporâneo, a historiografia norte-americana, como outras expressões de sua inteligência, abandonou seu isolamento e mergulhou no oceano do pensamento universal. É, portanto, como uma contribuição universal que ela merece o mais atento exame de todos os historiadores, qualquer que seja sua origem e formação.

Já dissemos que Webb não conheceu, ou desconheceu propositadamente, para que mais livre seguisse sua argumentação, a bibliografia histórica do capitalismo, considerado como o traço fundamental do período da Grande Fronteira. Nem mostrou, pelo menos, as conexões entre os dois fatos, a fronteira e o capitalismo. Repetindo Hermann Heimpel, podemos dizer que todo conhecimento histórico é "a compreensão das conexões fatuais"[5]. O Professor

---

5. H. Heimpel, "Geschichte und Geschichtswissenschaft", in *23 Versammlung deutscher Historiker in Ulm,* Stuttgart, 1957, p. 30.

Webb tentou estabelecer várias conexões entre vários fatos para formular um conceito geral, o da Grande Fronteira. Mas o próprio fato Grande Fronteira não foi claramente estabelecido e muitas vezes certas possíveis conexões, como, por exemplo, a do luteranismo e democracia, são colocadas ao lado de fatos como os "Texas Rangers". Não tem sentido jogar os fatos constra as conexões, ou as conexões contra os fatos. Para citar outro exemplo: o capitalismo e o protestantismo constituem uma conexão e a revolução dos preços é um fato. Pouco acrescentaria à nossa compreensão dos limites desse período histórico lançar o capitalismo e o protestantismo contra a revolução dos preços. O preferível seria integrá-los numa síntese recriadora. Só concebemos a unidade partindo de um todo mais ou menos hipotético. Parece-nos, pois, inadequado escrever que "a Europa gerou o mercantilismo, o comercialismo, o capitalismo e o industrialismo, mas a fronteira gerou a democracia"[6].

No encontro promovido pela Universidade de Texas para debater a tese da Grande Fronteira de Webb, o Professor A.R.M. Lower, da Universidade de Ontário, Canadá, teceu algumas considerações críticas a esse respeito que mercem acolhimento[7]. Aliás, poderiam ser maiores e mais densas as conexões estabelecidas entre os vários fatos sociais, políticos e econômicos forjados a partir da abertura da Grande Fronteira e do início do capitalismo, se o Professor Webb não se houvesse limitado a ilustrações extraídas quase exclusivamente da história norte-americana. Ainda aqui concordamos com o Professor Lower: "Qualquer que seja o ponto de partida de seu estudo, ele tende a terminar no Texas ocidental".

A tese de Webb parece, às vezes, uma concepção texana da história moderna mundial, pela insistência em universalizar fatos peculiares ou específicos da fronteira dos Estados Unidos. Não existe um só fator dominante que explique "a complexa estrutura que chamamos de crescimento", como disse o Professor Lower[9]. Nem existe uma só Fronteira, pois esta se subdivide em variações infinitas, do mesmo modo que a Metrópole européia. Como conceito abstrato, a Grande Fronteira dos séculos XV-XVI se sub-

6. *The Great Frontier*, p. 30.
7. "Professor Webb and 'The Great Frontier' Thesis", *in The New World looks at its History,* cit. p. 146.
8. *Idem*, pp. 145 e 153.
9. *Idem*, p. 151.

divide em proporções singulares que agem e reagem segundo condições específicas e próprias de cada uma. Como lembrou na mesma oportunidade, o Professor Webb diz (*op. cit.*, p. 284) que "não existe plural para a fronteira"[10].

Mesmo admitindo que tenha havido uma fronteira mundial no começo do período (a Grande Fronteira), não existiu uma única Metrópole[11]. Se olharmos não para as semelhanças, mas para as variedades que distinguem Portugal de Espanha, veremos também as diferenças que distinguem a América luso-brasileira da América hispano-americana[12], e observaremos, na América, a unidade nacional do mundo de origem portuguesa e a diversidade nacional do mundo de origem espanhola. Podem-se ver as variações das fronteiras na própria América em geral, tomando-se como base os exemplos de Webb sobre os efeitos da fronteira nos Estados Unidos. Se o *american way of life* é produto da fronteira, então a fronteira não produziu sempre os mesmos resultados. Nenhuma das características de amor ao trabalho, mania de eficiência, crença o *laissez faire*, no lucro, na competição, na máquina e nas empresas foi peculiar ao Brasil e, creio mesmo, a toda a América espanhola; nenhuma delas fazia parte do credo da Metrópole e a fronteira não as sugeriu ou impôs.

A fronteira não sugeriu aos brasileiros a rejeição do passado, do velho mundo de Portugal, como aconteceu com os americanos e os *Afrikaners*[13]. Do mesmo modo que os canadenses[14], os brasileiros estão sempre conscientes do seu passado. Um viajante francês (Pierre Denis) observou, em 1908, que os brasileiros gostavam de dizer que seu País é jovem, mas que o europeu que houvesse percorrido outros Países americanos, como a Argentina e os Estados Unidos, estaria menos expatriado no Brasil, pois não experimentaria a sensação de surpresa ou de susto que lhe davam aqueles dois Países, sem hierarquia e sem raízes, conduzidos exclusivamente pelo gosto da independência individual e pelo interesse pela fortuna. Essas características só recentemente passaram a ser notadas no Brasil. Recentes são também, no Brasil, as idéias da aceleração do processo histórico (50 anos em cinco, *slogan* com que o Presidente Juscelino Ku-

---

10. "The moving Metropolis", *in The New World*, cit., p. 141.
11. Hancock, *op. cit.*, p. 141; Lower, *op. cit.*, p. 149.
12. Vide José Honório Rodrigues, "Conhecimento dos Países Hispano-Americanos no Brasil", *in Conocimiento y desconocimiento de America*, Washington, União Pan-Americana, 1958, pp. 64-92.
13. Hancock, *op. cit.*, 137.
14. Lower, *op. cit.*, 147.

bitschek venceu as eleições presidenciais em 1955 e a da valorização da atividade econômica (comercial e industrial)[15]. Os povos ibéricos concebem a atividade econômica como uma negativa do ócio (*negotium-negócio*), em lugar de uma afirmativa de atividades, semelhante à contida na palavra *business* (de *busy,* estar ocupado). O melhor da vida não estava no negócio, mas no ócio; a fronteira não gerou, no mundo ibero-americano, o caráter dinâmico que gerou nos Estados Unidos[16], nem exacerbou o individualismo, nem favoreceu a competição e o lucro.

Se esses exemplos brasileiros servem para testar a tese do Professor Webb então devemos considerar que a fronteira isoladamente não foi um fator determinante na história da civilização moderna conforme ele pretende[17]. Deve-se buscar a ação de outros fatores a fim de conseguir estabelecer como ensinava Max Weber o conjunto das condições materiais e espirituais funcionalmente relacionadas. O novo ingrediente — a Grande Fronteira[18] — pode ter uma ação *geral* na abertura da Fronteira Mundial oferecendo como disse Keynes uma oportunidade excepcional aos homens de negócios, aos especuladores e aos aproveitadores[19] e uma ação *particular,* peculiar a cada fronteira de per si. No primeiro caso ela se liga ao nascimento do capitalismo ("in these golden years modern capitalism was born"), que também sofreu as mais variadas transformações, avanços, retardamentos ou atrasos. Até hoje temos Países da Grande Fronteira pertecentes ao *Have* e ao *Have-Not* da classificação de Simonds e Emeny. E, nesse caso, a tese devia ligar-se mais aos estudos e à extensa bibliografia sobre o capitalismo. É preciso não esquecer também que o *boom* não começa com Cristóvão Colombo, cuja viagem foi uma decepção do ponto de vista econômico, mas com Vasco da Gama, que pôs fim à influência econômica dos homens de negócios italianos[20]. No segundo caso, a tese do Professor Webb precisa ampliar-se, de modo a incluir o estudo das variedades das fronteiras nacionais e a fim de verificar até que ponto esse aspecto pode ser isolado e até que ponto age em conjunto com certas condições especiais e locais.

---

15. O desenvolvimento retardado e a valorização das profissões liberais foram as características da fase colonial e imperial no Brasil.
16. Webb, *op. cit.,* p. 150.
17. *Idem,* p. 1.
18. *Idem,* p. 10.
19. *Idem,* p. 177.
20. Vide Yves Renouard, *Les Hommes d'Affaires Italiens du Moyen Age,* Paris, Collin, 1949.

A abertura da Grande Fronteira é um novo fator que se une aos fatores já conhecidos, que deram nascimento ao mundo moderno: a descoberta da América, a descoberta da pasagem para as Índias Orientais pelo Cabo da Boa Esperança, a revolução dos preços, o capitalismo e a Reforma. Os três últimos acontecimentos excitaram a imaginação dos estudiosos, do mesmo modo que a viagem de Vasco da Gama excitou a dos europeus. Penso que a tese de Webb talvez possa provocar grande interesse e estimular importante bibliografia em todo o mundo. Para isso, porém, ela precisa libertar-se de certas idéias ingênuas como a da "mão direita na estrada" (*right-hand side of the road*)[21], que nada tem a ver com a fronteira, pois o Velho e o Novo Mundo a usam; ou dos exemplos texanos dos "Rangers Texanos e o Revólver" (*Texas Rangers and the Revolver*), do "Novo Sistema de Cultura do Gado" (*New System of Cattle Culture*), ou "A Invenção de uma Linha Divisória" (*The Invention of a Fence*), "Dois Novos Métodos de Agricultura" (*Two New Methods of Farming*), e "Uma Revolução no Direito das Águas" (*A Revoluton in the Law of Water*)[22], que mais pertencem à Pequena Fronteira que à Grande Fronteira. A própria questão da Primogenitura e dos "Vínculos e Morgados" (*Primogenitures and Entail*) não sabemos se se deve classificar entre as instituições modificadas pela Grande Fronteira. No Brasil, não creio que por influência norte-americana[23], a abolição dos morgados se deu em 6 de outubro de 1835, mas já a Constituição Imperial de 1824 acentuara a evolução democrática.

Algumas generalizações, como a relativa à posição das várias Igrejas na Grande Fronteira, merecem também reparos[24], porque revivem velhas explicações hoje já ultrapassadas. Acredita o Professor Webb que o protestantismo dividido se harmonizou com o homem da fronteira e favoreceu a democracia, enquanto a Igreja católica, absoluta dominante na América Latina, foi a companheira natural do Estado absoluto. "Não é estranho, portanto," diz ele, "que na fronteira latino-americana ou católica os governos temporais tenham alternado seus esforços visando ora à democracia ora à ditadura"[25]. É uma afirmação muito vaga e simplista, comparável a esta outra do Professor

21. Webb, *op. cit.*, p. 46.
22. *Idem,* pp. 241-259.
23. *Idem,* p. 268.
24. *Idem,* pp. 86-96.
25. *Idem,* p. 87.

Lower: "Se fôssemos obrigados a escolher uma explicação única, e espero que não o seremos, eu preferiria a Reforma à fronteira"[26].

Vejo em ambas as afirmações o reaparecimento da velha controvérsia sobre as relações do processo histórico com a religião. Henri Pirenne, na sua *Histoire de Belgique*[27], lembrava a esse propósito a medalha gravada em 1587 contendo uma legenda que representava o progresso dos Estados Reformados e a miséria das Nações católicas no mundo ocidental, como um castigo de Deus aos ímpios e como uma recompensa aos fiéis. Durante o século XIX, Weyrich, Flamérion e Lavelleye[28] estudaram a inferioridade econômica das Nações católicas e a prosperidade dos Países protestantes, sem compreenderem a conexão entre o fator econômico e o moral. Foi Max Weber quem revelou os pressupostos espirituais, éticos e filosóficos que tornaram possível a formação do espírito capitalista. Não vejo o Professor Webb atribuir nenhuma significação à ética calvinista que preparou o terreno para o crescimento do espírito e do sistema capitalista. Pelo contrário, distingue e dá significação a Lutero, cuja doutrina não teve tantas conseqüências sociais e econômicas[29], enquanto o calvinismo, segundo Max Weber, estimulou tudo aquilo que Webb exemplificou como um fruto psicológico da fronteira[30]. Se "recursos psíquicos possibilitados pelas descobertas", a que se refere o Professor Lower[31] são os mesmos a que Max Weber e seus discípulos ou comentadores, como Tawney, atribuem especialmente aquela forma particular da Reforma, o calvinismo, então por que não examiná-los à luz das idéias de Weber, em lugar de falar simplesmente de Reforma, termo geral, cheio de variações quanto ao seu espírito, ensino e influência? E por que, como fez Max Weber, não despir a interpretação de vagas suspeitas de discriminação étnica ou religiosa? Aquelas fronteiras culturais a que se refere o Professor Lower se não têm os valores materiais do mundo, se

26. Lower, *op. cit.*, p. 153.
27. Bruxelles, 1900-1926, II, p. 407.
28. Weyrich, "Inferiorité économique des nations catholiques", *Revue Catholique de Louvain*, mai.-jun. 1899; A. Flamérion, *De la prosperité comparée des nations catholiques et des nations protestantes au point de vue economique, morale, sociale,* Paris, Bloud et Barral, 1899; E. Lavelleye, *Protestantism and Catholicism in their Bearing upon the Liberty and Prosperity of Nations,* London, 1875.
29. Vide E. Troeltsch, *The Social Teachings of the Christian Churches,* London, Allen & Unwin, 1949, 2 v.
30. Webb, *op. cit.*, p. 32.
31. Lower, *op. cit.*, p. 150.

são fronteiras do subdesenvolvimento, possuem valores morais, étnico-democráticos, pacifistas, que representam muito na história do mundo moderno, devastado pelas guerras européias de hegemonia política e econômica. A Europa protestante ou católica se enriqueceu com os benefícios do colonialismo brutal, que criou os seus Grandes Poderes à custa do trabalho e do esforço de populações subordinadas a interesses alheios e estranhos. A mudança "epocal" de 1945, que marca o fim do domínio europeu sobre vastas áreas do mundo e encerra a agonia de um processo de desenvolvimeto histórico, não fecha a fronteira, no sentido do empreendimento, do otimismo, da esperança, das oportunidades de milhões de seres contidos nas fronteiras de áreas subdesenvolvidas. Tanto assim que o Professor Webb fala das espécies de novas fronteiras rejeitadas pelos pioneiros dos séculos XVIII e XIX e declara que se os Estados Unidos quisessem gastar o dinheiro que atualmente despendem na Europa e na Ásia no desenvolvimento de áreas como a da Amazônia, recriar-se-ia "a prosperidade da velha fronteira em pequena escala, o que resultaria num lucro líquido para a riqueza do Mundo Ocidental"[32]. É preciso notar que no Brasil, que ocupa metade da América do Sul (8 500 000 km$^2$ contra 8 700 000 km$^2$), a Amazônia (composta dos Estados do Amazonas, Pará, oeste do Maranhão, norte de Mato Grosso, de Goiás, Acre, e dos Territórios de Rondônia, Roraima e Amapá) representa 2/3 do território nacional, ou seja, 5 milhões e meio de km$^2$. Esta região não é tórrida, como pensa o Professor Webb[33], e seu clima foi, por assim dizer, reabilitado pelo Professor Charles Wagley[34], que tratou também de suas possibilidades. É uma fronteira ocupada desde 1616 pelos brasileiros, que tentaram desenvolvê-la sem maior êxito.

Finalmente, para terminar esta análise, não creio que a tese do Professor Webb possa ser resumida em duas palavras — determinismo geográfico, como disse o Professor Lower[35], pela simples razão de que ele atribui o primeiro plano aos homens e não às condições geográficas. Escreve o Professor Webb: "Assim, o homem da fronteira tornou-se o único agente ativo em cena e seus atos não eram restringidos por outros homens"[36], e no "emprego da terra"

32. Webb, *op. cit.*, pp. 285 e 416-417.
33. *Idem,* p. 285.
34. *Amazon Town. A Study of Man in the Tropics,* New York, Macmillan, 1953.
35. Lower, *op. cit.,* p. 144.
36. Webb, *op. cit.,* p. 32.

está uma das ilustrações de sua tese. Não creio, também, que a tese do Professor Webb seja "uma prolongada discussão do óbvio"[37]. Ela é paroquial nas ilustrações e nos exemplos, mas não na idéia geral, que me parece uma contribuição original, embora sua validez esteja ameaçada pelos exemplos limitados às fronteiras regionais, especialmente à norte-americana. Mesmo que a Grande Fronteira não seja o somatório de diferentes fronteiras regionais, é preciso estender e tornar mais exata a pesquisa histórica para que da integração das diversas fronteiras resulte um conceito básico. Se isso não explica todas as vicissitudes da moderna história ocidental, poderá talvez conduzir à definição de um dos aspectos das adversidades e dos sucessos de adaptação ao Novo Mundo, à compreensão das enormes oportunidades oferecidas ao Velho Mundo e à formulação de hipóteses provocadoras de discussão. A verdade é que nem os fatos exemplificativos da Grande Fronteira estão estabelecidos, nem suas conexões com os outros grandes acontecimentos característicos da época estão firmadas.

Uma visão do mundo, como disse Anderle[38], não consiste apenas em uma soma quantitativa de conhecimentos isolados, mas de uma escolha qualitativa para alcançar uma síntese integradora. Essa síntese integradora não foi feita. Lembro-me por isso da crítica de Collingwood a Toynbee e hesito se ela se aplica ou não à tese do Professor Webb: "Todo o seu esquema é, na verdade, um esquema elaboradamente pré-arranjado e classificado, no qual podem ser inseridos os fatos históricos disponíveis"[39].

Penso que o Professor Webb teve uma grande intuição ao esboçar o conceito da Grande Fronteira. Mas a Grande Fronteira se dividiu em pequenas fronteiras, que tiveram destinos diferentes e exerceram influências diversas. Faltou ao Professor Webb o conhecimento específico dessas pequenas fronteiras e ele definiu a Grande Fronteira com os fatos da pequena fronteira dos Estados Unidos. É de desejar que seu conceito inspire estudos especiais que forneçam os elementos para a futura definição da Grande Fronteira. Mas ainda assim faltará estabelecer as conexões entre os fatos das pequenas fronteiras para a conceituação da Grande Fronteira. O conhecimento dos fatos e das ligações práti-

37. Lower, *op. cit.,* p. 147.
38. "Theoretische Geschichte", *Historische Zeitschrift,* fev. 1938, p. 10.
39. R. G. Collingwood, *The Idea of History,* Oxford, Clarendon Press, 1946, p. 163.

cas, especialmente entre a fronteira e o capitalismo, não é ainda suficiente para a definição do conceito da Grande Fronteira. O capitalismo foi a princípio um conceito que definiu um fato; a Grande Fronteira é um conceito que ainda não exprimiu senão insuficientemente um fato.

Somente quando uma historiografia amadurece é que começa a pensar em termos universais. A tese do Professor Webb representa, em síntese, mais uma tentativa de definição de um período histórico universal.

## 12. CIVILIZAÇÃO, PALAVRA E CONCEITO*

A análise do complexo de idéias contidas no conceito de civilização oferece oportunidade a inúmeras pesquisas individuais. Ainda recentemente o Professor Joachim Moras, num estudo editado pelo Seminário de Língua e Cultura Românica da Universidade de Hamburgo, intitulado *Nascimento e Desenvolvimento do Conceito de Civilização na França, 1756-1830*[1], tentava uma consideração isolada da evolução da idéia de civilização partindo do exame psicológico cultural e filológico histórico para chegar a resultados muito mais positivos e felizes que os apresentados pela conhecida reunião promovida pela *Revue de Synthése* e expostos especialmente por Lucien Febvre.

* Publicado no *Diário de Notícias*, Rio de Janeiro, 21 maio 1953.
1. *Ursprung und Entwicklung des Begrifs der Zivilisation in Frankreich*, Hamburgo, 1930.

*261*

É nos meados do século XVIII que se começa a usar nas línguas francesa, espanhola, inglesa, alemã e portuguesa a palavra Civilização.

Bloch e Wartburg marcam o ano de 1766 como o do primeiro uso da expressão em francês. Moras corrige o engano e recua o nascimento do vocábulo para 1756, sendo de 1767 o seu uso no plural que antes se presumia entre 1780 a 1830. A 5.ª edição do Dicionário da Academia Francesa (1798) assinala uma das etapas mais importantes na história da palavra. A significação original, civilização, como simples expressão jurídica, havia-se perdido. O neologismo *civilisation* como *action de civiliser* tinha, no meio tempo, destacado de si mesmo seu novo conceito, *civilisation* como *état de ce qui est civilisé*: ao lado de *Zivilisierung* (1795) a palavra aparece pela primeira vez em seu sentido moderno. De um ato de justiça, um julgamento que torna civil um processo criminal o vocábulo revela idéias gerais de progresso.

Em inglês, conhece-se também a data primeira do seu uso: Boswell diz no domingo, 23 de março de 1775, referindo-se ao Doutor Johnson: Encontrei-o ocupado a preparar a quarta edição do seu Dicionário. Não queria admitir "civilização", senão tão-somente "civilidade". Contrariamente ao que ele opinava, julguei "civilização" de "civilizar" melhor, no sentido de oposição à barbaria.

É curioso indagar quando se verifica tal introdução na nossa língua. O verbo "civilizar" não é encontrado nos *Sermões* de Antônio Vieira. Não estendemos a procura já que nosso intuito era o substantivo. O fato é que na lei de 6 de junho de 1775 sobre a Liberdade dos Índios defronta-se com o verbo, poucos anos antes de ser comum o substantivo civilização, que no Brasil será inicialmente empregado durante muito tempo, no sentido de reduzir o gentio à sociedade civil.

Nas leis anteriores de 1.º de abril de 1630 e na de 10 de novembro de 1647, fala-se em reduzi-los à Fé ou domesticá-los, como no século XVII Vieira fala de doutrinar, cultivar, ensinar, pregar, evangelizar, salvar as almas etc. Na lei de 3 de maio de 1757 já se fala em reduzi-los a viver "civilmente".

Nos Dicionários da língua também a pesquisa é infrutífera. O Vocabulário de Bluteau, de 1712, registra *civél* (barbarismo), como rústico, camponês, agreste, e "civil", por antífrase, descortês, grosseiro e rústico, e "civilidade" no sentido de descortesia, grosseria, rusticidade. No Dicionário de Moraes (1789) aparecem também "cível", na mesma acepção, e "civil" já com o sentido de urbano, cortês, e "civilidade" como ação de homem do povo e também sofrer "civilidades", isto é, vilanias. Moraes anota que hoje significa cortesia, urbanidade, oposto a rusticidade, grosseria. No Dicionário de Bluteau (1789) já aparecem civil e civilidade no mesmo sentido de Moraes, registrada a nova acepção de cortesia e de urbanidade. Assim Moraes e Bluteau consignam a alteração do sentido de civil e civilidade nos fins do século XVIII. Os Dicionários posteriores a Bluteau até Aulete, que já registra civilização, merecem pouca confiança. O fato é que já em Eduardo Faria e Correia Lacerda (1859) aparece a expressão civilização.

Como se vê, a volta da expressão a seu verdadeiro sentido se opera quando aparece ou reaparece o verbo civilizar e nasce o substantivo civilização. O primeiro usado já na linguagem oficial de 1775 e o segundo vimos pela primeira vez, sem que para isto tenhamos feito pesquisa exaustiva, no "Plano sobre a Civilização dos Índios do Brasil", apresentado em 1788 (3 de outubro) por Domingos Alves Branco Muniz Barreto a Sua Majestade. Daí por diante é fácil encontrá-la com freqüência nos trabalhos sobre índios e na legislação que regula o trabalho indígena. É em 1788 que D. Antônio José Pestana da Silva apresenta a sua exposição sobre os "Meios de Dirigir o Governo Temporal dos Índios", onde já se usa com freqüência civilizar e civilidade. É de 1797 a informação que Francisco de Souza Coutinho apresenta sobre a Civilização dos Índios do Pará. No princípio do século XIX a legislação sobre Índios usa sempre a expressão "civilização dos Índios" no sentido de reduzir sua gentilidade, rusticidade e fereza, incorporá-los à sociedade civil e uni-los aos europeus. A Carta Régia de 2 de dezembro de 1803 pretende concorrer para a pronta civilização dos indígenas, "chamando-os ao conhecimento das utilidades que lhes hão de resultar de uma regular sociedade". No projeto famoso de José Bonifácio "Apontamentos para a Civilização dos Índios Bravos do Império do Brasil" (1823), a idéia central consiste na destruição da barbaridade ou rudeza gentílicas. "Propagar as doutrinas do evangelho, ir aos patrícios seus civilizando" como poetava Inácio José de Alvarenga Peixoto, antes de 1788.

É certo que no princípio do século (1808) a palavra começa a tomar o sentido de conjunto de caracteres que apresenta a vida coletiva de uma sociedade e é neste sentido que a emprega o Visconde de Cairu, com bastante freqüência, nas suas "Observações sobre o Comércio Franco no Brasil".

A evolução semântica revela, então, que no português a civilidade era a grosseria, a rusticidade, e que somente no fim do século XVIII ela toma o sentido de urbanidade, ou melhor reforma à acepção do latim *civilitas*, de onde provinha. Era uma expressão mais pura e simples que *civilisatio*, estrutura complicada, laboriosa e nunca atestada no latim clássico, medieval e neoclássico. *Civilitas* possuía velhos títulos de nobreza e, com Dante, o italiano já a havia recebido, para incorporar ao seu léxico conceito de civilização na sua mais alta acepção. *Civilis,* civilidade, tinha sofrido uma larga evolução: o que é próprio do cidadão, o que designa o político, em oposição ao militar, e finalmente, no sentido popular o amável, cortês, obsequioso e moderado. Não significava o que entendemos hoje por civilizado, e deste sentido muito mais próximo era o vocábulo *urbanus, urbanistas.*

A noção típica de civilização não era ainda conhecida, quando aparece e Littré a registra, dá-lhe a definição de Fourrier, que é repetida pelo nosso Frei Domingos Vieira: civilização significa o período de vida social em que estão presentemente as Nações européias.

No começo a palavra vai encher-se de um conteúdo emotivo, de uma significação jusnaturalista. Os povos brancos, europeus, julgam-se senhores de um estado cultural superior e querem a ele converter os povos "naturais", gentes bárbaras e ferozes, índios e negros, especialmente os primeiros. Como não falta aos índios bravos "o lume natural da razão não é impossível reduzir os bárbaros a civilizados".

Civilização é, assim, sempre ou quase geralmente empregada para significar a tentativa de conversão à civilização dos gentios bravos e rudes. Desejava-se defendê-los do cativeiro, procedido contra "os direitos da sociedade natural e primitiva, postergando-se as condições da sociedade civil e política". Em abono à verdade devo dizer, escreve o Dr. Antônio José Pestana da Silva, que vi muitos índios, muito astuciosos, muito hábeis e com talentos para encherem todas as funções da vida civil.

Ainda neste sentido se ajusta a palavra precisamente à definição de *civiltà* (civilidade), forma única do italiano, que lhe deu Dante ao incorporá-la ao seu léxico, evitando a formação da outra, de origem mais modesta, civilização. "Lo fondamento radicale della imperiale maestà, secondo il vero, é la necessità della umana civiltà che il uno fine é ordinata, cioé a vita felice". O fundamento mais profundo da majestade imperial, isto é, da monarquia universal, cuja necessidade Dante tentará provar na sua *De Monarchia,* reside realmente na necessidade da civilidade humana que tende a um só fim, ou seja, a vida feliz.

Quando, pois, no fim do século XVIII, voltou a expressão civilidade ao seu sentido clássico, não necessitava mais o português de criar ou receber uma nova palavra como civilização. Aquela mesmo, quando aplicada aos indígenas, e tantas vezes o foi, já exprimia a idéia de fazer o homem feliz, sociável, urbano e cortês. Aliciar o gentio para uni-lo ao Império era torná-lo civil, significava desterrá-lo fundamentalmente da rusticidade e dos antigos ritos.

Graças a uma só palavra, o italiano, conservando-se fiel à sua tradição clássica, achava-se dotado de um vocábulo que expressava o que se quer dizer com civilização e o espírito enriquecido da idéia de que o homem tende à felicidade. Mas os enciclopedistas não se contentavam com a civilidade. Era a época do progresso, de razão natural, do direito natural, enfim, da civilização. Levar esta aos povos naturais dotados também da razão era o ideal da época. Daí o uso, no português, da palavra associada aos indígenas. Estava instituída esta nova formação, cujo verbo precedeu o substantivo que dele se deriva, tanto no francês como no português. A palavra portuguesa parece ter nascido por volta de 1788. Investigações apuradas e bem orientadas hão de revelar a história da forma e do conceito na língua portuguesa.

## 13. UMA SÓ CIVILIZAÇÃO*

Geoffrey Barraclough, grande historiador inglês que sucedeu a Arnold Toynbee no Instituto Real de Estudos Internacionais em Londres, escreveu no seu notável livro *History in a Changing World* que ao findar a Segunda Guerra Mundial, quando começou a clarear a poeira da batalha, já não havia mais a fórmula da balança de poder e em lugar de um acordo havia dois grandes Poderes, a Rússia e os Estados Unidos, nenhum deles essencialmente euro-ocidental.

Seria o fim da história européia, ou do poder da Europa no mundo? Seria a realização da profecia, feita em 1889, de Henry Adams: *"Europe is dane?"* Por três séculos, desde as viagens de Colombo, Vasco da Gama e Magalhães,

* Publicado no *Tempo Brasileiro,* dez. 1962.

*267*

a sombra da hegemonia européia movia-se através dos mares; entre 1815 e 1914 o mundo entrou numa nova era de integração global sob o impulso da tecnologia ocidental e parecia receber a marca européia, não somente nas coisas materiais, mas na organização e nas idéias políticas. A predominância e a liderança estavam em mãos dos poderes europeus.

Hoje isto já não é mais verdade. Até 1914 parecia que as relações entre os poderes europeus fixariam o futuro do Mundo e que a expansão européia carregava para os outros continentes a fórmula da Balança de Poderes. Na verdade, antes disso vinha-se operando a transformação, pois o reconhecimento do Japão e dos Estados Unidos como grandes poderes entre as seis Nações européias mostrou que a liderança mundial já não era um privilégio europeu.

Depois da guerra de 1939-45 só dois grandes Poderes sobrevivem, ambos com raízes européias, mas ambos também cheios de elementos próprios e originais, dirá o Professor Ludwig Dehio, autor de um dos mais notáveis estudos de história moderna *Gleichgewicht oder Hegemonie,* pois para assegurar hegemonia foram os poderes europeus buscar recursos extra-europeus.

A guerra de 1939-45 criou a supremacia econômica e financeira dos Estados Unidos e do Estado Soviético, os dois gigantes do Poder no mundo atual. A Europa descobriu a solução na sua unidade, os Estados Unidos da Europa, mas nem todos consideram satisfatória essa idéia.

A concepção paroquial do nacionalismo, como a denomina Toynbee, não abdicará da soberania e fará destruir a possível integração européia. A União Soviética e os Estados Unidos têm seus satélites europeus; a Europa Oriental só pode defender-se com a ajuda russa contra o domínio americano e a Europa Ocidental só pode defender-se da Rússia com a ajuda americana.

O colapso político das Nações européias já não é invisível, mesmo aos cegos, e o dualismo dos poderes, vulgarmente chamado de Ocidenteal e Oriental, não pode ser desconhecido.

A Antiguidade clássica não conheceu o dualismo, como contraste cultural, entre o Ocidente e o Oriente. A expressão Ocidental só adquire sentido se com ela se subentende a cristandade latina, logo que esta se isolou, nos meados da Idade Média, dos Países que não encontravam em Roma o fundamento da Igreja. Os que se orientavam para Roma formavam um conjunto, uma unidade ocidental. A cisão definitiva entre a Igreja Romana e a do Patriarca de Constantinopla, nos meados do século XI, é que simula este dualismo.

Logo, tem razão Toynbee quando declara que ocidentais são os povos que têm no cristianismo católico-romano o fundamento de sua unidade espiritual. A partir deste momento distingue-se claramente uma civilização ocidental e outra oriental, embora não se use ainda desta expressão. As razões puramente etnográficas e geográficas não explicam por que polacos, húngaros, tchecos, eslovacos, eslovenos e croatas fazem parte do grupo latino, sob a autoridade espiritual de Roma, enquanto servos e búlgaros se alinham no bando grego. Também não será por motivo religioso, já que a divisão se opera antes do fato consumado da cisão definitiva entre a Igreja Romana e o Patriarca de Constantinopla. Para Huizinga, nem o próprio advento do Islamismo provocou esta ruptura, pois, engendrado na Arábia, não foi especificamente um fenômeno oriental. A Espanha moura, o Marrocos e a Tunísia não representam o Oriente.

Deste modo, o que passamos a chamar Ocidente só aparece como cristandade latina forjada especialmente no século XII. Mas, na realidade, não podemos falar de um fenômeno históricoo único suscetível de uma designação como aquela, já que a própria civilização ocidental se diversifica em cada um dos Países que o conceito engloba. Uma América do Norte ou do Sul não é só euro-ocidental, como uma Rússia não é essencialmente euro-oriental.

Nisto concordaram Huizinga e Troeltsch. Nem os Estados Unidos são simplesmente civilização ocidental, nem a Rússia é simplesmente oriental. Ambos têm sido estereotipados de bárbaros, por uns e outros, mas bárbaros foram os germânicos, pois "o papel histórico da Alemanha foi fundar povos a que apenas liga o nome".

Nem por sermos de origem euro-ocidental, somos simplesmente euro-ocidentais, assim como não se pode aceitar que a diferença entre galos e iberos seja a diferença que "va del franco ao visigodo", como pretendia Ortega y Gasset na sua *España Invertebrada*. Rafael Lapesa não escreveu também, na sua *Historia de la Lingua Española,* que "España no se llamó Gotia, mientras que Galia se convertió en Francia?" As variedades das formas históricas acordam com as variedades dos rumos políticos, mas não desmentem a unidade do processo histórico mundial. A oposição artificial de Oriente e Ocidente, que sob a hegemonia soviética ou norte-americana divide o mundo, mostra que ele não é mais euro-ocidental e revela que outros querem também participar de sua elaboração.

Há, assim, civilização e civilizações. Toynbee levantou a questão do uso da expressão no singular e no plural — no 9º Congresso Internacional de História, reunido em Paris, em 1950. Só devemos usar civilização no singular, diz Toynbee, quando nos referimos a uma fase particular de nossa própria cultura ocidental, uma fase pós-cristã, na qual a Religião foi substituída pela Tecnologia, que lhe dá o seu principal caráter como atividade dominante. E então cai-se na ilusão dos nossos antepassados, quando criaram a palavra no século do enciclopedismo, identificando a nossa civilização moderna com a civilização em sentido absoluto. Quanto ao uso no plural Toynbee às vezes se apresenta perplexo e o debate não esclarece muito o problema.

Carlo Antoni, Professor da Universidade de Roma, autor de um excelente estudo, *Dallo storicismo alla sociologia,* já traduzido para o alemão, fez recentemente valiosas considerações a propósito da discussão do tema em Paris. No singular, diz ele, o conceito tem valor absoluto, é válido para todos os homens e para todos os tempos. Quando se fala de civilização no plural, os valores são relativos e peculiares a um povo determinado e a um período de sua história. Para Carlo Antoni, a *civiltà* é simplesmente a história humana, quando esta se eleva da natureza, isto é, da vida animal, e cria obras do espírito.

Não se deve discutir o conceito de civilização sem primeiro estabelecer se as obras humanas têm em si mesmas um valor. Não são as características formais e convencionais, isto é, os usos, ritos, costumes, etiquetas e códigos que representam as civilizações, mas antes aqueles valores espirituais, que elas formam e produzem. São as obras de arte e pensamento, as descobertas científicas, as grandes idéias morais, as atividades econômicas e técnicas que libertam o homem da sujeição à natureza. Estes valores são universalmente humanos, comunicáveis e históricos. Mas é preciso distinguir entre civilidade e civilização.

Civilidade indicava a condição do cidadão e as qualidades individuais de afabilidade, polidez, boas maneiras; civilização aparece no fim do século XVIII, ligada às idéias de progresso, e bem-estar e felicidade. A primeira surge na Antiguidade romana e torna-se, no Renascimento, um programa de refinamento clássico, de valorização das qualidades humanas. O humanismo enche-lhe o significado, mas rompe também a unidade da cristandade latina. A descoberta do novo homem e do novo mundo e o reconhecimento da existência de outras sociedades deram à Europa o sentimento da relatividade da tradição clássica e cristã. O velho dualismo Ocidente-Oriente é superado pelo pluralismo das civilizações. Mas não surgira ainda a palavra, que só aparece com a vitória dos ideais iluministas e enciclopedistas.

O homem natural se opunha ao civil, ao *policé*, e era preciso atraí-lo ao estado progressivo, racional e intelectualista. É somente em pleno século XIX que se une a este conceito a idéia da exaltação positivista do progresso técnico e que se volta à supremacia da civilização ocidental européia e ao dualismo das civilizações ocidental e oriental.

Com a crise da consciência européia e dos seus valores há hoje uma nova tendência a quebrar o dualismo e confirmar a existência de um só mundo e de uma só civilização. Realmente, a civilização é uma só, como uma só é a história humana. A civilização é o prodigioso momento de fecundidade do espírito humano, a energia criadora de valores, as atividades técnicas e econômicas que deveriam permitir o bem-estar e o gozo das riquezas, a paz e a felicidade, esta, fim último e legítimo da própria expressão *civiltà*, forma inicial românica da evolução do conceito.

Para renová-lo e dar-lhe valor universal, superador do dualismo estéril, é necessário ultrapassar a idéia dos Novecentos e passar ao humanismo na sua forma moderna. Ludwig Curtiss, no seu *Deutsche und Antike Welt*, escreveu:

> Uma norma absoluta e não ulteriormente discutível do humanismo lembra sempre aquela que prescreve não somente deixar valer o próximo como homem, mas aproximar-se para compreendê-lo, respeitá-lo, amá-lo e promover o que lhe é nobre; e ainda, conhecer o povo na sua peculiaridade como natureza dos seus dotes e aderir a tudo de grande que tenha produzido. É através da pluralidade dos povos diversamente dotados que a civilização do mundo se enriquece. Descobri-la na sua vastidão e profundidade e continuar a descobri-la em um grau não conseguido por nenhuma outra época, eis um dos maiores méritos do historicismo.

O historicismo revela que só há uma história humana, um só mundo, uma só civilização. E agora, quando as várias Nações comunicam e difundem os seus bens materiais e os seus valores espirituais, só há mesmo uma só civilização. O dualismo Ocidente-Oriente tem próximo o seu fim.

## OBRAS DO AUTOR

*LIVROS*

*Civilização Holandesa no Brasil.* 1º Prêmio de Erudição da Academia Brasileira de Letras. Rio de Janeiro, Companhia Editora Nacional, 1940. (Em colaboração com Joaquim Ribeiro).
*Teoria da História do Brasil* 5.ª ed., São Paulo, Companhia Editora Nacional, 1978; (1.ª ed., 1949; 2.ª, 1957; 3.ª, 1969; 4.ª, 1977).
*Historiografia e Bibliografia do Domínio Holandês no Brasil.* Rio de Janeiro, Instituto Nacional do Livro, 1949.
*As Fontes da História do Brasil na Europa.* Rio de Janeiro, Imprensa Nacional, 1950.
*A Pesquisa Histórica no Brasil. Sua Evolução e Problemas Atuais.* Rio de Janeiro, Instituto Nacional do Livro, 1952; 2.ª ed., São Paulo, Comp. Editora Nacional, 1969; 3.ª ed., id., 1978.; 4.ª ed., id., 1982.
*Brasil. Período Colonial.* México, Instituto Panamericano de Geografia e História, 1953.
*O Continente do Rio Grande.* Rio de Janeiro, Edições São José, 1954.
*Historiografia del Brasil. Siglo XVI.* México, 1957.
*A Situação do Arquivo Nacional.* Rio de Janeiro, Ministério da Justiça e Negócios Interiores, 1959.
*Brasil e África. Outro Horizonte.* 1.ª ed., Rio de Janeiro, Editora Civilização Brasileira, 1961; 2.ª ed., id. id., 1964, 2 vol. 3.ª ed. ampliada. Nova Fronteira, 1982. 2 v.
*Aspirações Nacionais. Interpretação Histórico-Política.* São Paulo, Editora Fulgor, 1963; 2.ª ed., id. id., 1965; 3.ª ed., id. id., 1965; 4.ª ed., Rio de Janeiro, Civilização Brasileira, 1969;

*Historiografia del Brasil. Siglo XVII.* México, 1963.
*Conciliação e Reforma no Brasil. Interpretação Histórico-Política.* Rio de Janeiro, Civilização Brasileira, 1965. 2.ª ed., Nova Fronteira, 1982.
*História e Historiadores do Brasil,* São Paulo, Fulgor, 1965.
*Interesse Nacional e Política Externa.* Rio de Janeiro, Civilização Brasileira, 1966.
*Vida e História.* Rio de Janeiro, Civilização Brasileira, 1966.
*O Parlamento e a Evolução Nacional, Introdução Histórica, 1826 - 1840.* Brasília, Senado Federal, 1972, 1º vol. da série *O Parlamento e a Evolução Histórica. Seleção de Textos Parlamentares,* 3 v., 6 t. e 1 v. de Índice e Personália.
*A Assembléia Constituinte de 1823.* Petrópolis, Editora Vozes, 1974.
*Independência: Revolução e Contra-Revolução,* Rio de Janeiro, Livraria Francisco Alves Editora, 1976, 5 v.
*História, Corpo do Tempo.* São Paulo, Perspectiva, 1976.
*O Conselho de Estado. O Quinto Poder?* Senado Federal, Brasília, 1978.
*História da História do Brasil. 1.ª Parte. A Historiografia Colonial.* São Paulo, Companhia Editora Nacional, 1979, 2 ed.
*Filosofia e História,* Nova Fronteira, 1981.
*História Combatente.* Rio de Janeiro, Nova Fronteira, 1982.

LIVROS TRADUZIDOS
*Brasil and África.* Translated by Richard A. Mazzara and Sam Hileman. Introduction by Alan K. Manchester. Berkeley and Los Angeles, University of California Press, 1965.
*The Brazilians. Their Character and Aspirations.* Translated by R.E. Dimmick e prefácio de H. Bradford Burns. Austin and London, University of Texas Press, 1967.

OPÚSCULOS
"Capitalismo e Protestantismo. Estado atual do problema". São Paulo, *Digesto Econômico,* 1946.
"Afredo do Vale Cabral". Rio de Janeiro, 1954. Traduzido em inglês, separata da *Revista Interamericana de Bibliografia.* Washington D. C., EUA, 1958.
"Capistrano de Abreu, ein Freund Deutschlands." *Staden Jarhbuch,* São Paulo, 1958.
"Antonio Vieira, Doutrinador do Imperialismo Português". Separata da revista *Verbum,* Rio de Janeiro, 1958.
"La Historia Brasileña y el Actual Proceso Histórico". Separata do *Anuário de Estudios Americanos,* Servilha, t. XIV, 1958.
"Algumas Idéias Políticas de Gilberto Amado". Separata da *Revista Portuguesa de História,* Belo Horizonte, 1961.
"Nueva Actitud Exterior del Brasil". Separata do *Foro Internacional,* México, jan.-mar. 1962.
"The Influence of África on Brazil and of Brazil on África". Separata do *Journal of African History,* Londres, v. 3, 1962.
"The Foundations of Brasil's Foreign Policy". Separata do *International Affairs,* Londres, v. 3, 1963.
"Alfredo de Carvalho. Vida e Obra." Separata dos *Anais da Biblioteca Nacional,* Rio de Janeiro, v. 77, 1963.
"Discurso de Posse na Academia Brasileira de Letras". Separata da *Revista de História,* nº 81, São Paulo, 1970.
"O Livro e a Civilização Brasileira". Separata da *Revista de Cultura.* Vozes (Petrópolis), vol. 67, nº 3, abr. 1971.
"O Liberalismo no Brasil". Separata do vol. 20 dos *Discursos Acadêmicos.* Rio de Janeiro, Academia Brasileira de Letras, 1972.

"O Clero e a Independência". Separata da Revista Eclesiástica Brasileira, v. 32, fasc. 126, jun. 1972.

"Mattoso Câmara". Separata da Revista de Cultura, Vozes (Petrópolis), v. LXVII, jun.-jul. 1973.

"O Sentido da História do Brasil". Separata da Revista de História, n.º 100, São Paulo, 1974.

"Os Estudos Brasileiros e os Brazilianists". Separata da Revista de História, n.º 107, São Paulo, 1976.

"Toynbee e a História das Civilizações". Separata da Revista de História, n.º 105, São Paulo, 1976.

"África, Angola e Brasil". Separata da Revista de Cultura Vozes, Petrópolis, maio, 1976.

"A Revolução Americana e a Revolução Brasileira da Independência (1776 - 1822). Separata da Revista de Historia de América, México n.º 83, jan.-jun. 1977.

"O Tempo e a Sociedade". Separata da Revista de Historia de América, n.º 84, México, jul.-dez. 1977.

"Taunay e a História do Brasil". Separata da Revista do Arquivo Municipal de São Paulo, n.º 189, 1977.

"O Centenário da Morte de Pimenta Bueno, 1803 - 1878". Separata da Revista de História de América, n.º 87, México, jan.-jun. 1978.

"Centenário da Morte de José Tomás Nabuco de Araújo. Separata da Revista de Historia de América, n.º 88, México, jul.-dez., 1978.

"O Bravo e Liberal Osório". Carta Mensal. Jan. 1980.

"História e Cliometria, Métodos Quantitativos." Carta Mensal, jun. 1980.

"Candido Mendes de Almeida", Carta Mensal, mar. 1982.

*COLABORAÇÃO EM LIVROS COLETIVOS*
The New World Looks at its History. Edited by A. R. Lewis and T.F. MacGann. University of Texas Press, 1963. Capítulo "Webb's Great Frontier and the Interpretation of Modern History".

Policies Toward China. Views from Six Continents. Edited by A.M. Halpern, New York, Council on Foreign Relations, 1965. Capítulo "Brasil and China. The Varying Fortunes of Independent Diplomacy".

Social Sciences in Latin America. Edited by Manuel Diégues Júnior and Bryce Wood. New York and London, Columbia University Press, 1967. Capítulo "Brazilian Historiography, Present Trends and Research Requirements".

As Ciências Sociais na América Latina. Centro Latino-Americano de Pesquisas em Ciências Sociais. São Paulo, Difusão Européia do Livro, 1977. Capítulo "As Tendências da Historiografia Brasileira e as Necessidades da Pesquisa".

Perspectives on Brazilian History. Edited with an Introduction and Bibliographical Essay by E. Bradford Burns. New York and London, Columbia University Press, 1967. Capítulos "Problemas in Brazilian History", "Capistrano de Abreu and Brazilian Historiography".

History of Latin American Civilization. Sources and Interpretations. Edited by Lewis Hanke, vol. II, The Modern Age, Little Brown, 1967. Capítulo "History Belongs to our Own Generation".

Brasil, Tempo e Cultura. Paraíba, 1978, pp. 91-140.

Études offerts à Jacques Lambert, Paris. Edition Cujas. 1975. Ensaio "José Bonifácio et la direction du movement d'Independence".

## ÍNDICES ANOTADOS
Índice anotado da *Revista do Instituto do Ceará*. Fortaleza, Imprensa Universitária do Ceará, 1959. Índice anotado da *Revista do Instituto Arqueológico, Histórico e Geográfico Pernambucano*. Recife, 1961.

## EDIÇÕES CRÍTICAS
JOHAN NIEUHOF. *Memorável Viagem Marítima e Terrestre ao Brasil. Confronto com a edição holandesa de 1682, introduão e notas, crítica biográfica e bibliográfica*. São Paulo, Livraria Martins, 1942, 2.ª ed., Itatiaia, Belo Horizonte, 1981.

CAPISTRANO DE ABREU. *Capítulos de História Colonial*. 4.ª ed., Revisão, notas e prefácio. Rio de Janeiro, Livraria Briguiet, 1954, 5.ª ed., Civilização Brasileira, 1963; 6.ª ed., Rio de Janeiro, Civilização Brasileira, 1976.

## DIREÇÃO E PREFÁCIO DE PUBLICAÇÕES OFICIAIS
*Os Holandeses no Brasil*. Prefácio, notas e bibliografia, Rio de Janeiro, Instituto do Açúcar e do Álcool, 1942. *Anais da Biblioteca Nacional*, v. 66 a 74. Rio de Janeiro, Imprensa Nacional, 1948-1963.

*Documentos Históricos da Biblioteca Nacional*, v. 71 a 110. Rio de Janeiro, Imprensa Nacional, 1946-1955.

JOSÉ MARIA DA SILVA PARANHOS. *Cartas ao Amigo Ausente*. Rio de Janeiro, Ministério das Relações Exteriores, Instituto Rio Branco, 1953.

*Correspondência de Capistrano de Abreu*. Rio de Janeiro, Instituto Nacional do Livro, 1954-1956, 3 v.

Publicações do Arquivo Nacional. Vols. 43 a 50. Rio de Janeiro, Imprensa Nacional, 1960-1962.

*O Parlamento e a Evolução Nacional*. Seleção de Textos Parlamentares, 1826-1840, 3 v. em 6 t. e 1 v. de Índice. Com a colaboração de Lêda Boechat Rodrigues e Octaciano Nogueira. Brasília, Senado Federal, 1972.

*Atas do Conselho de Estado*, v. 1, 2 e 9. Senado Federal, Brasília, 1973.

*Atas do Conselho de Estado*, Senado Federal, Brasília, 1978, 13 v.

## PREFÁCIOS
J. E. POHL. *Viagem ao Interior do Brasil Empreendida nos Anos de 1817 a 1821*. Rio de Janeiro, Instituto Nacional do Livro, 1971.

DANIEL DE CARVALHO. Estudos e Depoimentos. 1.ª série, Rio de Janeiro, José Olympio, 1953.

GUILHERME PISO. *História Natural e Médica da Índia Ocidental*. Rio de Janeiro, Instituto Nacional do Livro, 1957. Prefácio e Bibliografia.

J. CAPISTRANO DE ABREU. *Caminhos Antigos e Povoamento do Brasil* 4.ª ed., Civilização Brasileira, 1975.

J. CAPISTRANO DE ABREU. *Ensaios e Estudos*. 1.ª série, 2.ª ed., Civilização Brasileira, 1976.

J. CAPISTRANO DE ABREU. *Ensaios e Estudos*. 2.ª série, 2.ª ed., Civilização Brasileira, 1976.

J. CAPISTRANO DE ABREU. *Ensaios e Estudos*. 3.ª série, 2.ª ed., Civilização Brasileira, 1976.

J. CAPISTRANO DE ABREU. *Ensaios e Estudos*. 4.ª série, 1.ª ed., Civilização Brasileira, 1976.

J. CAPISTRANO DE ABREU. *O Descobrimento do Brasil*. 3.ª ed., Civilização Brasileira, 1976.

EDUARDO HOONAERT, RIOLANDO AZZI e outros. *História da Igreja no Brasil*. Petrópolis, Vozes, 1977.

THALES DE AZEVEDO. Igreja e Estado em Tensão e Crise. São Paulo, Ática, 1978.

JOSÉ GONÇALVES SALVADOR. *Os Cristãos-Novos e o Comércio no Atlântico Meridional*. São Paulo, Pioneira, 1978.
*Discursos Parlamentares de Carlos Lacerda*. Rio de Janeiro, Nova Fronteira, 1982.
CANDIDO MENDES. *Pronunciamentos Parlamentares, 1871-1873*. Brasília, Senado Federal, 1982, 2 v.
*Catálogo da Exposição de História do Brasil*. Biblioteca Nacional, 2.ª ed. Universidade de Brasília, 1982, 3 v.
RIOLANDO AZZI. *Os Salesianos no Rio de Janeiro*. São Paulo, Editora Salesiana Dom Bosco, 1982.

## COLEÇÃO DEBATES

1. *A Personagem de Ficção*, Antonio Candido e outros.
2. *Informação, Linguagem, Comunicação*, Décio Pignatari.
3. *Obra Aberta*, Umberto Eco.
4. *Sexo e Temperamento*, Margaret Mead.
5. *Fim do Povo Judeu?*, Georges Friedmann.
6. *Texto/Contexto*, Anatol Rosenfeld.
7. *O Sentido e a Máscara*, Gerd A. Borheim.
8. *Problemas da Física Moderna*, W. Heisenberg e outros.
9. *Distúrbios Emocionais e Anti-Semitismo*, N. W. Ackermann e M. Jahoda.
10. *Barroco Mineiro*, Lourival Gomes Machado.
11. *Kafka: Pró e Contra*, Günther Anders.
12. *Nova História e Novo Mundo*, Frédéric Mauro.
13. *As Estruturas Narrativas*, Tzvetan Todorov.
14. *Sociologia do Esporte*, Georges Magnane.
15. *A Arte no Horizonte do Provável*, Haroldo de Campos.
16. *O Dorso do Tigre*, Benedito Nunes.
17. *Quadro da Arquitetura no Brasil*, Nestor G. Reis Filho.

19. *Apocalípticos e Integrados*, Umberto Eco.
20. *Babel & Antibabel*, Paulo Rónai.
21. *Planejamento no Brasil*, Betty Mindlin Lafer.
22. *Lingüística. Poética. Cinema*, Roman Jakobson.
23. *LSD*, John Cashman.
24. *Crítica e Verdade*, Roland Barthes.
25. *Raça e Ciência I*, Juan Comas e outros.
26. *Shazam!*, Álvaro de Moya.
27. *Artes Plásticas na Semana de 22*, Aracy Amaral.
28. *História e Ideologia*, Francisco Iglésias.
29. *Peru: da Oligarquia Econômica à Militar*, A. Pedroso d'Horta.
30. *Pequena Estética*, Max Bense.
31. *O Socialismo Utópico*, Martin Buber.
32. *A Tragédia Grega*, Albin Lesky.
33. *Filosofia em Nova Chave*, Susanne K. Langer.
34. *Tradição, Ciência do Povo*, Luís da Câmara Cascudo.
35. *O Lúdico e as Projeções do Mundo Barroco*, Affonso Ávila.
36. *Sartre*, Gerd A. Bornheim.
37. *Planejamento Urbano*, Le Corbusier.
38. *A Religião e o Surgimento do Capitalismo*, R. H. Tawney.
39. *A Poética de Maiakóvski*, Boris Schnaiderman.
40. *O Visível e o Invisível*, M. Merleau-Ponty.
41. *A Multidão Solitária*, David Reisman.
42. *Maiakóvski e o Teatro de Vanguarda*, A. M. Ripellino.
43. *A Grande Esperança do Século XX*, J. Fourastié.
44. *Contracomunicação*, Décio Pignatari.
45. *Unissexo*, Charles F. Winick.
46. *A Arte de Agora, Agora*, Herbert Read.
47. *Bauhaus: Novarquitetura*, Walter Gropius.
48. *Signos em Rotação*, Octavio Paz.
49. *A Escritura e a Diferença*, Jacques Derrida.
50. *Linguagem e Mito*, Ernst Cassirer.
51. *As Formas do Falso*, Walnice Nogueira Galvão.
52. *Mito e Realidade*, Mircea Eliade.
53. *O Trabalho em Migalhas*, Georges Friedmann.
54. *A Significação no Cinema*, Christian Metz.
55. *A Música Hoje*, Pierre Boulez.
56. *Raça e Ciência II*, L. C. Dunn e outros.
57. *Figuras*, Gérard Genette.
58. *Rumos de uma Cultura Tecnológica*, Abraham Moles.
59. *A Linguagem do Espaço e do Tempo*, Hugh M. Lacey
60. *Formalismo e Futurismo*, Krystyna Pomorska.
61. *O Crisântemo e a Espada*, Ruth Benedict.
62. *Estética e História*, Bernard Berenson.
63. *Morada Paulista*, Luís Saia.
64. *Entre o Passado e o Futuro*, Hannah Arendt.
65. *Política Científica*, Heitor G. de Souza e outros.
66. *A Noite da Madrinha*, Sérgio Miceli.
67. *1822: Dimensões*, Carlos Guilherme Mota e outros.
68. *O Kitsch*, Abraham Moles.
69. *Estética e Filosofia*, Mikel Dufrenne.
70. *O Sistema dos Objetos*, Jean Baudrillard.
71. *A Arte na Era da Máquina*, Maxwell Fry.
72. *Teoria e Realidade*, Mario Bunge.
73. *A Nova Arte*, Gregory Battcock.
74. *O Cartaz*, Abraham Moles.

75. *A Prova de Gödel*, Ernest Nagel e James R. Newman.
76. *Psiquiatria e Antipsiquiatria*, David Cooper.
77. *A Caminho da Cidade*, Eunice Ribeiro Durhan.
78. *O Escorpião Encalacrado*, Davi Arrigucci Júnior.
79. *O Caminho Crítico*, Northrop Frye.
80. *Economia Colonial*, J. R. Amaral Lapa.
81. *Falência da Crítica*, Leyla Perrone Moisés.
82. *Lazer e Cultura Popular*, Joffre Dumazedier.
83. *Os Signos e a Crítica*, Cesare Segre.
84. *Introdução à Semanálise*, Julia Kristeva.
85. *Crises da República*, Hannah Arendt.
86. *Fórmula e Fábula*, Willi Bolle.
87. *Saída, Voz e Lealdade*, Albert Hirschman.
88. *Repensando a Antropologia*, E. R. Leach.
89. *Fenomenologia e Estruturalismo*, Andrea Bonomi.
90. *Limites do Crescimento*, Donella H. Meadows e outros (Clube de Roma).
91. *Manicômios, Prisões e Conventos*, Erving Goffman.
92. *Maneirismo: O Mundo como Labirinto*, Gustav R. Hocke.
93. *Semiótica e Literatura*, Décio Pignatari.
94. *Cozinhas, etc.*, Carlos A. C. Lemos.
95. *As Religiões dos Oprimidos*, Vittorio Lanternari.
96. *Os Três Estabelecimentos Humanos*, Le Corbusier.
97. *As Palavras sob as Palavras*, Jean Starobinski.
98. *Introdução à Literatura Fantástica*, Tzvetan Todorov.
99. *Significado nas Artes Visuais*, Erwin Panofsky.
100. *Vila Rica*, Sylvio de Vasconcellos.
101. *Tributação Indireta nas Economias em Desenvolvimento*, J. F. Due.
102. *Metáfora e Montagem*, Modesto Carone.
107. *Ensaios Críticos e Filosóficos*, Ramón Xirau.
104. *Valise de Cronópio*, Julio Cortázar.
105. *A Metáfora Crítica*, João Alexandre Barbosa.
106. *Mundo, Homem, Arte em Crise*, Mário Pedrosa.
107. *Ensaios Críticos e Filosóficos*, Ramón Xirau.
108. *Do Brasil à América*, Frédéric Mauro.
109. *O Jazz, do Rag ao Rock*, Joachim E. Berendt.
110. *Etc..., Etc... (Um Livro 100% Brasileiro)*, Blaise Cendrars.
111. *Território da Arquitetura*, Vittorio Gregotti.
112. *A Crise Mundial da Educação*, Philip H. Coombs.
113. *Teoria e Projeto na Primeira Era da Máquina*, Reyner Banham.
114. *O Substantivo e o Adjetivo*, Jorge Wilheim.
115. *A Estrutura das Revoluções Científicas*, Thomas S. Kuhn.
116. *A Bela Época do Cinema Brasileiro*, Vicente de Paula Araújo.
117. *Crise Regional e Planejamento*, Amélia Cohn.
118. *O Sistema Político Brasileiro*, Celso Lafer.
119. *Êxtase Religioso*, Ioan M. Lewis.
120. *Pureza e Perigo*, Mary Douglas.
121. *História, Corpo do Tempo*, José Honório Rodrigues.
122. *Escrito sobre um Corpo*, Severo Sarduy.
123. *Linguagem e Cinema*, Christian Metz.
124. *O Discurso Engenhoso*, Antonio José Saraiva.
125. *Psicanalisar*, Serge Leclaire.
126. *Magistrados e Feiticeiros na França do Século XVII*, R. Mandrou.
127. *O Teatro e sua Realidade*, Bernard Dort.
128. *A Cabala e seu Simbolismo*, Gershom G. Scholem.

129. *Sintaxe e Semântica na Gramática Transformacional*, A. Bonomi e G. Usberti.
130. *Conjunções e Disjunções*, Octavio Paz.
131. *Escritos sobre a História*, Fernand Braudel.
132. *Escritos*, Jacques Lacan.
133. *De Anita ao Museu*, Paulo Mendes de Almeida.
134. *A Operação do Texto*, Haroldo de Campos.
135. *Arquitetura, Industrialização e Desenvolvimento*, Paulo J. V. Bruna
136. *Poesia-Experiência*, Mário Faustino.
137. *Os Novos Realistas*, Pierre Restany.
138. *Semiologia do Teatro*, Org. J. Guinsburg e J. Teixeira Coelho Netto
139. *Arte-Educação no Brasil*, Ana Mae T. B. Barbosa.
140. *Borges: Uma Poética da Leitura*, Emir Rodríguez Monegal.
141. *O Fim de uma Tradição*, Robert W. Shirley.
142. *Sétima Arte: Um Culto Moderno*, Ismail Xavier.
143. *A Estética do Objetivo*, Aldo Tagliaferri.
144. *A Construção do Sentido na Arquitetura*, J. Teixeira Coelho Netto.
145. *A Gramática do Decameron*, Tzvetan Todorov.
146. *Escravidão, Reforma e Imperialismo*, Richard Graham.
147. *História do Surrealismo*, Maurice Nadeau.
148. *Poder e Legitimidade*, José Eduardo Faria.
149. *Práxis do Cinema*, Noel Burch.
150. *As Estruturas e o Tempo*, Cesare Segre.
151. *A Poética do Silêncio*, Modesto Carone.
152. *Planejamento e Bem-Estar Social*, Henrique Rattner.
153. *Teatro Moderno*, Anatol Rosenfeld.
154. *Desenvolvimento e Construção Nacional*, S. N. Eisenstadt.
155. *Uma Literatura nos Trópicos*, Silviano Santiago.
156. *Cobra de Vidro*, Sérgio Buarque de Holanda.
157. *Testando o Leviathan*, Antonia Fernanda Pacca de Almeida Wright.
158. *Do Diálogo e do Dialógico*, Martin Buber.
159. *Ensaios Lingüísticos*, Louis Hjelmslev.
160. *O Realismo Maravilhoso*, Irlemar Chiampi.
161. *Tentativas de Mitologia*, Sérgio Buarque de Holanda.
162. *Semiótica Russa*, Boris Schnaiderman.
163. *Salões, Circos e Cinema de São Paulo*, Vicente de Paula Araújo.
164. *Sociologia Empírica do Lazer*, Joffre Dumazedier.
165. *Física e Filosofia*, Mario Bunge.
166. *O Teatro Ontem e Hoje*, Célia Berrettini.
167. *O Futurismo Italiano*, Org. Aurora Fornoni Bernardini.
168. *Semiótica, Informação e Comunicação*, J. Teixeira Coelho Netto.
169. *Lacan: Operadores da Leitura*, Américo Vallejo e Lígia Cademartore Magalhães.
170. *Dos Murais de Portinari aos Espaços de Brasília*, Mário Pedrosa.
171. *O Lírico e o Trágico em Leopardi*, Helena Parente Cunha.
172. *A Criança e a FEBEM*, Marlene Guirado.
173. *Arquitetura Italiana em São Paulo*, Anita Salmoni e E. Debenedetti.
174. *Feitura das Artes*, José Neistein.
175. *Oficina: Do Teatro ao Te-Ato*, Armando Sérgio da Silva.
176. *Conversas com Igor Stravinski*, Robert Craft e Igor Stravinski.
177. *Arte como Medida*, Sheila Leirner.
178. *Nzinga*, Roy Glasgow.
179. *O Mito e o Herói no Moderno Teatro Brasileiro*, Anatol Rosenfeld.

180. *A Industrialização do Algodão na Cidade de São Paulo*, Maria Regina de M. Ciparrone Mello.
181. *Poesia com Coisas*, Marta Peixoto.
182. *Hierarquia e Riqueza na Sociedade Burguesa*, Adeline Daumard.
183. *Natureza e Sentido da Improvisação Teatral*, Sandra Chacra.
184. *O Pensamento Psicológico*, Anatol Rosenfeld.
185. *Mouros, Franceses e Judeus*, Luís da Câmara Cascudo.
186. *Tecnologia, Planejamento e Desenvolvimento Autônomo*, Francisco Sagasti.
187. *Mário Zanini e seu Tempo*, Alice Brill.
188. *O Brasil e a Crise Mundial*, Celso Lafer.
189. *Jogos Teatrais*, Ingrid Dormien Koudela.
190. *A Cidade e o Arquiteto*, Leonardo Benevolo.
191. *Visão Filosófica do Mundo*, Max Scheler.
192. *Stanislavski e o Teatro de Arte de Moscou*, J. Guinsburg.
193. *O Teatro Épico*, Anatol Rosenfeld.
194. *O Socialismo Religioso dos Essênios: A Comunidade de Qumran*, W. J. Tyloch.
195. *Poesia e Música*, Org. de Carlos Daghlian.
196. *A Narrativa de Hugo de Carvalho Ramos*, Albertina Vicentini.
197. *Vida e História*, José Honório Rodrigues.
198. *As Ilusões da Modernidade*, João Alexandre Barbosa.
199. *Exercício Findo*, Décio de Almeida Prado.

Este livro foi impresso na
LIS GRÁFICA E EDITORA LTDA.
Rua Visconde de Parnaíba, 2.753 - Belenzinho
CEP 03045 - São Paulo - SP - Fone: 292-5666
com filmes fornecidos pelo editor.